Heinrich Klotz
Geschichte der Architektur

Heinrich Klotz

Geschichte der Architektur

Von der Urhütte zum Wolkenkratzer

Prestel
München – New York

2. Auflage 1995

Abbildungsnachweis siehe Seite 263

Umschlaggestaltung:
R. Lienemann, München
Photo Chrysler Bldg. © Christian Heeb

Frontispiz:
Dom zu Speyer, Krypta, ab 1030
(s. S. 118 ff.)

Die Deutsche Bibliothek – CIP-Einheitsaufnahme

Geschichte der Architektur : von der Urhütte zum Wolkenkratzer / Heinrich Klotz. – 2. Aufl. – München ; New York : Prestel, 1995
1. Aufl. u. d. T.: Von der Urhütte zum Wolkenkratzer
ISBN 3-7913-1487-4
NE: Klotz, Heinrich

Satz: OK Satz GmbH, Gröbenzell
Reproduktionen: Gewa-Repro Gerlinger und Wagner, München
Druck und Bindung: Passavia Druck GmbH, Passau

Printed in the Federal Republic of Germany
ISBN 3-7913-1487-4

Inhalt

Vorwort

Im Januar 1990 wurde im Deutschen Architekturmuseum Frankfurt a.M. die Dauerausstellung von zweiundzwanzig großformatigen Modellen zur Geschichte der Architektur eröffnet. Mit diesen ausgewählten Modellen soll ein Überblick über wichtige und bedeutungsvolle Stationen der Weltgeschichte des Bauens gegeben werden. Die Modellserie setzt den Akzent in erster Linie auf die europäische Architektur, jedoch sind auch Beispiele aus der Vor- und Frühgeschichte berücksichtigt worden, so daß eine Vorstellung davon entstehen kann, wie die Ursprünge der Architektur ausgesehen haben könnten und welche verschiedenartigen Möglichkeiten der Behausung und Besiedlung im Laufe der Geschichte verwirklicht worden sind.

Unsere nachfolgende Darstellung konzentriert sich auf diese zweiundzwanzig Modelle. Einige der vor- und frühgeschichtlichen Baukomplexe sind nach den neuesten wissenschaftlichen Erkenntnissen rekonstruiert worden. So konnten die Modellbauer, das Atelier Swain, den Ausgräber von Çatal Hüyük, James Mellaart, unmittelbar um Rat fragen; auch französische, griechische, polnische und deutsche Archäologen haben den Modellbauern detaillierte Informationen zukommen lassen. Die Modelle von Çatal Hüyük, Khirokitia, Dêr el-Bahari, Khafājah, Mykene und Pompeji sind Beispiele für eine weitgehend exakte Rekonstruktion des archäologischen Befundes nach neuestem Forschungsstand; deshalb auch sind einige der Modelle bisher ohne Vergleich.

Dank schulde ich den Kollegen des Deutschen Architekturmuseums Frankfurt a.M., besonders Dr. Volker Fischer, der mich bei der Ausstellung der Modelle ›Von der Urhütte zum Wolkenkratzer‹ unterstützt hat, und Dr. Evelyn Hills, die ebenfalls bei der Ausstellung mitgewirkt und die Einführungsbroschüre betreut hat. Sabine Thompson hat das Schreibmaschinenmanuskript mit einiger Mühe erstellt, wofür ich Abbitte leiste; Ingrid Truxa hat die Bildlegenden bearbeitet, und Dr. Brigitte Walbe, Bildarchiv Foto Marburg, hat mich bei der Anfertigung der Bildvorlagen mit Engagement unterstützt; schließlich hat mir Dr. Ludger Hünnekens durch mancherlei Hilfen die Arbeit erleichtert.

Danken möchte ich den Modellbauern Sigrid und Ivor Swain, die in langwieriger und geduldiger Arbeit einen großen Teil der Modelle des Deutschen Architekturmuseums Frankfurt a.M. ausgeführt haben und damit das wohl umfangreichste Modellpanorama zur Architekturgeschichte zustande brachten. Besonderen Dank schulde ich meiner Frau, der ich dieses Buch zueigne.

Heinrich Klotz

Einführung

Die gebaute Umwelt ist unsere zweite Natur. Sie ist uns näher als die sogenannte unberührte Natur. Die künstlich vom Menschen geschaffene Welt ist zu unserer Lebenswelt geworden; die Reste der unberührten Natur müssen wir suchen wie die Eldorados.

Die Bauten und Städte sind die unmittelbarsten Geschichtsquellen und geben wie kaum eine andere Hinterlassenschaft Kunde von den menschlichen Zuständen, Bedürfnissen, Wünschen und Nöten, die das Leben in den unterschiedlichen Epochen bestimmt und beeinflußt haben. Angesichts der Bedeutsamkeit dieser materiellen Hinterlassenschaft ist die Architekturgeschichte als Wissenschaft wenig beachtet. Allenfalls dienen die Epochenbegriffe der Architekturgeschichte als Leitschiene für die Stilkunde, als Bestätigung für die Abfolge der Zeitordnung ›Romanik, Gotik, Renaissance, Barock, Historismus, Moderne‹. Und gemäß diesem Ordnungsbedürfnis ist die Architekturgeschichte überwiegend Stilgeschichte geblieben. Diejenigen Bauten haben unsere bevorzugte Aufmerksamkeit gefunden, welche die Stildefinition am klarsten und erfindungsreichsten bestätigen: die Akropolis von Athen (griechische Antike), das Pantheon in Rom (römische Antike), die Hagia Sophia in Istanbul (byzantinische Architektur), die Pfalzkapelle in Aachen (karolingische Architektur), St. Michael in Hildesheim und St. Germain in Toulouse (Romanik), St. Denis in Paris und die Kathedrale von Chartres (Gotik), das Ospedale degli Innocenti in Florenz (Frührenaissance), der Petersdom in Rom (Hochrenaissance), Berninis und Borrominis Kirchen in Rom und das Schloß von Versailles (Barock), Vierzehnheiligen von Balthasar Neumann (Rokoko), das Alte Museum von Schinkel in Berlin und Haussmanns Paris (Historismus), das Bauhaus von Gropius in Dessau und die Villa Savoye von Le Corbusier (Moderne).

So oder so ähnlich könnte die Denkmälerauswahl einer Stilgeschichte der Architektur aussehen, die an ästhetisch-formalen Begriffen orientiert bleibt. Jedoch sind alle diese Bauten in unserem Argumentationszusammenhang nicht zu finden. Ich habe die Stilbegriffe zwar nicht ignoriert, diese jedoch an anderen als den bekannten und gängigen Beispielen mitbedacht. Denn ›gebaute Umwelt‹ heißt, die künstlich geschaffene Umwelt des Menschen nicht nur am Beispiel von herausragenden Monumenten darzustellen, sondern das größere Ganze zu zeigen, das ›Ensemble‹ des Lebens, das in den Mauern der Vergangenheit stattgefunden hat. Deshalb auch war mir wichtig, neben Gipfelleistungen der Architektur, wie dem Speyerer Dom, weniger bekannte, aber charakteristische Ensembles, wie das kleine, mittelalterliche Büdingen vorzustellen oder – statt Versailles – die barocke Stadt und Schloßanlage von Arolsen, die dazu auffordert, den provinziellen Aspekt zu berücksichtigen, um an das Unvollendete und nicht ganz Geglückte als beachtenswerten Teil der Architekturgeschichte zu erinnern. Denn auch das Mittelmaß gehört zur ›gebauten Umwelt‹.

Wie schwer es war, neben dem herausragenden Einzelbau auch den gebauten Zusammenhang der Stadt oder der Baugruppe zu würdigen, haben die Entscheidungsnöte der Denkmalpflege während der vergangenen Jahrzehnte gezeigt; der Begriff des ›schützenswerten Ensembles‹, das nicht notwendigerweise aus einer Reihe von Spitzenbauten der Architekturgeschichte bestehen mag, jedoch als ein noch erhaltener Ausschnitt der historischen Umwelt seine Bedeutung hat, wurde erst nach langen Diskussionen und Kämpfen während der siebziger Jahre in die Denkmalschutzgesetzgebung vollgültig aufgenommen. Das Baumonument von Rang hat seit dem ausgehenden 17. Jahrhundert Schutz genossen, die ›gebaute Umwelt‹ als ein Ensemble jedoch kaum.

In der Praxis ist die wissenschaftliche Architekturgeschichte häufig genug nicht mit der Interpretation von Baumonumenten befaßt, sondern mit der Rekonstruktion der nur noch in Resten vorhandenen, gebauten Umwelt zurückliegender Zeiten. Doch auch die noch aufrechtstehenden Denkmäler verlangen nach einer authentischen Wiederbelebung. Architekturgeschichte wird damit zu einem wesentlichen Teil der allgemeinen Geschichte. Wir fragen darum nicht mehr nur danach, wie sich ein Stil entwickelt hat, sondern warum und aus welchen Anlässen heraus neue *Bauaufgaben* nötig wurden und warum neue *Bautypen* entstanden sind. Die Geschichte der Bauaufgaben und Bautypen kann über die historischen Situationen der Menschheit häufig mehr aussagen als eine Stilgeschichte, da hier nicht nur die ästhetische Erfinderkraft zählt, sondern die praktischen Bezüge und die Notwendigkeiten des Lebens.

Geschichte der Bautypen

Heutigentags setzen wir wie selbstverständlich voraus, daß es unterschiedliche Bautypen gibt, daß für jeden privaten und öffentlichen Zweck eine eigens zugemessene Bauform vorhanden ist, daß es Bauernhöfe, Mietshäuser, Einfamilienhäuser, Fabriken, Werkhallen, Rathäuser, Verwaltungsgebäude, Bahnhöfe, Kirchen, Brücken etc. gibt, daß also für die gesamte Gesellschaft und für alle ihre Aufgaben und Funktionen die entsprechenden Bautypen bereitstehen, die insgesamt das Bild von Dorf und Stadt, also der menschlichen Umwelt als einer gebauten Umwelt bestimmen.

Alle diese Bauformen und Bautypen sind im Verlauf des geschichtlichen Zivilisationsprozesses entstanden; sie mußten mit den jeweilig neu gestellten Bauaufgaben überhaupt erst formuliert, ja, erfunden werden und lösten hinfällig gewordene Bauaufgaben ab (z. B. ist die Bauaufgabe und der Bautypus eines Schlosses als Herrschaftssitz heute kein Thema mehr).

Die sich verändernden, neugefundenen und auch historisch hinfällig werdenden Bautypen sind das Ergebnis einer mehrtausendjährigen Geschichte der Architektur, die wiederum von den stetig sich auffächernden Differenzierungen des Zivilisationsprozesses bestimmt wird.

Vor dieser Geschichte der Bauaufgaben und Bautypen liegt jene wenig durchschaubare Urzeit, als der Mensch noch keine Architektur hatte, in natürlichen Höhlen wohnte und schließlich erste künstliche Behausungen schuf, die – wie das Ast-Dach in Nizza (Abb. 2) oder die noch einfacheren Improvisationsformen primitiver Blätterdächer – nicht ahnen lassen, welch weltverändernde Folgen fortan das Bauen haben sollte.

Die Frage nach der ›Urhütte‹ als einer idealen Grundform (die es nicht gab) verbindet sich mit der Frage nach den Anlässen (den Auslösefaktoren) der Bautypendifferenzierung (die wir nachvollziehen können).

Kennt man erst einige der elementarsten Bautypen, so stellen sich zwei Grundfragen, die die Architekturgeschichte begleiten:
1. Wie kam es zu einer Differenzierung der Bautypen und der Räume; welche Gründe führten zu einer Heraussonderung des Monumentalbaus aus dem allgemeinen Haus- und Nutzbau?
2. Wie kam es zu einer Unterscheidung des allgemein gültigen Typus durch den Drang zur Selbstdarstellung und der gesellschaftlichen Repräsentation? Welches waren die

Auslösefaktoren, einen allgemein verbindlichen Typus durch Schmuck- und Symbolformen zu individualisieren?

Auslösefaktoren für die Entstehung von Bautypen

Die unterschiedlichen Bautypen und Bauformen bilden sich aufgrund der unterschiedlichen natürlichen und sozialen Voraussetzungen.

Die natürlichen Auslösefaktoren sind die klimatischen Bedingungen; sie bestimmen sich an der Verfügbarkeit verschiedenartiger Baumaterialien. Das breite Spektrum vielfältiger Wohnformen, der Hütten- und Haustypen, hat in den wechselnden klimatischen und materialen Bedingungen der Umwelt seinen Hintergrund. Wir denken hier zum Beispiel an die Lehmhütten Afrikas, an die Indianerzelte aus Hölzern und Tierfellen oder an die Iglus der Eskimos. Mit den natürlichen Bedingungen ist die unterste und primäre Ebene für eine Differenzierung von Bautypen benannt.

Die zweite Ebene ist die der sozialen Differenzierung. Es sind im wesentlichen vier Beweggründe, die von den Anfängen der Geschichte bis in die Gegenwart hinein immer wieder eine Typenbildung provozieren:

1. Gesamtgesellschaftliche Organisationsformen, die zu öffentlichen Bauwerken führen. Bei den Naturvölkern sind es die Bauten, in denen sich das Bedürfnis nach einer Stammes- oder Clanidentität spiegelt, also Ritualbauten wie die Männer- und Gemeinschaftshäuser.

2. Unterschiedliche Herrschaftsformen, die zu unterschiedlichen Bautypen der Herrschaftsrepräsentation führen, zum Beispiel Pfalz, Burg, Stadtpalast, Schloß usw. Diesen entsprechen bei den Naturvölkern die herausgesonderte Häuptlingshütte oder das Häuptlingszelt.

3. Das Privatprestige. Unterschiedliche Ausprägungen von Prestigebedürfnissen können zu neuen Bautypen führen, wie beispielsweise dem Landhaus, der Villa usw. Solche Typenbildungen sind meist mit einer Differenzierung der privaten Lebensweise verbunden. Derartige Prestigebedürfnisse führen jedoch nicht immer zur Ausdifferenzierung neuer Bautypen, sondern finden ihre Befriedigung in dem Mehraufwand dekorativer Elemente. Damit gelangen wir in einen Übergangsbereich, der von der Bautypologie zum Dekorum führt. Nicht ein eigener Bautypus hebt das Prestigebedürfnis hervor, sondern die Charakterisierung durch Ornament und Dekor erfüllt unter Beibehaltung eines überlieferten Typus bereits diese Absicht. Cäsar ließ – wie Vitruv berichtet – sein Haus mit einem Tympanon bestücken, also mit einem Element des öffentlichen Dekorums, um seine besondere Stellung im römischen Staate herauszustreichen. Damit ließ er sich eigens durch den römischen Senat ein Architekturdetail genehmigen, das sonst nur den öffentlichen Bauten vorbehalten war. Auf diesem Weg vermochte Cäsar das Prestige eines einzelnen durch ein Paradestück des öffentlichen Ornats für seine eigene Geltung zu beanspruchen. Auf solche Weise, auf dem Wege der Übertragung bedeutungsvoller Architekturelemente, können wiederum neue Bautypen entstehen.

4. Unterschiedliche Nutzungsansprüche, die sich aus der Spezialisierung der Arbeit ergeben, zum Beispiel das Bauerngehöft, der Kaufmannssitz, das Handwerkerhaus, die Fabrik. Arbeitsspezialisierung als eine Folge der Entwicklung der Techniken bringt nicht allein eine Unterscheidung zwischen der menschlichen Wohn- und Arbeitsstätte mit sich, sondern gleichzeitig auch eine Typendifferenzierung im Bereich der Versorgungs- und Verkehrsarchitektur: der Bahnhof, der Flughafen, ja, sogar die Tankstelle, technische Strukturen wie der Gasometer, der Tunnel, Silo und Brücken usw. gehören hierher. Auf dem historischen Entwicklungsniveau der Naturvölker sind es vor allem die Getreidebehälter und die Vorratshäuser, die sich von der Grundform der Wohnstatt ablösen und eigene Typen bilden.

Ein schematischer Überblick über die Bautypenentwicklung der europäischen Architektur verdeutlicht die zunehmende Bereicherung der Bauaufgaben. Die Basis der Bautypen bildet die private Sphäre, das Wohn- und Werkstatthaus, das Bauernhaus, die Hütte; darüber kristallisieren sich die Arten der öffentlichen und halböffentlichen Bauaufgaben heraus, von der Produktion bis zu den Einrichtungen der Religion.

Im Unterschied zu einer reichen Ausdifferenzierung der Bautypen des 19. Jahrhunderts haben sich im Mittelalter nur wenige Bautypen entwickelt (Fig. I). So etwa sind Wohn- und Produktionsorte noch nicht voneinander unterschieden.

Das frühe Mittelalter kannte noch keine öffentlichen Bauten im neuzeitlichen Sinn. Die sogenannten sozialen Einrichtungen waren unter dem Dach der Kirche und der Klöster untergebracht. Das Hospital – wenn es ein solches gab – unterstand der kirchlichen und klösterlichen Fürsorge und wurde erst im 13. Jahrhundert mit der Entstehung eines bürgerlichen Stadtregiments den Bruderschaften und der kommunalen Obhut unterstellt.

Ebensowenig gab es eine kommunale Stadtreinigung und Stadtpflege. Straßenpflasterungen etwa gab es erst seit dem 13. Jahrhundert.

Die nach Unabhängigkeit strebenden Kommunen Oberitaliens suchten bereits im ausgehenden 12. Jahrhundert, die Reichsstädte Deutschlands seit etwa 1200, ihr erwachendes Selbstbewußtsein durch den Rathausbau auch öffentlich darzustellen. Das erste ›Rathaus‹ in Deutschland war noch dem Kirchenbau inkorporiert, die Vorhalle und der obere Saal der Westanlage von St. Patroklus in Soest (um 1200); das erste, noch erhaltene selbständige Rathaus ist das von Gelnhausen (um 1210). Der früheste erhaltene Kommunalpalast der oberitalienischen Städte ist der Palazzo del Broletto in Como (1215). Bereits 1182 besaß Padua ein ›commune palacium‹. Diese neue Bauaufgabe war die Folge einer bürgerlich-patrizischen Frontstellung gegen das adlig-bischöfliche Stadtregiment, das im Laufe des 13. Jahrhunderts mehr und mehr in die Hände der Bürger überging.

Die Kaufhalle befand sich häufig im offenen Erdgeschoß der Rathäuser und wurde bald ebenfalls zu einer selbständigen Bauaufgabe.

Eine ausgeprägte Typologie entwickelte sich seit dem frühen Mittelalter im Befestigungsbau: Die Mauern mit ihren Stadttoren wie auch die Burgen waren dominierende Bauaufgaben, die dem Schutz und der Abwehr dienten. Der Burgenbau war schon im 16. Jahrhundert nahezu bedeutungslos geworden; im 17. Jahrhundert trat die Typologie offener Schloßanlagen in den Vordergrund. Die Stadtbefestigungen wurden mit der Erfindung neuer Militärtechniken im 18. Jahrhundert obsolet – um 1800 wurden in ganz Europa die städtischen Befestigungsanlagen abgetragen.

Für Renaissance und Barock (Fig. II) ist die starke Differenzierung des privaten Bereichs, also der Wohnformen, charakteristisch. Der bürgerliche Palastbau und das repräsentative Patrizierhaus, das Mietshaus als Mehrfamilienhaus, aber auch die ländliche Villa bestätigen die Aufwertung der bürgerlich-patrizischen Einflußsphäre. Das Lusthaus, das Schloß und die zugehörige Gartenarchitektur des Adels werden zu den bedeutenden Bauaufgaben der monumentalen Architektur. Die Typologie des Schloßbaus umfaßt zunächst auch die der Adelsrepräsentation dienenden Einrichtungen wie Theater, Galerie und Bibliothek, die sich im Laufe des 18. Jahrhunderts aus dem Bann des Schlosses lösen und zu selbständigen, bald auch öffentlichen Bauaufgaben werden, zu den städtischen und staatlichen kulturellen Einrichtungen: Oper, Theater, Bibliothek und Museum.

Die Bildungsstätten wie die Schulhäuser, Colleges und Universitäten, die Akademien und naturwissenschaftlichen Forschungsstätten (Sternwarten) kristallisieren sich schon im 16. Jahrhundert als selbständige Bauaufgaben heraus und gehören im 19. Jahrhundert zu den führenden Bauaufgaben der öffentlichen Architektur. In England und den Vereinigten Staaten ist die College-Architektur bereits seit dem 16. und 17. Jahrhundert zu einer wichtigen Bauaufgabe geworden. Nationale Besonderheiten prägen die Differenzierung der Bautypen, wie etwa in Spanien die Architektur der Lonja (die seit dem 15. Jahrhundert als Versammlungsstätten der Kaufleute bereits einen börsenähnlichen Charakter angenommen hatte) und die Hospital-Typologie.

Das 19. Jahrhundert (Fig. III) ist das Jahrhundert einer außerordentlichen Vermehrung der Bauaufgaben und Bautypen. Die industrielle und bürgerliche Revolution haben die Gesellschaft und deren Bedürfnisse stark verändert.

Die Technik bewirkte eine bisher ungekannte Spezialisierung der Arbeit. Die Fabrik ist die signifikante Bauform des anbrechenden Industriezeitalters; die Gießhütte gehört zu den ersten ausformulierten Bautypen der Industriearchitektur des frühen 19. Jahrhunderts.

Mit der industriellen Revolution verbindet sich die wachsende Bedeutung des Verkehrswesens. Der Brückenbau, aber auch der Tunnelbau, wird zu einer führenden Bauaufgabe, und der Bahnhof wird zum Typus der ›repräsentativen‹ Hallenarchitektur für die Massen.

Die neu etablierten Demokratien schaffen sich den neuen Regierungssitz, das Parlament – in Frankreich und Österreich sind es Tempel, in England und Ungarn gotische Paläste. Die neuartige Bauaufgabe wird unterschiedlich interpretiert; zu einer gefestigten Typologie kommt es nicht.

Einhergehend mit den kulturellen Einrichtungen treten die Bauten der Rekreation zunehmend in den Vordergrund. Öffentliche Bäder, öffentliche Parkanlagen, Sportstätten und Arenen, aber auch die Bauten der Justiz und der Verwaltung beginnen sich als eigenständige Einrichtungen auch architektonisch herauszuheben.

Die Wirtschafts- und Bürobauten, Banken und Kontors, Börsen und Speicherhäuser, Warenhäuser und die Bauten des Konsums nehmen einen beträchtlichen Teil des Bauvolumens in Anspruch.

Das Fanal einer neuartigen Bautypologie des 19. Jahrhunderts ist das in den USA, in Chicago und New York, erfundene Hochhaus, der ›Wolkenkratzer‹. Mit dem Hochhaus weist die Architektur des 19. Jahrhunderts auf das 20. Jahrhundert voraus.

Wie eng jedoch das 20. Jahrhundert mit dem 19. verbunden bleibt, bestätigt die Tatsache, daß das 20. Jahrhundert nur wenige neue Bauaufgaben hervorgebracht hat. Man muß abseitige Bautypen und Konstruktionen nennen, wie etwa die Bauten des Militärs, die Bunker oder die Atommeiler und den Fernsehturm, Verkehrsbauten wie das Parkhaus und die Tankstelle, um die signifikanten, von der Gesellschaft geforderten Bauaufgaben zu erfassen. Neu auch ist das Kino, das jedoch am Vorbild des Theaters eine bereits geläufige Typologie entwickelt hat.

Die Megastrukturen sind für das 20. Jahrhundert besonders kennzeichnend. Aus den Straßen wurde das vielspurige Autobahnnetz, aus den Wohnsiedlungen Satellitenstädte. Der Zug ins Große, die Einverleibung des einzelnen Gebäudekörpers in Großstrukturen und damit auch die Auflösung vieler historischer Bautypen sind für die Architektur im 20. Jahrhundert charakteristisch. Zur Einebnung typologischer Eigenart hat die Formstilistik der Moderne wesentlich beigetragen. Das Dogma der Rückführung aller Bauformen auf die primären, geometrischen Körper hat am Ende zur neutralen Behälterarchitektur geführt: Der Großcontainer hat quasi die einzelnen Bautypen in sich aufgesogen, wenn auch noch in peripheren Aufgabenbereichen, wie dem Kirchenbau, Relikte einer ›sprechenden Architektur‹ übriggeblieben sind. Doch gehört die führende Rolle kirchlicher Einrichtungen der Vergangenheit an. An die einstmals dominante Bauaufgabe, wie es die Stadtbefestigung war, denkt heute niemand mehr. Ein

Stadttor wird als Zeichen einer überwundenen Zivilisation gesehen.

In der Gegenwart, seit den siebziger Jahren, sind mit der Postmoderne erneut Versuche zur typologischen Heraussonderung einzelner Bauaufgaben unternommen worden. Doch vielleicht war der ironische Hinweis Robert Venturis realistischer, den modernen Baucontainer bestehen zu lassen und allein mit Hilfe eines Zeichens, eines Reklameschildes, die Bedeutung und Aufgabe eines Bauwerks zu signalisieren.

Wir erfahren heute wie nie zuvor sowohl das Chaos als auch die Monotonie der gebauten Umwelt – das bedeutungslose Durcheinander des Unterschiedlichen wie das bedeutungslose Nebeneinander des Gleichen. Die Rückgewinnung einer Symbolsprache und jede inhaltlich begründete Durchbrechung des Gleichförmigen wären ein Fortschritt.

Fig. I Bauaufgaben des Mittelalters

Öffentlich	*Religion*	*Kirche (Pfarrkirche, Kathedrale Memorialbau etc.)*	*Friedhof Kloster Beinhaus*
	Kulturinstitutionen		
	Erziehung Rekreation	*(Schulhaus) (Universität) Hospital*	
	Regierung	*Pfalz Burg Befestigungen (Mauer, Tor)*	*Rathaus*
	Verkehr	*Brücken (Straßen)*	
	Tausch	*Speicher*	*Kaufhalle*
	Produktion	*Bauernhof Bürgerhaus (Werkstatt)*	
Privat	*Wohnen*	*Hütte (Einsiedelei) (Wohnturm)*	

Fig. II Bauaufgaben der Neuzeit (Renaissance und Barock)

Öffentlich	*Religion*	*Kirche (Memorialbau) Friedhof* *Kloster*
↑	*Kulturinstitutionen*	*Theater Bibliothek Galerie*
	Erziehung Rekreation	*Schulhaus Universität* *Hospital*
	Regierung	*Schloß Garten Marstall Zeughaus* *Befestigung Gefängnis* *Rathaus*
	Distribution Verkehr	*Brücken Straßen*
	Tausch	*Speicher Börse Kaufhaus*
↓	*Produktion*	*Manufaktur (Fabrik)*
Privat	*Wohnen*	*Bauernhof* *Bürgerhaus (Werkstatt) Mietshaus Villa Schloß*

Fig. III Bauaufgaben des 19. Jahrhunderts

Öffentlich ↑	*Religion*	*Kirche Friedhof Mausoleum Denkmal*
	Kulturinstitutionen	*Theater Oper Museum Bibliothek (Kino)*
	Erziehung *Rekreation*	*Schule Universität Sportstadion Krankenhaus Bäder Kurhäuser etc.*
	Regierung *Verwaltung*	*Parlament Rathaus (Schloß) Justizpalast Gefängnis* *Bürohaus Verwaltungsbau Ministerien*
	Distribution *Verkehr*	*Bahnhof Straßen* *Brücken Tunnel*
	Tausch	*Börse Bank* *Kaufhaus Lagerhaus Ausstellungshalle Galerie* *Bürohochhaus*
	Produktion	*Fabrik Maschinen Industrieanlagen Farm* ↕
↓ **Privat**	*Wohnen*	*Einfamilienhaus (Cottage) Mietshaus Villa Bauernhof*

Ossatura di Legname da cui gl'Antichi presero l'imitazione de' lor principali ornamenti

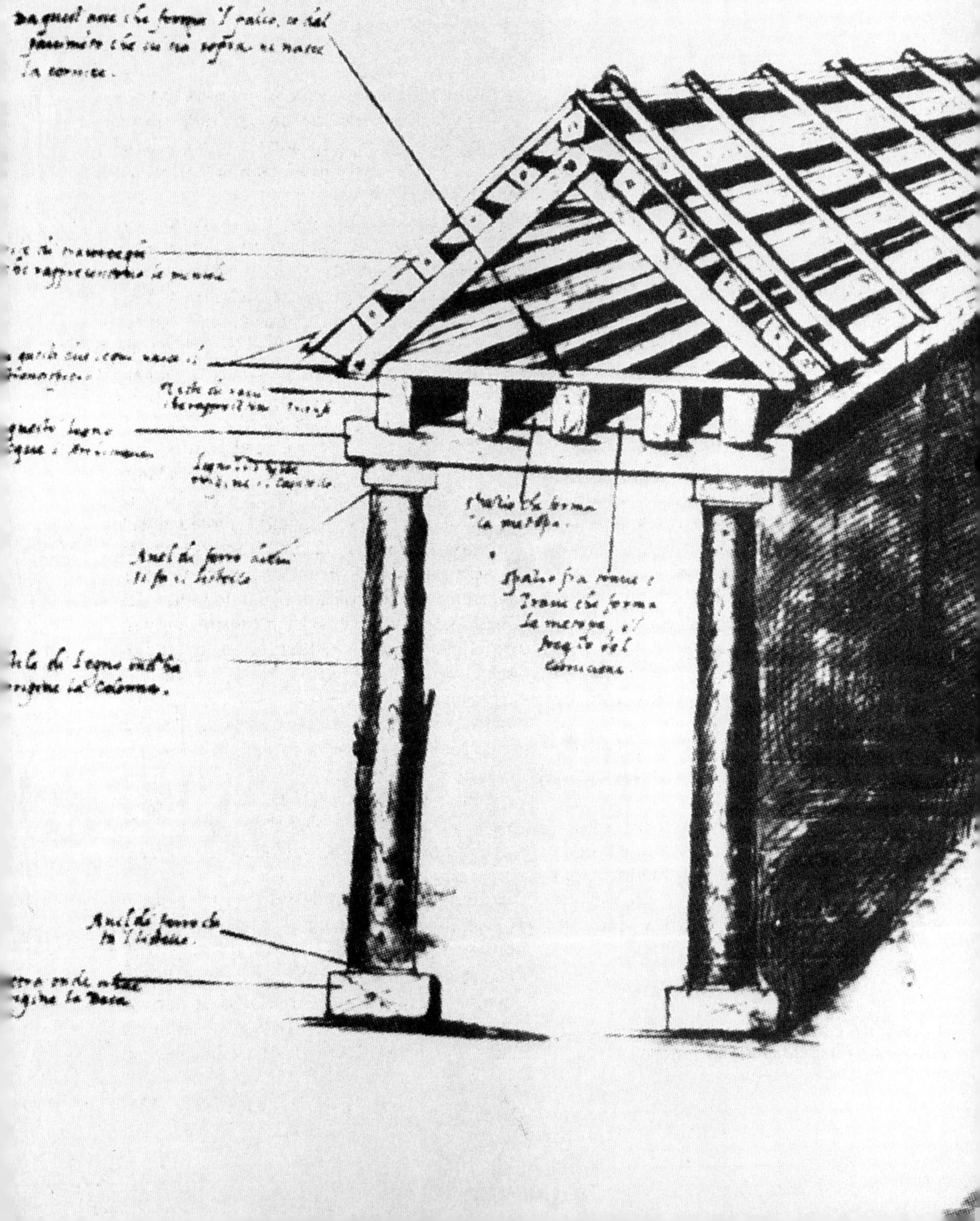

Anfänge der Architektur

Das ›erste Haus‹ an der Küste von Nizza

Immer schon ist die Frage nach den Anfängen Anlaß gewesen für phantasievolle Spekulation. Auch für die Anfänge des Bauens gibt es seit Vitruvius, dem ersten bekannten Architekturtheoretiker, vielerlei Vorschläge, die bis in das 19. Jahrhundert hinein nachgewirkt haben. Wie ›Adams Hütte‹ nach der Vertreibung aus dem Paradies oder die Urhütte ausgesehen haben könnten, wollte man in den vielen Architekturtraktaten seit der Renaissance ganz genau wissen, und oft genug glich diese Urhütte einem in Holz umgesetzten antiken Tempel (Abb. 1).

Alle diese legendenhaften Vorstellungen sind durch die Fülle von Entdeckungen und Ausgrabungsergebnissen der jüngst vergangenen Jahrzehnte außer Kraft gesetzt worden. Die eindrucksvollen Resultate haben das Bild der frühzeitlichen, vorgeschichtlichen Architektur und damit auch der Anfänge der Zivilisation so grundlegend verändert, daß es heute besonderer Bemühungen bedarf, sie in das Allgemeinbewußtsein aufzunehmen und sie in unsere Vorstellung von der Entstehungsgeschichte der menschlichen Kultur einzubeziehen.

Die Erweiterung unseres Wissens von den Anfängen profitiert von den Ergebnissen zweier unterschiedlicher Forschungsdisziplinen: einerseits sind es die archäologischen Ausgrabungen der Vor- und Frühgeschichte, andererseits die Erkenntnisse der Ethnologie, die uns veranlaßt haben, das Bild der vorgeschichtlichen und der sogenannten primitiven Kulturen und ihrer Architektur neu zu umreißen.

Daß die Menschen vorgeschichtlicher Zeit in Höhlen gelebt haben, ist indessen eine seit langem feste Vorstellung unseres Geschichtsbewußtseins. Der vorgefundene Unterschlupf, den die Natur bereitstellte, war die naheliegendste Form des Wetterschutzes. Viele solcher Unterkünfte aus der Frühzeit der Menschheit sind während der vergangenen Jahrzehnte entdeckt worden. Meist waren damit auch Funde verbunden, die über die Lebensweise dieser Menschen Auskunft gaben: Speise- und Werkzeugreste. Die Anfänge der Behausung sind also nicht identisch mit den Anfängen der Architektur. Erst der Schritt zur *künstlichen* Herstellung der Behausung, der letztlich von der Identität des Menschen mit der Natur fortführte, markiert den Beginn des Wohnbaus. Um auf Wanderschaft nicht abhängig zu bleiben vom vorgefundenen, natürlichen Wetterschutz, der Höhle, mußten die Jäger- und Sammlerhorden der Vorzeit an jedem anderen Ort, an den sie gelangten, eine Unterkunft haben: sie errichteten sich selbst ein Dach und wohnten für eine begrenzte Zeit, solange sie etwa in der Umgebung Nahrung fanden, in einem künstlich hergestellten ›Haus‹.

Noch vor einigen Jahrzehnten herrschte die allgemeine Auffassung, daß es der ›homo sapiens‹ gewesen sein müsse, der als erster diesen bedeutenden Schritt zur selbstgebauten Behausung getan habe. Seit den archäologischen Funden von H. de Lumley im Jahr 1966 an der Küste des Mittelmeeres bei

1 Urhütte, Gherardo Spini, ›I tre primi libri‹ (Illustration eines Manuskriptes) 1568/69

Nizza wissen wir jedoch, daß die Anfänge des Bauens über alle Erwartungen hinaus Jahrhunderttausende zurückliegen (Abb. 2, 3). Bereits der ›homo erectus‹ (›homo heidelbergensis‹), der dem ›homo sapiens‹ vorausging, baute Schutzhütten. Erste fossile Funde des ›homo erectus‹ sind 1,3 Millionen Jahre alt, die erste gebaute Hütte dieses Menschen etwa 400 000 Jahre.

Seit de Lumleys Ausgrabung können wir also sagen, die Architektur sei 400 000 Jahre alt. Durch andere Ausgrabungen ist dieses Ergebnis noch einmal bestätigt worden, so etwa durch die Funde in Bilzingsleben in Thüringen, wo ähnliche Ovalhütten mit einer Fellbedeckung rekonstruiert werden konnten.

Wenn auch die gängige Definition sich widersetzen mag, den Bau einer Hütte bereits als Architektur zu bezeichnen, so wird doch die allgemeinere Bestimmung gelten müssen: jedes vom Menschen hergestellte Konstruktionsgebilde, das dem Wetterschutz dient, ist Architektur. Die Hütte von Nizza gehört zu den ersten uns heute bekannten Kulturäußerungen des Menschen.

Nur die Steinwerkzeuge (früheste Beispiele liegen 2,5 Millionen Jahre zurück) sind älter. Wenn der ›homo erectus‹ bereits vor 750 000 Jahren mit dem Feuer umzugehen verstand (China), so sind doch nahezu alle anderen Kulturäußerungen des Menschen, die ihn aus der unmittelbaren Naturabhängigkeit herausführten, weitaus spätere Errungenschaften. Die ältesten Grabbeigaben, erste Zeugnisse eines Jenseitsglaubens, liegen 60 000 Jahre zurück; erste bekannte Zelte (Südrußland) sind 40 000 Jahre alt. Die älteste europäische Keramik ist vor 25 000 Jahren, die ersten vollplastischen Skulpturen sind ebenfalls um diese Zeit entstanden; hölzerne Schlafplattformen mit rauchendem Feuer zum Schutz vor Insekten vor 15 000 Jahren (Australien).

Erst mit dem Aufkommen des Ackerbaus (seit etwa 8000 v. Chr.) und der beginnenden Seßhaftigkeit des Menschen setzt eine Beschleunigung der kulturellen Entwicklung

ein: älteste Töpferwaren von der Drehscheibe stammen aus der Zeit um 8000 v. Chr., der erste Webstuhl aus der Zeit um 6500 v. Chr. (Türkei); das erste Räderfahrzeug ist aus Sumer um 3500 v. Chr. überkommen, und das erste vollständige Alphabet (ugaritische Schrift, Syrien) datiert 1400 v. Chr.

Auch differenzierte Architekturtypen wie etwa die zusammenfaltbare ›Hütte‹, die Jurte (etwa 4000 v. Chr.), sind erst jüngeren Datums. Um so erstaunlicher muß uns die Rekonstruktion jener Großhütte erscheinen, die der ›homo erectus‹ – in vielen Zügen wie

2 Schutzhütte, Terra Amata bei Nizza, um 400 000 v. Chr., Rekonstruktionsversuch, Modell

dem fliehenden Unterkiefer und dem Stirnwulst an den Menschenaffen erinnernd – vor 400 000 Jahren an der Riviera errichtet hat.

Wie nun hat diese Unterkunft der Altsteinzeit ausgesehen? De Lumley fand auf der freigelegten Grabungsebene Spuren einer ehemals vorhandenen Hütte, deren hölzerner Aufbau sich im Laufe der Jahrtausende aufgelöst hatte. Die sorgfältig freigelegten 30 cm breiten, verfärbten Löcher im Boden gaben den Hinweis, daß hier beträchtlich dicke Pfosten standen, die ein Wetterdach aufrecht hielten. Möglicherweise haben zwei oder mehr Pfosten das Dach von innen abgestützt. Ob zwei schwere Astgabeln einen Firstbalken getragen haben, ließ sich nicht feststellen. Daß jedoch schräg gestellte Äste von beiden Seiten zu einem Dach zusammengefügt worden waren, steht außer Zweifel: zwei noch erhaltene große Steine waren zum

3 Schutzhütte, Terra Amata bei Nizza, um 400 000 v. Chr. (Ausgrabung: H. de Lumley)

Schutz gegen den Winddruck und gegen das Abgleiten der Äste seitlich herangerollt worden und hielten das Wetterdach aufrecht. Möglicherweise waren Laubäste oder Felle über den Aufbau ausgebreitet worden, um zusätzlichen Wind- und Regenschutz zu gewähren.

Daß der hier am Strand von Nizza häufig wehende Nord-West-Wind von den rastenden Menschen abgehalten werden mußte, beweist nicht zuletzt ein erhalten gebliebener Ring von Steinen, der die in der Mitte der Hütte angelegte Feuerstelle umgab. Rings um das Feuer lagerten die Jäger auf Fellen, da hier der Boden von Speiseabfällen freigeblieben war.

De Lumley fand auf einem Ausgrabungsgelände von 120 Quadratmeter in einer paläolithischen Erdschicht in 15 bis 21 Meter Tiefe auf unterschiedlichen Ebenen mehrere solcher Hütten, insgesamt einundzwanzig, die zu unterschiedlichen Zeiten im Laufe eines Jahrhunderts errichtet worden waren. Die Jägergruppe scheint immer wieder an diesen Ort zurückgekehrt zu sein, da sie hier eine artenreiche Tierwelt und eine Süßwasserquelle vorfand. Die Nahrungsreste – Rothirschknochen, Knochen des ausgestorbenen Nashorns, aber auch Muscheln und Fischgräten – fanden sich über den Hüttenboden verstreut.

In einer der anderen Hütten entdeckte de Lumley einen Stein mit zahlreichen Kratzern: Hier war das Fleisch mit Hilfe kleinerer geschärfter Steine geschnitten worden, in der ›Küche‹. Nicht weit davon fanden sich versteinerte menschliche Exkremente: die ›Latrine‹. Schließlich fand man einen offenbar zum Sitzen herbeigeschleppten, großen Stein, der von einer Fülle von Steinsplittern umgeben war: die ›Werkstatt‹. Auch die Steinwerkzeuge wurden also unter dem Hüttendach hergestellt.

Die Maße der unregelmäßig ovalen Hütte betrugen etwa 6 x 12 Meter, groß genug, um einer Gruppe von ungefähr fünfzehn Menschen Unterkunft zu bieten. Die gesamte Fläche war ein ›multifunktionaler‹ Raum, bestimmt von der Feuerstelle und dem Lager in der Mitte; andere Tätigkeitsbereiche verteilten sich auf mehrere feste Orte.

Der erste uns bekannte Wohnort der Menschheit war keine Hütte für eine Kleinfamilie, sondern für eine größere Gruppe, die hier für eine kurze Zeit Aufenthalt fand. Die Menschen der Altsteinzeit, Jäger und Sammler, lebten wahrscheinlich in lockeren Sozietäten. Die Abhängigkeit voneinander, die eine Horde beim Erjagen des Wildes erfuhr, war gleichzeitig auch das soziale Bindemittel, das die Gruppe zu einer Wohngemeinschaft formierte. De Lumley vermutete, daß diese Hütten nur von auf der Jagd befindlichen Männern benutzt wurden. Doch haben andere Wissenschaftler dieser These widersprochen, da der Transport der Jagdbeute an entferntere Orte mit großen Umständen verbunden gewesen wäre. Die Wahrscheinlichkeit spricht eher dafür, daß Frauen und Kinder gemeinsam mit den Männern unter dem Dach der Hütte lebten.

Es verwundert nicht, daß dieses ergiebige Grabungsfeld, das mit den Mitteln modernster Archäologie aufgedeckt und bis in die mikroskopische Spurensuche hinein erforscht wurde, schließlich auch die unmittelbarste Spur des Menschen freigab: den ältesten bekannten Fußabdruck!

Dieses Ausgrabungsergebnis erweist, daß nach heutiger Kenntnis die Frühform der menschlichen Behausung erklärlicherweise kein griechischer Primitivtempel war, auch keine kreisförmige Jurte oder eine vom klassischen Geschmack geprägte Laubhütte, sondern eine Art Ast-Zelt, das sich wie ein auf den Boden gesetztes Satteldach ausnimmt.

Architektur der Naturvölker

In der allgemeinen Vorstellung verbinden wir mit dem Begriff ›primitive Völker‹ eine Architektur größter Einfachheit und Improvisation. Folgt man der Definition des Wohnhauses als einer für die vielgestaltigen Bedürfnisse des Menschen geschaffenen, zweckdienlichen Architektur, so sind die einfachen Hütten der Altsteinzeit in manchen Fällen auf einer vergleichsweise fortgeschritteneren Stufe der Zivilisationsgeschichte anzusetzen als die primitiven Konstruktionen des Wetterschutzes bei heute noch existierenden Naturvölkern, so etwa Dächer aus großen Laubblättern (Abb. 5), die den Menschen vor Sonne und Regen schützen und den Wind von der Feuerstelle fernhalten sollen. Hier fällt es schwer, von einer ›Behausung‹ zu sprechen, da sich die Funktion einer solchen oft sehr kleinen Laubhütte allein auf den Wetterschutz beschränkt; der Mensch sucht unter diesen Dächern nur vorübergehend Unterschlupf, um alle anderen Lebensäußerungen im Freien zu entfalten.

Die Hütten vieler Naturvölker sind Einheitsräume, in denen sich – wenn sie größer und stabiler sind als ein einfaches Blätterdach – das häusliche Leben abspielt, ohne daß es zu einer Unterscheidung verschiedener Tätigkeitsbereiche kommt. Das ›Haus‹ ist eine einfache Umhüllung und Bedachung, gleichsam die ›dritte Haut‹ des Menschen, die neben der Bekleidung als ›zweiter Haut‹ den Körper vor Unbill schützt. Hier suchen wir vergebens, was wir gemeinhin von Haus und Wohnung erwarten – daß mehrere, für unterschiedlichen Gebrauch bestimmte Räume vorhanden sind.

Allzuleicht vergessen wir jedoch, daß es auch Eingeborenenvölker wie die Dogon in Afrika (Abb. 6) oder die Pueblo-Indianer in Arizona gibt, die eine vielgestaltige Architektur entwickelt haben und unterschiedliche Bautypen sowie eine Raumdifferenzierung kennen. Ihre Bauten werden sehr zu Unrecht aus den Gesamtdarstellungen der Architekturgeschichte herausgehalten. Die Kulturtradition und damit auch die Architektur aller dieser Völker ist durch die eindringende moderne Zivilisation, sowohl durch ihre Segnungen wie auch durch ihre rücksichtslose

4 Wetterdach-Siedlung, Yanoama-Indianer (Amazonas, West-Brasilien), Modell

5 Windschirm mit Hängematte, Purì-Indianer (Ost-Brasilien), Stich von Max Wied zu Neuwied, um 1815-17

6 Hütten und Kultbau der Dogon, Mali

7 Ansicht eines Sciapuno aus getrennten Wetterdächern, Yanoama-Indianer

Nivellierung, gefährdet. Deshalb erscheinen viele der Untersuchungen heutiger Ethnologen wie letzte Bestandsaufnahmen untergehender, bis in die Frühzeit des Menschen zurückreichender Kulturen. Wenn wir einerseits glauben, in der Architektur der Naturvölker primitive Urtypen des Bauens überliefert zu sehen, so können andererseits die häufig komplexen Bauformen dieser Völker nicht darüber hinwegtäuschen, daß auch sie eine Entwicklungsgeschichte haben, die eingreifende Veränderungen und auch speziellen Bedürfnissen entsprechende Verfeinerungen mit sich gebracht hat.

Doch sind die historischen Wandlungen dieser Architektur kaum nachweisbar, da die dem schnellen Verfall unterliegenden Bauten keine Spuren hinterlassen haben. Dennoch enthalten die heute auf uns gekommenen Kulturen primitiver Völker eine Fülle von

Hinweisen ursprünglicher Architekturformen. Die Pygmäen Afrikas, die teilweise noch heute auf einer steinzeitlichen Kulturstufe des Jagens und Sammelns leben, sind ebensowenig seßhaft geworden, wie auch ihre Hütten zu dauerhaften Häusern haben werden können. Ihre nur für kurze Zeit errichteten Rundhütten sind Zeugnisse einer frühen Kulturstufe geblieben. Demgegenüber sind die aus gestampftem Lehm hergestellten Häusertypen der Dogon hochentwickelte, mit symbolischen Bedeutungen beladene Bauten, die das Ergebnis einer langen Kulturentwicklung darstellen (Abb. 6).

Die Wetterdächer der Yanoama

Die Yanoama sind ein Indianerstamm, der am Orinoco zwischen Brasilien und Venezuela ansässig ist; bereits in der zweiten Hälfte des 18. Jahrhunderts berichteten Forscher über die Existenz dieses Naturvolkes, dessen Lebensweise sich seither kaum verändert hat. Das Siedlungsgebiet der heute auf rund 20 000 geschätzten Yanoama ist allerdings wegen der rapiden Erschließung und der großflächigen Abholzung des Urwaldes (äquatorialer Regenwald) gefährdet.

Die großformatigen Wetterdächer der Yanoama, einfach und zugleich monumental, sind ursprünglich und doch hochentwickelt (Abb. 4, 7). Man findet bei ihnen während der Zeit der Wanderung provisorische Unterstände, die ›Tapiri‹, die als schräg gestellte Schirme aufrecht gehalten werden und für eine Familie Schutz bieten. Für die Dauer ihrer Seßhaftigkeit errichten die Yanoama Dörfer, für die sie ovale Lichtungen in den Urwald schlagen und an deren Rand die Unterkünfte stehen – große, von hohen Baumstämmen getragene Dächer. Diese kreisförmig angeordneten, zum Dorfplatz hin offenen Pultdächer können zu langen, segmentbogenförmigen Bedachungen anwachsen, unter denen mehrere Familien nebeneinander leben (Abb. 8, 9). Die Dörfer werden von den Yanoama nur einige Jahre bewohnt, damit der Boden, der sich in der

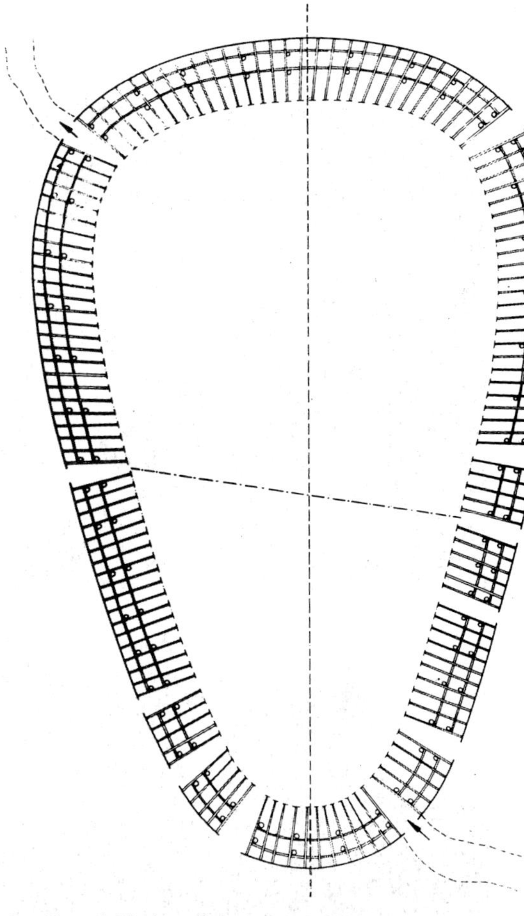

8 Grundriß eines Sciapuno aus getrennten Wetterdächern, Yanoama-Indianer

Regel nach einem Zeitraum von fünf Jahren erschöpft, wieder regenerieren kann. Nach Verlassen des einstigen Siedlungsplatzes wird dieser wieder rasch von der kräftigen Wildvegetation überwuchert; es bleiben kaum merkliche Spuren des ehemaligen Dorfes zurück.

Die Dorfanlage grenzt sich deutlich gegen den umgebenden Urwald ab, der als feindlich empfunden wird; die Rückwände der Hütten dienen als Palisaden gegen gefährliche Tiere und Fremde, vor allem aber gegen Buschgeister.

Die Yanoama ernähren sich von der Jagd, von wildwachsenden Früchten und vom Gartenbau. Ihre Mehrfamiliensiedlungen, ›Sciapuno‹ genannt, vereinen bis zu hundert Per-

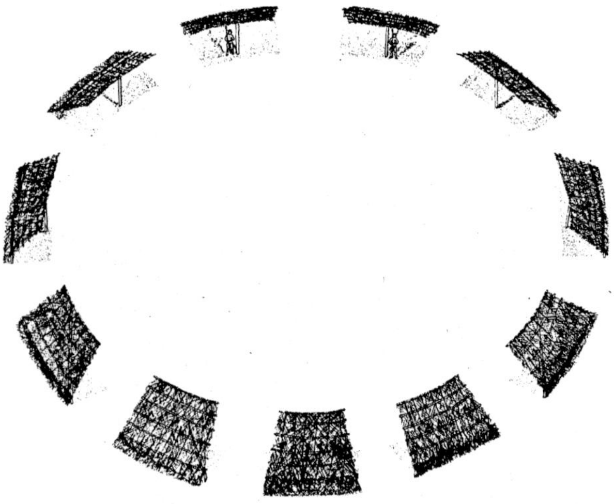

9 Schema eines Sciapuno mit getrennt stehenden Wetterdächern, Yanoama-Indianer

10 Schema eines Sciapuno mit herausgehobenem Häuptlingsdach und zentralem Unterstand, Yanoama-Indianer

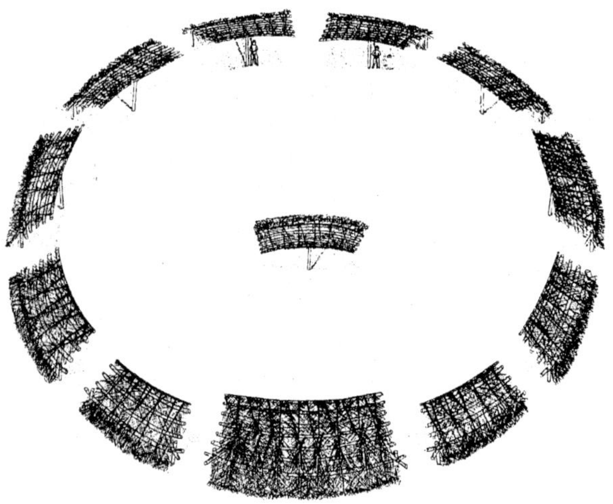

sonen unter ihren Dächern. Der hier wiedergegebene Grundriß eines ›Sciapuno‹ faßt insgesamt achtunddreißig Familien, die ohne Trennwände nebeneinander leben und die ausschließende Privatheit der Kleinfamilie nicht kennen (Abb. 8). Am oberen Ende der Dorfachse lebt der Häuptling, von seinen Verwandten und seinen Frauen umgeben. Auch ihm ist kein heraussonderndes Dach zuerkannt. Die hierarchische Stellung wird durch die Position seiner Familie im Gesamtverband, am Kopfende des ›Sciapuno‹, hervorgehoben.

Neben dieser egalitär anmutenden Anordnung der Wetterdächer (Abb. 9) gibt es andere Formen, die das Dach des Häuptlings als das größte herausheben (Abb. 10) – die Macht gebietet eine Unterscheidung, die in der Architektur als ›Monumentalisierung‹ der Normalform zu unmittelbarer Anschauung gelangt.

Ob sich mit einer solchen Unterscheidung zwischen dem Normaldach und dem Häuptlingsdach auch eine geschichtliche Entwicklung verbindet, ob also die eingegliederte Position der Häuptlingsfamilie die frühere und die monumentalisierte Heraushebung die spätere Form ist, kann nicht mehr entschieden werden. Sicher aber kann eine dritte Form des ›Sciapuno‹ die geschichtlich spätere Einwirkung fremder Kultureinflüsse belegen: Die Wetterdächer sind zu übergreifenden Großkonstruktionen zusammengewachsen, während der Häuptlingsfamilie eine einzelne Hütte vorbehalten ist, eine ›Maloca‹, die die Einheit der Typologie sprengt (Abb. 11). Der Häuptling hat nun seiner besonderen Stellung durch einen besonderen ›Prunk‹ der Gebäudeform Ausdruck verliehen und den hierarchischen Unterschied durch einen neuen Bautypus bekräftigt. Sogar für die Hühner des Häuptlings ist eine zweite kleine Hütte errichtet worden, die den Häuptlingsbesitz demonstrativ herausstellt.

Eine wesentliche Frage, die sich dem Interpreten der Baugeschichte immer wieder stellt, lautet: Worin lagen die Bedingungen für eine über das Normalmaß hinausgehende Monumentalisierung des Einzelbauwerks? Andere Eingeborenenkulturen ließen den Status eines Einzelnen in der Architektur nicht zum Ausdruck gelangen. Häufig war es das Versammlungshaus der Männer, also der Ort der Beratschlagung und der ›kommunalen Regierung‹, der durch eine besondere Form zum herausragenden Bauwerk des Dorfes avancierte. Monumentalarchitektur

11 Schema eines Sciapuno mit verbundenen Wetterdächern und einzeln stehender Häuptlingshütte und Hühnerstall, Yanoama-Indianer

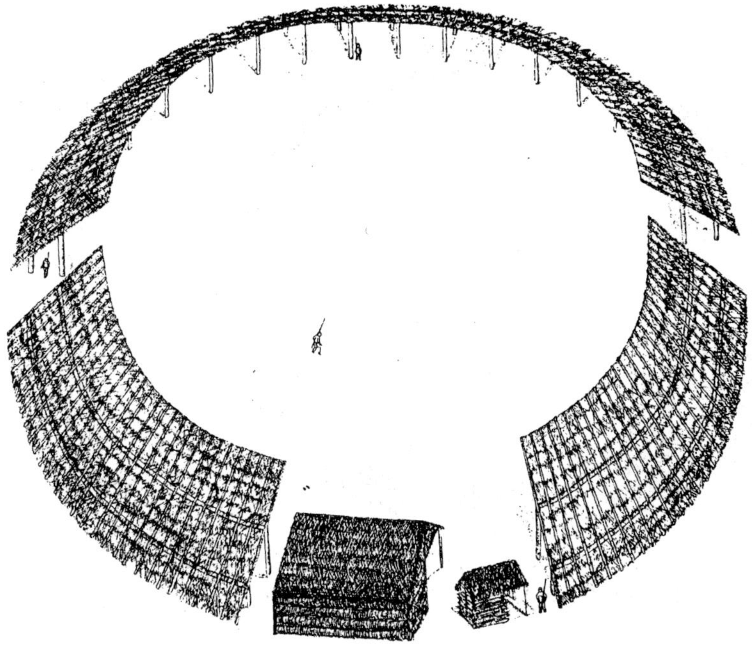

bei Eingeborenenvölkern blieb häufig für jene Entscheidungszentrale reserviert, mit der sich das ganze Dorf identifizierte. Zumindest zwei Faktoren haben eine Differenzierung der Bautypologie ausgelöst: Herrschaftsanspruch eines Einzelnen oder Repräsentation der Dorfgemeinschaft als Männerregiment.

Ein ›Sciapuno‹ wäre nur halb verstanden, vergäße man über den enormen Windschirmen den Platz in der Mitte, den sie umrahmen. Das Zentrum des Dorfes bildet jener ›Raum‹, der nach oben offen geblieben ist und als heiliger Ort auf das gesamte umliegende Jagdgebiet bezogen ist. Der Platz dient allen denkbaren sozialen Funktionen, und er gehört allen Bewohnern des Dorfes. Hier spielt sich das alltägliche Leben ab; Neigungen zueinander werden ebenso offen bekundet wie Feindseligkeiten, die bei diesem kampfesfreudigen Volk häufig in regelrechte Kleinkriege umschlagen. Doch ist der Platz auch Ort der großen Rituale. Hier »rufen die Schamanen die ewigen Geister an, ihre Riten mit ekstatischen Fluggebärden oder frenetischen Kundgebungen kollektiver Exaltationen begleitend. Im Beisein aller werden auf dem Platz die Toten verbrannt; auf dem Platz wohnt man, als äußerstes theatralisches Schauspiel, dem Wehklagegesang bei.«[1] Die Funktion des Platzes erschöpft sich also nicht in seiner Rolle als übriggebliebene Leerfläche, seine Bedeutung geht auch über die eines öffentlichen Platzes hinaus. Er ist so etwas wie ›Vielzweckraum‹ und Tempel in einem, ist der soziale und mythisch-rituelle Mittelpunkt der gesamten Dorfgemeinschaft.

Die Architektur schafft nicht nur Binnenräume, sondern läßt durch Gruppierung und Ordnungsbeziehungen der einzelnen Bauten charakteristische Außenräume entstehen, die – wie in der heutigen Funktionsarchitektur üblich – zu Restraum und Überbleibseln, zu Negativflächen und ungestalteten Zufallsergebnissen werden können. Wie sehr hingegen der Platz der Yanoama von der Architektur bestimmt wird und auf diese zurückwirkt, beweisen etwa die segmentartig ausgerundeten Windschirme der jüngsten Siedlungsanlage. Man kann in diesen Ausschwingungen das endgültige Ergebnis einer immer schon vorhandenen Wechselwirkung zwischen Bau und Platz erkennen. Diese Beziehung ist nicht allein formaler Art, sondern von der Bedeutung des Dorfplatzes als rituellem Zentrum bestimmt.

Steinzeitliche Siedlungen

Perspektivenwechsel in der frühgeschichtlichen Forschung

Noch V. Gordon Child hatte in seinen einflußreichen Schriften der dreißiger Jahre angenommen, daß die Zivilisation, also der Übergang von der Kulturstufe der Jäger und Sammler zur Wirtschaftsform des Ackerbaues, in einem der Zentren der späteren Hochkulturen, im Alten Ägypten, vonstatten gegangen sei. Der Chicagoer Archäologe Robert Braidwood hat dem widersprochen und durch seine Ausgrabungen in den entlegenen Gebieten des nördlichen Irak nachweisen können, daß es nicht die großen, fruchtbaren Flußtäler des Nils und des Zweistromlandes waren, wo der Mensch die Voraussetzungen zum Seßhaftwerden vorgefunden hat (Abb. 13). In Dscharmo, dem von Braidwood ausgegrabenen Ort aus der Zeit um 8000 v. Chr., waren jene günstigen Bedingungen vorhanden, die in den Flußniederungen des Nils und des Euphrat nicht anzutreffen waren, das Nebeneinander von wilden, domestizierbaren Tieren und Pflanzen. Dscharmo erwies sich als eine Siedlung der Übergangszeit zwischen der Jagd- und Sammelkultur und primitiven Frühformen des Ackerbaus. Hier fand Braidwood in den Grabungsschichten konservierte Weizen- und Gerstenkörner, die, obzwar den Wildformen noch nahestehend, bereits mit den heutigen Kulturformen dieser Getreidearten verwandt sind. Braidwoods 1948 begonnene Freilegung lenkte von nun an den bislang auf Ägypten und Mesopotamien fixierten Blick der Archäologen auf jene unscheinbaren Orte an den Hängen des Zagros- und Taurusgebirges, wo man die Wiege der Zivilisation vermutete.

Damals begann sich ein neues Forschungsinteresse abzuzeichnen; war man früher geblendet vom Glanz der Hochkulturen und bei den Ausgrabungen vom Interesse geleitet, spektakuläre Fundstücke für die Museen aus dem Boden zu holen, so suchte man nun die unscheinbaren Spuren der steinzeitlichen Kulturen aufzudecken, um über die Frühgeschichte der Menschheit Aufschluß zu gewinnen. Man vermutete erst gar nicht, abseits von den Zentren späterer Hochkulturen schlüssige Hinweise über die Entstehung der Zivilisation zu finden. Noch viel weniger hatte man erwartet, lange vor den ersten Städten im Zweistromland, rund 3500 Jahre früher, auf Siedlungen seßhafter Ackerbauern oder Händler zu stoßen, die wie in Jericho (7500 v. Chr.) oder Çatal Hüyük (6500 v. Chr.) bereits den urbanen Charakter von Großsiedlungen angenommen hatten. Erst mit den Ausgrabungen nach dem Zweiten Weltkrieg ist diese veränderte historische Perspektive mehr und mehr in das allgemeine Bewußtsein getreten, hat sich unsere Vorstellung von der Frühgeschichte der Zivilisation von Grund auf verändert. Inzwischen beginnen unsere Geschichtsbücher nicht mehr mit den ägyptischen und mesopotamischen Hochkulturen, sondern mit den neolithischen Dörfern Anatoliens, Palästinas und des Irak. Mit der genaueren Kenntnis der Anfänge urbaner Kultur verändert sich gleichzeitig auch

12 Jericho (Jordanien), 15 Meter hoher Erdhügel mit Grabung (unten links)

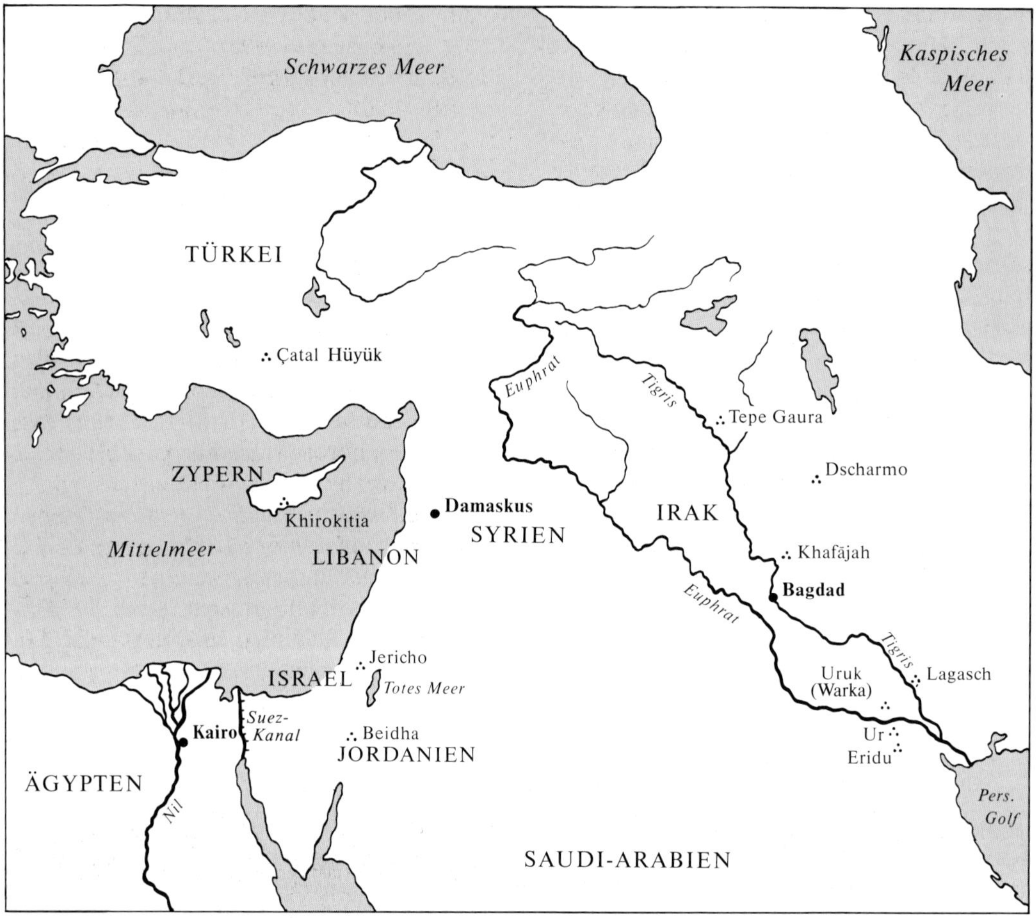

13 Siedlungsstätten vor- und frühgeschichtlicher Kulturen

das ›abendländische‹ Geschichtsbewußtsein, das seine Wurzeln in Hellas suchte und das nun aufgeht in ein globales Bewußtsein der Menschheitsgeschichte.

Typologie des steinzeitlichen Hauses – das Rundhaus

Die ersten uns bekannten aus Stein errichteten Häuser der steinzeitlichen, ackerbauenden Menschheit sind Einheitsräume (seit etwa 8000 v. Chr.), zunächst, so legen es die Ausgrabungen nahe, Rundhäuser (Abb. 15). Dieser Grundrißtypus geht bis in die Frühzeit der ersten dörflichen Siedlungen zurück, als im Vorderen Orient, im Iran und Irak, in Syrien und Palästina, im Bereich des ›Fruchtbaren Halbmonds‹ an den Flanken des Zagros- und Taurusgebirges der Ackerbau entstand. Seit der beginnenden Seßhaftigkeit des Menschen, jener ›steinzeitlichen Revolution‹, mit der eine dem Wanderleben der Jäger und Sammler kaum noch vergleichbare Kultur dauerhafter Siedlungen geschaffen wurde, treffen wir auf das Rundhaus. Dieser urtümliche Bautypus erklärt sich aus der Nomadentradition: es ist verhältnismäßig leicht, aus wenigen Hölzern, die nach oben konisch zusammenlaufen und sich im Mittelpunkt eines Kreises treffen, eine Hütte zu errichten. Aufgelegtes Reisig und abdeckende Felle konnten leicht vor den Unbilden des

Wetters schützen. Ebenso leicht war eine solche Hütte als vorübergehender Aufenthalt einer Jagdhorde wieder abgebaut.

Es liegt nahe, daß sich die ersten Ackerbauern an der Urform des Nomadenhauses orientierten und die traditionelle Rundhütte gleichsam in Stein umsetzten. Dieses Haus steht als Urform am Beginn einer lange währenden Entwicklungslinie des Wohnbaus. Eine hochbedeutsame Reihe von Ausgrabungen legt den Schluß nahe, daß die ersten Siedlungen ganz überwiegend Rundhaussiedlungen waren. Dies wird vor allem bestätigt durch Ausgrabungen, mit denen die Schichten der Siedlungsfolgen von den frühesten Anfängen bis zu späteren Nachfolgekulturen freigelegt wurden: So bestehen die frühen Kulturschichten von Jericho (8000 v. Chr.) und Beidha (7000 v. Chr.) in Jordanien aus Rundhütten, die später von rechteckigen Häusern abgelöst wurden. Eine Ausgrabung in Munhata (Abb. 14) im mittleren Jordantal belegt die Abfolge früher Rundbauten und späterer Rechteckhäuser abermals. Die ausgerundeten Mulden stellen die Reste von Wohnstätten und Silos dar, die der zweiten Hälfte des 5. Jahrtausends angehören. Unmittelbar darüber liegen auf höherem Niveau (im Grabungsphoto links) Rechteckhäuser, die um 4000 v. Chr. entstanden sind.

Eine der bekanntesten Ansiedlungen ist die in kleinen Teilen ausgegrabene Stadt Jericho in Jordanien, deren unterste Schichten bis in das 10. Jahrtausend zurückgehen. Besonders interessant ist die dem prä-keramischen Neolithikum, also der Zeit um 7500 v. Chr. angehörende Siedlungsschicht: Wieder sind es zahlreiche runde Hausbauten, die auf einen Natursteinsockel gesetzt wurden und deren aufstrebendes Mauerwerk nachweislich aus ungebrannten Lehmziegeln errichtet war. Es überrascht die große Ausdehnung der Siedlung, in der bis zu 2000 Menschen gelebt haben müssen. Wie an anderen Orten war in der nächsten Grabungs-

14 Munhata (Oberes Jordantal, Israel), Grabungsplatz mit Überresten einer Rundhaussiedlung (2. Hälfte 5. Jt.) und einer Siedlung aus Rechteckhäusern (um 4000 v. Chr.)

schicht (prä-keramisches Neolithikum B) das Rundhaus durch rechteckige Wohnhäuser abgelöst worden. Diese waren nun aus handgeformten Flachziegeln gebaut, die in dicken Mörtelschichten verlegt waren. Daß mit dieser Bauweise aber das Rundhaus nicht sogleich erledigt war, beweisen Ausgrabungsorte, wo sogar nach Einführung des Rechteckhauses das Rundhaus wieder zur Geltung kam. Der Beginn der Zivilisation auf Zypern setzt überhaupt erst um 5800 v. Chr. mit Siedlungen ein, wie sie in Khirokitia ausgegraben wurden (Abb. 15). Was diese von den frühen Abris oder auch den Rundhausgruppen von Beidha unterscheidet, ist ihre präzise Grundrißbildung und ihr differenzierter Innenausbau. Auch sind sie nicht länger Muldenhäuser mit einer in das Erdreich eingetieften Bodenfläche, die von einer Steinfassung befestigt ist, sondern völlig freistehende Bauten. Eines der Rundhäuser war im Unterschied zu anderen besonders groß, es hat bis zu 2,50 Meter dicke Grundmauern und einen Durchmesser von neun Metern. Schwere Stützpfeiler im Inneren legen nahe, daß ein Obergeschoß vorhanden war. Hier, so vermuten die Ausgräber, hat eine besonders wohlhabende Familie gewohnt, die sich durch die Größe ihres Hauses von den anderen deutlich abhob. Es stellt sich die interessante Frage, ob hier möglicherweise die Herrscherfamilie Khirokitias ihren Sitz hatte. Womöglich deutet sich schon eine soziale Differenzierung an, die sich nicht etwa durch einen anderen Bautypus, sondern durch Größe, also quantitative Überbietung der für alle geltenden Hausgestalt zu erkennen gibt. Wie später gezeigt werden soll, ist eine solche Unterscheidung in dem im 7. Jahrtausend v. Chr. blühenden Çatal Hüyük nicht erkennbar, wenn es nicht schon, wie einige Wissenschaftler annehmen, von einer zentralen Macht an einem anderen Ort beherrscht wurde. Festzuhalten bleibt, daß sich bereits in der Frühzeit der einsetzenden Zivilisation, auf der baugeschichtlichen Stufe des Rundhauses, die Frage nach einer sozialen Differenzierung stellt, die möglicherweise durch archi-

tektonische Gestaltung ihren Ausdruck gefunden hat. Welche Kräfte führen zu einer Herausformung unterschiedlicher Architekturtypen, und seit wann gibt es ›monumentale‹, d.h. sich von der Alltagsarchitektur unterscheidende Einzelbautypen, die übergreifende Herrschaft oder ›öffentliche‹ Bedeutung anzeigen? Ist die bloße Vergrößerung eines gegebenen Grundtypus wie in Khirokitia bereits der Anfang einer Monumentalisierung?

Ein Dorf der Mittelsteinzeit – Khirokitia

Den Beginn der Zivilisation auf Zypern stellt das Dorf Khirokitia dar, das ein klassisches Beispiel für eine steinzeitliche Rundhüttensiedlung ist.

Unter einer nur vier Meter tiefen Erdschicht entdeckte der französische Archäologe Le Brun eine Siedlung von fünfzig kreisförmigen Grundmauern, die unregelmäßig nebeneinander liegen und die Struktur eines Dorfes aus dem Neolithikum (5800-5250 v. Chr.) überliefern (Abb. 15). Nur ein Teil der Siedlung wurde freigelegt; die Wissenschaftler vermuten, daß das gesamte Dorf aus über hundert Häusern bestand und sich an den Hängen eines Hügels hinaufzog. Erhalten sind die bis zu zwei Metern aufsteigenden, aus Bruchsteinmauerwerk errichteten Grundmauern von Rundbauten, deren oberer Aufbau im Laufe der Jahrtausende zerfallen ist. Wie, so stellte sich die Frage, haben diese zum Dorf gruppierten Häuser ursprünglich ausgesehen? (Abb. 16)

Immer nur sind es Reste, oft spärliche Überbleibsel, aus denen die Bauten rekonstruiert werden müssen, um das ursprüngliche Aussehen einer Hausanlage oder gar einer vorgeschichtlichen Stadt zurückzugewinnen. Le Brun hat angenommen, daß die Rundhäuser von Khirokitia gänzlich aus Stein errichtet waren, womöglich in den oberen Teilen (aufgehendes Mauerwerk) aus luftgetrocknetem Lehmziegel. Die beträchtlichen Durchmesser der Grundmauern – bei dem größten Rundhaus bis zu 2,50 Meter – lassen es unwahrscheinlich werden, daß tatsächlich das ganze Haus aus Stein gebaut war. Allerdings ist das Aussehen der Dachkonstruktion bis heute ungeklärt. Waren die Rundhäuser (sogenannte ›Tholoi‹) gewölbt? Hatten sie ein Loch als Rauchabzug? Oder wurden die Wände bis zu einer gewissen Höhe senkrecht hochgezogen und – wie andere Forscher vermuten – ähnlich wie afrikanische Eingeborenenhütten mit einem Dach aus Hölzern, Stroh und aufgeworfenem Lehm bedeckt? Nach wie vor stehen wir vor ungelösten Fragen. So auch fand die durch das Dorf hindurchgezogene Mauer unterschiedliche Interpretationen. Jüngere Ausgrabungen sprechen für die Annahme, daß die Grenzsiedlung eine äußere Verteidigungsanlage besaß, und widerlegen damit die frühere

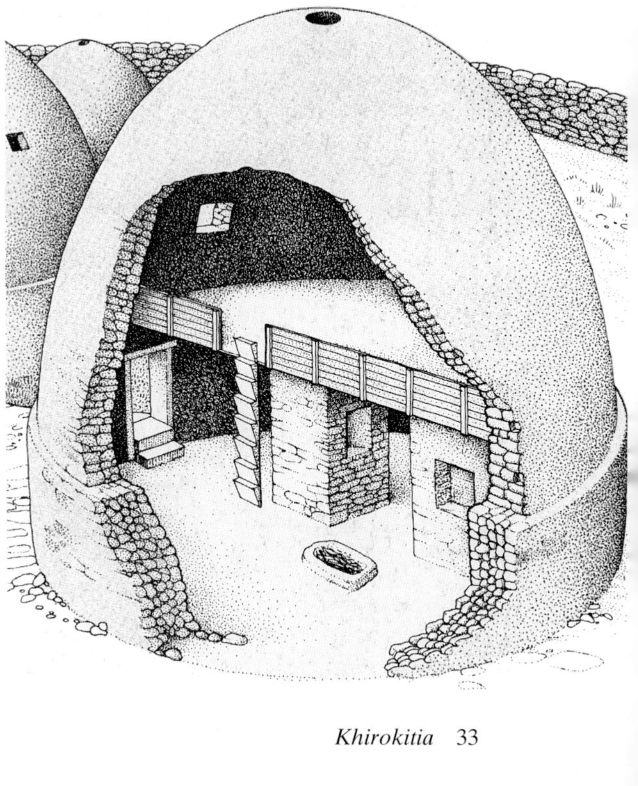

15 Khirokitia (Zypern), archäologische Ausgrabung eines Rundhausdorfes, um 5500 v. Chr., Modell

16 Khirokitia, Rekonstruktionsversuch

Deutung, daß es sich bei den aufgefundenen Mauerresten um eine Straße gehandelt habe. Immer wieder geht es um die Interpretation des Ausgrabungsbefundes, die einer – stets nur vorläufigen – Rekonstruktion vorausgehen muß.

Das Rechteckhaus – Beidha

Das im südlichen Jordanien gelegene Beidha ist eines jener neolithischen Kulturzentren im ›Fruchtbaren Halbmond‹, das eine Rekonstruktion der Frühgeschichte der Menschheit und ihrer Architektur ermöglicht.

Nach ersten Niederlassungen, die von einer halb seßhaften Jäger- und Sammlergesellschaft um 7500 v. Chr. angelegt worden waren, kamen um 7000 v. Chr. Ackerbauern nach Beidha, die sich fest einzurichten wußten und solidere Wohnhäuser bauten. Es waren Rundhütten, die aus einer von Ringmauern befestigten Bodenvertiefung bestanden und deren Wände von dünnen Baumstämmen aufrecht gehalten wurden. Das Dach setzte sich aus Holzstangen, Reisig und Schilfrohr zusammen; ein dicker Lehmbewurf schützte vor den wenigen Regenfällen. Die einzelnen Hütten waren zur gegenseitigen Stabilisierung direkt aneinandergebaut, wie wir es auch heute noch von afrikanischen Eingeborenendörfern kennen (Abb. 17). Die Zwischenräume dienten als Vorratskammern, so daß sich ein dichtes, ganz unregelmäßiges Raumgefüge ergab, in dem die Menschen mit domestizierten Tieren hausten. Vielleicht vollzog sich das Leben hier in Großfamilien, so wie es bis heute in vielen auf steinzeitlicher Kulturstufe lebenden Gesellschaften der Naturvölker anzutreffen ist.

Nach einer Feuersbrunst, die das ursprüngliche Dorf völlig vernichtet hatte, erfolgte die Neubesiedlung Beidhas, die eine Abkehr vom Rundhaustypus mit sich brachte. Besonders aufschlußreich sind die Übergangsformen zwischen dem traditionellen Rundhaus und dem sich langsam entwickelnden Rechteckhaus. Die Häuser wurden fester, kamen ohne stabilisierendes Holzgerüst aus und standen häufig frei. Das dichte, bienenwabengleiche Gefüge des Grundrisses verschwand. Einige der Häuser hatten ansatzweise einen rechteckigen Grundriß, doch waren die Ecken abgerundet und die Mauern leicht gebogen. Offensichtlich hatten die Erbauer dieser Häuser die Vorteile des Rechteckhauses bereits erkannt, standen aber noch unter dem Eindruck der traditionellen Rundhausarchitektur.

Die um 6600 v. Chr. besiedelte Schicht II von Beidha brachte schließlich die endgültige Abkehr vom Rundhaus mit sich (Abb. 18). Unter den vielen kleinen Rechteckhäusern wurde eine auffällig große Anlage von zusammenliegenden Räumen ausgegraben, die einen für diese Epoche ungewöhnlichen Befund darstellen. Das größte Gebäude dieser Siedlung bestand aus besonders dicken Wänden und umfaßte einen Raum von 7 x 9 Metern. Ein großer rechtwinkeliger, von hohen Mauern umgebener Innenhof schloß sich an, dessen Außenwand wiederum mit drei aneinanderliegenden Häusern verbunden war. Alle drei Häuser waren von auffallend

17 Beidha (Jordanien), Schemagrundriß einer Siedlung aus Rundhütten (1) und Vorratsräumen (2), um 7000 v. Chr.

18 Beidha, Schemagrundriß einer Siedlung aus Rechteckhäusern, Werkstätten (3), Gemeinschaftsraum (4), Hof (5), um 6600 v. Chr.

dicken Zungenwänden unterteilt, die jeweils sechs Kammern bildeten. Eine solche Konstruktion läßt vermuten, daß die Mauern den Unterbau für ein Obergeschoß abgaben, in dem sich möglicherweise Wohnräume befanden, während die kleinen Nischenräume im Erdgeschoß als Vorratslager benutzt wurden. Wenn diese Annahme stimmt, dann haben wir hier das erste bekannte Zeugnis eines doppelgeschossigen Hauses vor uns.

In den Kammern fand man eine Fülle von Geräten und bearbeiteten Materialien, die den Schluß zulassen, daß diese Räume die Werkstätten von Handwerkern waren. Es scheint, daß die hier tätigen Menschen Spezialisten in den unterschiedlichsten Arten der Materialbearbeitung gewesen sind. In einer der Werkstätten wurden Perlen aus Stein gefertigt, in einer anderen Perlen aus hohlen Knochen. In einer dritten Kammer fanden sich auffällig viele Knochen und Tierhörner, vielleicht war hier eine Metzgerei oder ein Sammellager. Sofern dieser Gebäudekomplex in der Tat die Werkstätten mehrerer Handwerker umschlossen hat, wäre hier ein Ort erhalten geblieben, an dem sich wie nirgendwo sonst im 7. Jahrtausend der Nachweis einer einsetzenden Arbeitsspezialisierung und womöglich auch der Arbeitsteilung erbringen ließe.

Wahrscheinlich diente der nebenan liegende, mit einer farbigen Wandbemalung geschmückte Großraum als Gemeinschaftsraum oder auch als der unter allen anderen Bauten herausgehobene Sitz des Dorfoberhauptes. Beidha muß nicht mehr nur eine Bauernsiedlung gewesen sein, sondern ein Handelszentrum, das von spezialisierten Handwerkern hergestellte Waren an die ansässige Bevölkerung, vielleicht auch an andere im Umland liegende Dörfer abgab und im Tauschgeschäft gegen andere Waren und Naturalien einen Teil seines Auskommens bestritt.

Hier also stoßen wir auf ein wichtiges Merkmal einsetzender Stadtzivilisation, auf die Aufgliederung menschlicher Tätigkeit in verschiedene Berufszweige und damit die Bildung einer differenzierten Gesellschaft. Die Seßhaftigkeit ließ nicht nur zu, daß nun die Kinder und Alten besser versorgt werden konnten, sondern sie ermöglichte auch die Teilung der Arbeitskraft zwischen der unmittelbaren Nahrungsbeschaffung und der Produktion von Handelsgütern.

Damit einher ging die Lager- und Vorratshaltung, also die Ansammlung von Besitzgütern, die nicht mehr unmittelbar verbraucht wurden. Die Handwerkerlager von Beidha sind erste Zeugnisse einer ›Vorratswirtschaft‹, die Gütertausch je nach Bedarf und nach Handelsumständen ermöglichte; Arbeitsteilung und Lagerhaltung schaffen die Voraussetzung zur Entstehung großer, stadtähnlicher Siedlungen, deren hohe Bevölkerungsdichte (Jericho 2000 Einwohner, Çatal Hüyük 6000 Einwohner) nicht länger erlaubte, daß ein jeder Einwohner eigene Felder im Umland der Siedlung bewirtschaften konnte. Arbeitsteilung und Warentausch setzten ein; die wesentlichsten Bedingungen städtischer Kultur waren damit erfüllt.

Die erste Stadt – Jericho

Von manchen Historikern wird die Theorie vertreten, daß es gar nicht der Ackerbau gewesen sei, der zur Seßhaftigkeit des Menschen geführt habe, sondern der Handel mit besonderen Gütern, die nicht überall zu haben waren und von weither auf sich herausbildenden Handelswegen an die unterschiedlichsten Orte gebracht werden muß-

ten. Überraschenderweise fanden Ausgräber mehrfach dorfähnliche Siedlungen des 9. Jahrtausends v. Chr., in denen die kultivierten Getreidearten des ›Fruchtbaren Halbmonds‹ noch unbekannt waren. Zwar stieß man dort auch auf Sicheln, doch konnten diese ebensogut zur Ernte von Wildgräsern – Weizen und Gerste – benutzt worden sein.

Eines der wichtigsten Materialien zur Herstellung von Werkzeugen und anderen Gegenständen war das vulkanische Glas Obsidian, das man in Beidha, im Jordantal und in Jericho fand und das aus den anatolischen Vorkommen in der Türkei Hunderte von Kilometern nördlich stammen mußte. Umgekehrt fand man im anatolischen Çatal Hüyük Muscheln, die von der Meeresküste hergebracht wurden. Obsidian aus Armenien fand man über 1000 Kilometer südlich am Persischen Golf in Bahrein wieder. Unzweifelhaft bestanden also schon im 9. und 8. Jahrtausend zwischen den Siedlungen der beginnenden Zivilisation Handelsbeziehungen. Die amerikanische Stadthistorikerin Jane Jacobs hat deshalb auf demonstrative Weise von einer Stadt ›New Obsidian‹ gesprochen, von ersten Handelsniederlassungen also, die zur Seßhaftigkeit geführt und den Ackerbau nach sich gezogen hätten.

Jericho, das wir als die erste urbane Großsiedlung der Menschheitsgeschichte kennen und das als Vorstufe städtischer Hochkultur bezeichnet werden darf, hatte mit großer Wahrscheinlichkeit seinen Ursprung nicht als Ackerbaustadt, sondern als Handelszentrum. Inmitten der Wüste des Jordantals (Abb. 12) fanden die ersten Siedler Jerichos eine ungewöhnlich wasserreiche Quelle, die stündlich etwa 4000 Liter Wasser spendete und die Voraussetzung zur Niederlassung bot. Es kam hinzu, daß sich hier Salz aus dem Toten Meer gewinnen ließ, das als Handelsgut begehrt war und im Tausch gegen die von außen angelieferten Waren einen hohen Wert besaß.

Jericho war eine Oasenstadt in der Wüste, eine Handelsstation, die sich inmitten der unwirtlichen Landschaft als Rastort anbot. Sie schützte sich von Anfang an gegen Eindringlinge durch eine Mauer von sechs Metern Höhe; Jericho war wegen seiner exponierten Lage und auch seiner Wohlhabenheit gezwungen, außergewöhnliche Mittel zu seinem Schutz anzuwenden. Dame Kathleen Kenyon von der British School of Archaeology in Jerusalem fand im Verlauf einer 1952 begonnenen Grabungskampagne in drei Schichten übereinander die ansehnlichen Reste dieser Stadtmauer, die bereits die Rundhaussiedlung des 8. Jahrtausends umgürtet hatte. An der Innenseite der Mauer erhob sich ein wuchtiger Wehrturm, in dem eine Treppe aufwärts führte (Abb. 19). Das aufgeschichtete Schalmauerwerk aus Feldsteinen mit der kompakten Lehm- und Steinfüllung war noch bis zu neun Metern Höhe wohlerhalten geblieben. Das Bild, das sich den Ausgräbern bot, war ohne Beispiel. Alle Vorstellungen von der Genesis der Stadt waren damit umgestürzt; diese archäologischen Ergebnisse haben alle unsere Erkenntnisse über Ort und Zeitpunkt der einsetzenden Stadtkultur verändert. Nicht in Mesopotamien, sondern in Jordanien war der erste Schritt zur befestigten Stadt getan, nicht im 4., sondern im 8. Jahrtausend war dazu der Anfang gemacht!

Dame Kathleen Kenyon fand in Jericho außerdem eine große steinerne Wand, die keinerlei Öffnungen aufwies, sondern nur zu dem Zweck errichtet schien, eine in die Mauerkrone eingelassene Rinne zu tragen, die von einem Schlammsediment aufgefüllt war. Die Archäologen sind sich bis heute nicht über die Bedeutung dieser Wand einig geworden. War man etwa auf die erste Wasserleitung gestoßen?

In jedem Fall übernahm Jericho die Rolle einer Stadt, die über mehrere, das Gemeinwesen sichernde und versorgende Bauten verfügte: öffentliche Gebäude, die nicht dem Einzelnen allein dienten, sondern der städtischen Gesellschaft insgesamt. Das wiederum setzt voraus, daß eine kommunale Verwaltung vorhanden gewesen sein muß, die für die Errichtung und den Erhalt der städtischen Bauten Sorge trug. Zu einer Zeit, in der die Keramik noch unbekannt war (man fand in der Ausgrabungsstätte keinerlei Scherben), hatte sich hier bereits ein Gemeinwesen organisiert, das alle Züge einer ausgeprägten Stadtzivilisation trug. Stadtmauer und Wehrturm sind Bautypen, die wir auf Grund ihrer Größe und ihrer allgemeinen Geltung zur monumentalen Architektur rechnen. Ein Tempel allerdings ist in Jericho nicht ausgegraben worden. Als Josua 1500 v. Chr. mit seinen Mannen nach Jericho zog, um durch den Laut der Posaunen die Mauern zum Einsturz zu bringen, wie das Alte Testament zu berichten weiß, waren die Mauern von Jericho bereits legendär. Daß die Aufmerksamkeit der Israeliten eben diesen Mauern galt, wie es der biblische Bericht überliefert, mag seinen Grund vielleicht weniger in der tatsächlichen Konfrontation mit dieser Wehranlage gehabt haben als in der historischen Einzigartigkeit und im überlieferten Ruhm dieser Stadt.

19 Jericho, Turm der Stadtbefestigung, um 7500 v. Chr.

Eine Stadt der Mittelsteinzeit – Çatal Hüyük

Das in der Konya-Ebene in Südanatolien/Türkei gelegene Çatal Hüyük zählt mit Jericho in Jordanien zu den ersten bekannten Städten. Die Anfänge dieser Siedlung reichen wohl bis zu Beginn des 8. Jahrtausends v. Chr. zurück, als sich hier wie in Jericho eine neue, seßhafte Gesellschaft formierte, die den Wechsel zwischen Wanderleben und häuslicher Existenz aufgegeben hatte. Die Sammler und Jäger betrieben fortan Viehzucht und Ackerbau. Die neuartige Organisation sozialen Zusammenlebens veränderte auch die Form des Wohnens; die entstehenden Großfamilien siedelten in Dörfern, später in mit Mauern befestigten Städten.

Die Fundstätte Çatal Hüyük, die zu den ältesten der Türkei gehört, wurde zwischen 1961 und 1963 von dem Engländer James Mellaart in drei Kampagnen zu einem Teil freigelegt. Die Ergebnisse haben die bis dahin gültigen Vorstellungen von der Frühgeschichte der Zivilisation eingreifend verändert (Abb. 20, 21).

Die Ausgrabungsstätte umfaßt ein Areal von etwa 60 x 40 Metern und elf übereinanderliegende Besiedlungsniveaus; fast 40 Ge-

20/21 Çatal Hüyük (Anatolien), Rekonstruktion des ausgegrabenen Teils der Stadt, um 6500 v. Chr., Modell

22 Çatal Hüyük, Ausgrabungsareal innerhalb des 17 m hohen und 13 ha großen Erdhügels der ehemaligen Stadt

bäude konnten ermittelt werden (Abb. 22). Der gesamte Hügel, unter dem der weitaus größere Teil der Stadt noch verborgen ist, mißt ungefähr 450 Meter in der Länge und 275 Meter in der Breite. Die steinzeitliche Stadt weist also die beträchtliche Ausdehnung von über dreizehn Hektar auf. Bereits der kleine, ausgegrabene Bereich dieser Stadt hat eine solche Fülle von bedeutenden Funden erbracht, daß nun das alltägliche Leben einer menschlichen Gesellschaft vor 8500 Jahren rekonstruiert werden kann.

Mellaart stieß sogleich bei Freilegung der obersten Schicht auf einen Hausgrundriß, der in Çatal Hüyük bereits um 6500 v. Chr. entwickelt und ungefähr 800 Jahre später (Schicht I, 5700 v. Chr.) noch immer gültig war. Im Unterschied zu den Rundhäusern von Khirokitia und den frühen Schichten von Jericho (ca. 8000 v. Chr.) bestand die ganze Stadt von Çatal Hüyük aus *rechteckigen*, etwa drei Meter hohen Bauten. Sieht man von einigen wenigen Nebenräumen ab, die durch Zwischenmauern abgeteilt worden waren und der Vorratshaltung dienten, bestand die ganze Stadt von Beginn an aus rechteckigen Einraumhäusern. Diese waren zellenartig aneinandergebaut, Mauer an Mauer, ohne daß eine Gasse oder ein Weg, der zu ebenerdigen Eingängen hätte führen können, zu erkennen gewesen wäre. Nur einzelne Innenhöfe lockerten das dichte Gefüge der Häuser auf. Die Ausgräber fanden in der Wand eines der Häuser die Spuren einer schräggestellten Leiter, die zu einem Ausstieg im Flachdach des Hauses führte. Die Einstiegsluke im Dach bedeutet, daß der gesamte Verkehr *über* die terrassierten Häuser lief.

Dicht zusammengedrängt standen am Hang des kleinen Hügels die Lehmhütten beieinander und bildeten nach außen hin mit ihren geschlossenen Wänden eine abweisende Fassadenfront. So war es möglich, sich vor wilden Tieren, rivalisierenden Nachbargemeinden und möglichen Überschwemmungen zu schützen. Wollten Fremde in die Stadt eindringen, so mußten sie die äußere Lehmziegelwand durchstoßen, um sich dann in einem unkontrollierbaren Labyrinth der anschließenden Räume zu verlieren. Oder aber sie mußten unter großem Risiko, weil den Bewohnern der Stadt ausgesetzt, über die Dachluken in die Häuser eindringen.

Diese Stadt ohne Gassen und Straßen nutzte also die Dächer als Verkehrsweg; es ist anzunehmen, daß Leitern auch zu den Dachtraufen der höhergelegenen Häuser hinaufgeführt haben. Ein Wetterschutz hat die Einstiegsluken überdacht.

Die Häuser von Çatal Hüyük (Abb. 23) sind zwar einfache Einraumbauten, dennoch haben sie eine komplexe Struktur: überraschenderweise wurden zwei Systeme, ein Tragsystem aus Holz und ein Wandsystem aus Lehmziegeln, zu einer Mischkonstruktion kombiniert. Vor eine ca. 32 cm dicke

Lehmziegelwand wurden sauber bearbeitete, rechtkantige Pfosten gestellt, welche die Decken trugen. Oben wurden die Pfosten gekappt, so daß über einer ›Kämpferplatte‹ ein Brett horizontal aufgelegt werden konnte. Damit waren zwei Absichten gleichzeitig erreicht: einmal ermöglichte der Rücksprung, kürzere Dachbalken aufzulegen, andererseits brachten die auf das Brett gesetzten Lehmziegel die nötige Belastung, um die nur flach in den Lehmziegelverband eingreifenden Pfosten aufrechtzuhalten. Die Dachbalken wurden also nicht unmittelbar der Lehmziegelmauer aufgelegt, sondern von den Holzständern zusätzlich gestützt. So wurde die Punktbelastung der Lehmmauer vermieden, die Häuser hielten sich erstaunlich lange – bis zu 120 Jahre – aufrecht. Die Lehmziegelmauer wurde mit einem dicken Putz beworfen, der alle Einzelelemente, auch die hölzernen Pfosten, bedeckte. Jährlich wurden die Wände geweißt; Mellaart fand bis zu 120 Weißschichten übereinander. Wenn also nach über hundert Jahren die Häuser einsturzgefährdet waren, füllte man die Räume mit Erde auf und baute darüber, teilweise auf den Wänden der früheren Bauten, die neuen Häuser. Elf dieser Schichten sind bisher bekannt. Darunter liegen weitere, die Mellaart nicht hat ans Tageslicht bringen können. Diese tiefsten Schichten von Çatal Hüyük reichen wohl bis in den Anfang des 8. Jahrtausends zurück.

Sämtliche Gebäude von Çatal Hüyük waren aus luftgetrockneten, sonnengebrannten, rechteckigen Schlammziegeln gebaut. Schon die Rundhäuser von Jericho waren aus diesem Material errichtet. Die Lehmziegelformate von Çatal Hüyük waren allerdings bis zu einer Länge von 90 cm angewachsen, waren also großformatige Bauelemente geworden, die von sich aus nicht zuließen, Wände in Kreisform zu errichten. Dieser große, rechtkantige Lehmziegel als kleinste Einheit hatte womöglich das rechteckige Haus als größte Einheit zur Folge.

In jedem Falle bedeutet der rechteckige Grundriß eine Rationalisierung: der Kreisschlag um ein Zentrum, um den geborgenen Menschen herum, schien für die neue Gesellschaft keinen Sinn mehr abzugeben. Vielmehr konnte das Rechteckhaus unproblematischer und auch großformatiger erbaut werden (die größten Häuser von Çatal Hüyük sind bis zu elf Meter lang, das größte Tholos in Khirokitia hat neun Meter Durchmesser). Vor allem aber ermöglichte in Çatal Hüyük die Rechteckform durch den dichten Verbund der Wand an Wand stehenden Häuser Abwehr und Schutz.

Es scheint, daß der Schritt vom Rundhaus zum Rechteckhaus, der im 8. Jahrtausend getan wurde (in Khirokitia hielt sich die Rundhausform allerdings noch bis ca. 5200 v. Chr.), auch ein Schritt zu einer rationalen Bauweise gewesen ist, daß sich mit diesem Wandel ein Prozeß rationaler Bewußtwerdung verbindet.

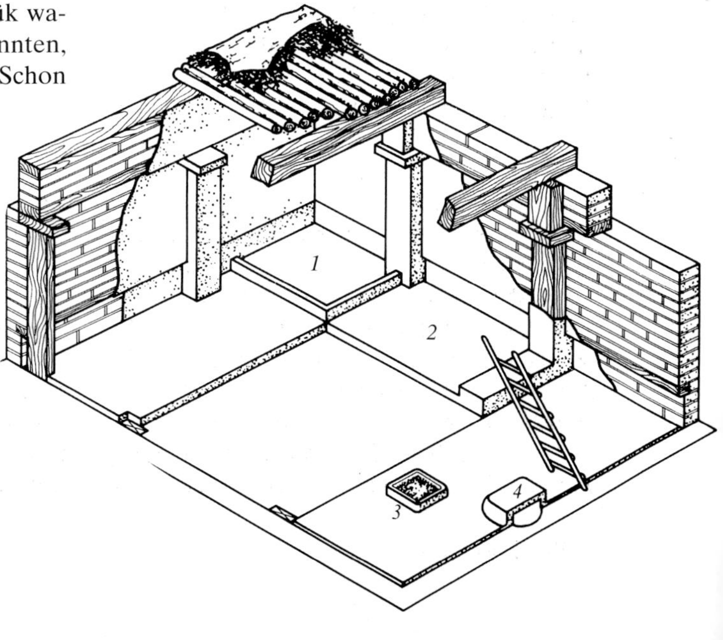

23 Çatal Hüyük, Schnitt durch ein Wohnhaus mit eingestellter Holzkonstruktion: Schlafplattform des Hausherrn (1), Schlafplattform der Frau und Kinder (2), offener Herd (3), Backofen (4); die Leiter führt zur Dachluke

Schließlich soll noch ein Blick auf die Funktionszusammenhänge und die Raumaufteilung der Häuser von Çatal Hüyük geworfen werden. Auffälligerweise wiederholen sich bestimmte Einzelheiten von Haus zu Haus: so befindet sich die in den Boden gesenkte, von Ziegeln umrahmte Feuerstelle stets unterhalb des Dachausstiegs, der zugleich als Rauchabzug dienen konnte. In der Wand, vor der die Leiter stand, war der Backofen als Nische in die Mauer getieft. Weitere typische Merkmale stellen die L-förmig an der Wandseite entlanglaufenden, leicht erhöhten Lehmplattformen dar, die durch Rahmen und Mäuerchen eingegrenzt werden. Diese Plattformen waren mit Fellen bedeckt und dienten den Bewohnern als Betten und Sitzgelegenheiten. Die vordere, größere Plattform – dem Feuer nahe – war das Lager der Frau und der Kinder, die kleinere Plattform in der Ecke war das Lager des Mannes. Der Gemeinschaftsraum wurde demnach von sekundären Elementen unterteilt und im Gebrauch unterschiedlich spezifiziert.

24 Çatal Hüyük, Kultstätte (A III 1), Rekonstruktion des Hauptraums

25 Çatal Hüyük, Siedlung mit der Ansicht des Vulkans Hasan Dag, Wandmalerei, um 6200 v. Chr.

Den heutigen Menschen könnten diese funktionalen Raumaufteilungen nicht überraschen, wenn nicht noch eine Besonderheit hinzukäme, die letztlich den großen kulturellen Abstand zwischen den Menschen von Çatal Hüyük und uns verdeutlichte. Unter den Lehmplattformen, innerhalb des Wohnhauses also, haben die Bewohner von Çatal Hüyük ihre Toten begraben. Mellaart fand – teilweise unter dem Fußboden, meist aber unter den Plattformen – in fast allen Häusern übereinanderliegende Skelette, die unter dem Lager der Lebenden ihre letzte Ruhestätte fanden. Das könnte als eine Symbolisierung der Generationenfolge interpretiert werden, doch gibt es Hinweise dafür, daß die Lebenden sich allein auf solch drastische Weise ihrer Angst vor den Toten erwehren konnten, indem sie die Verstorbenen unter sich begruben. Auch anderswo im Orient sind auf gleicher Kulturstufe ähnliche Begräbnisriten überliefert und durch Ausgrabungsergebnisse nachgewiesen.

Auf einer Wandmalerei in einem der Häuser von Çatal Hüyük ist der Aufbahrungsort wiedergegeben: ein giebelständiges Totenhaus, wo der jüngst Verstorbene auf einem Leichengerüst aufgebahrt worden ist, so vermutet Mellaart. Eine andere Wandmalerei zeigt große Raubvögel, überdimensionale Geier mit weit ausgereckten Schwingen, die sich auf die Toten, Menschen ohne Kopf, stürzen und sie skelettieren.

Neben den Merkwürdigkeiten des straßenlosen Stadtgrundrisses und der Totenbestattung boten sich den Ausgräbern von Çatal Hüyük weitere Überraschungen: In einer Vielzahl der ausgegrabenen Bauten war durch Jahrtausende hindurch eine ungewöhnlich reichhaltige Ausstattung erhalten geblieben. Wie schon erwähnt, fanden sie schilderungsfreudige Wandmalereien, die nirgendwo sonst ihresgleichen haben. Nicht allein Darstellungen des Totenrituals sind an den Lehmwänden dieser Häuser in farbenprächtigen Bildern aufgemalt worden, sondern auch viele andere Szenen aus dem Leben der Bewohner. Welch große Bedeutung die Jagd für die Menschen von Çatal Hüyük, die keineswegs nur von den eben domestizierten Haustieren lebten, noch immer hatte, beweisen die großangelegten Jagddarstellungen (Abb. 24), in denen die gewaltigen Beutetiere, Stier und Hirsch, schier unbezwingbare Überwesen, in die Mitte einer Jägergruppe gestellt sind, Jäger, die wie winzige

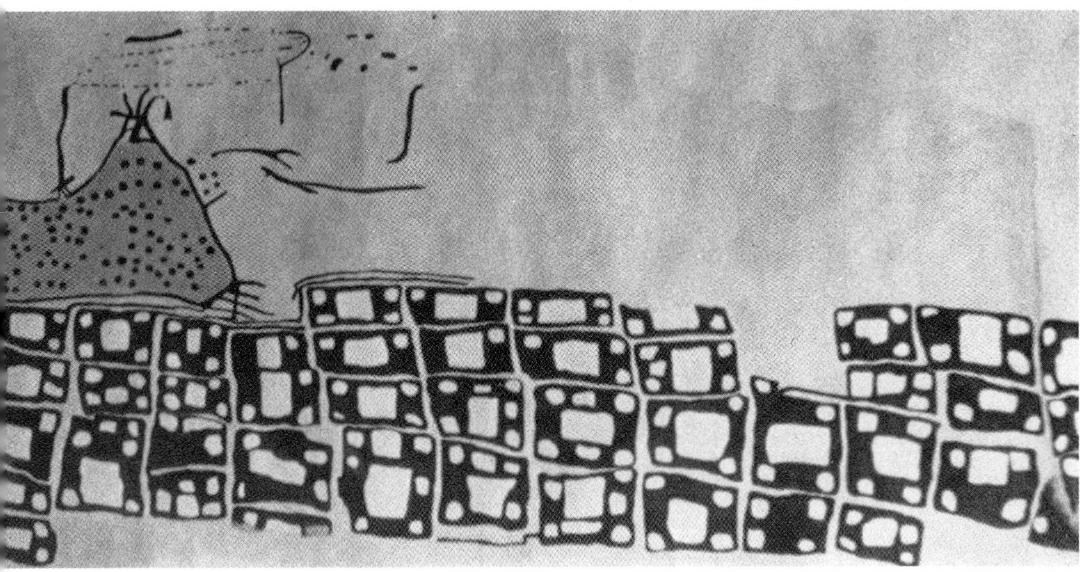

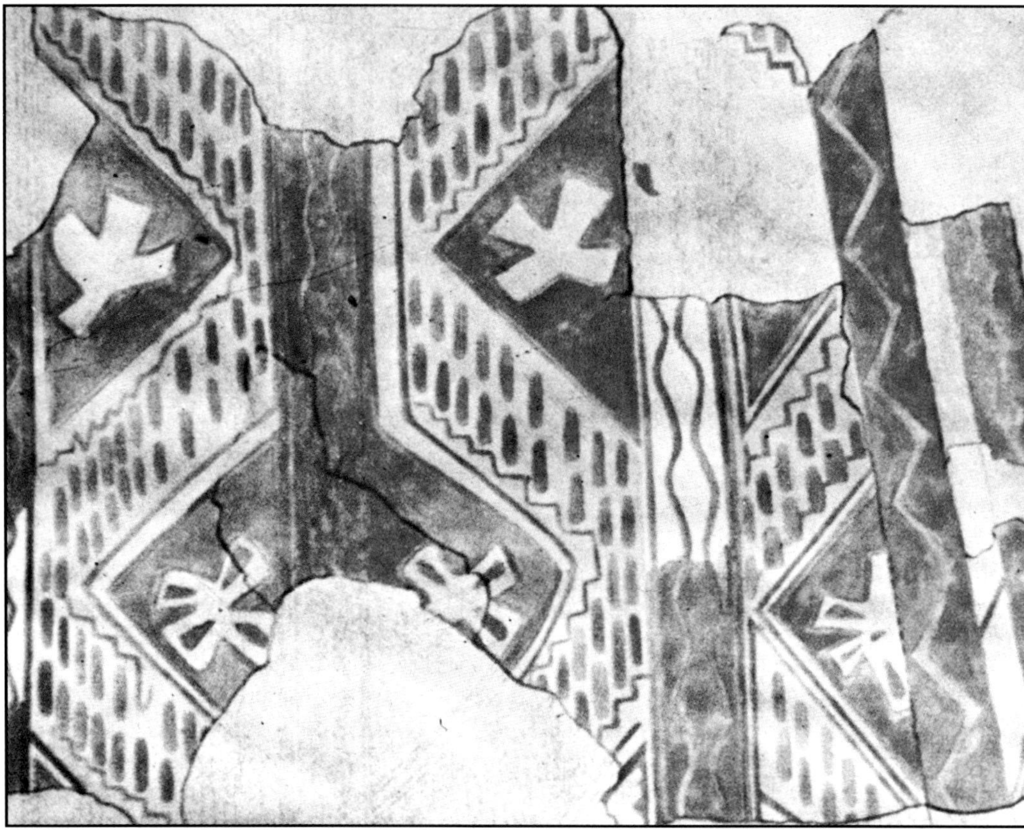

26 Çatal Hüyük, Wandmalerei, kreuzförmige Blumenmuster

Insekten das Tier umschwirren. Die zu bändigende Übermacht des erjagten Tieres ist der wesentliche Inhalt dieser Wandbilder.

Aus den vielerlei Darstellungen, die erst in den oberen Schichten verschwinden, sei eine herausgegriffen, die für unseren Zusammenhang besonders interessant ist: mit erstaunlicher Akribie hat einer dieser steinzeitlichen Maler die Stadt Çatal Hüyük als eine Folge von Hausgrundrissen dargestellt (Abb. 25): im Hintergrund speit der nahegelegene Vulkan, der Doppelkegel des Hasan Dag, Feuer und Asche. Der Berg ist an klaren Tagen von Çatal Hüyük aus zu sehen. Das Wandbild ist, so könnte man sagen, das erste Landschaftsbild der Kunstgeschichte. Sicherlich ist es die erste Stadtansicht, in der die einzelnen Häuser im Grundriß wiedergegeben sind. Die Nebenräume erscheinen als Hohlräume in der Wand. Besonders auffällig ist die Vielfalt der Raumkombinationen. Die Leute von Çatal Hüyük müssen es als besondere Eigenart ihrer Stadt angesehen haben, daß ihre Häuser, die uns als sehr ähnlich erscheinen, vielfältige Grundrisse haben und daß das Verhältnis des Hauptraumes zu den Nebenräumen immer wieder ein anderes ist.

Die Mehrzahl der Häuser war undekoriert geblieben; allein geweißte Putzwände und – manchmal – ein roter Boden charakterisieren den normalen Wohnbau. Eine erstaunlich große Zahl der Räume war jedoch reichhaltig ausgestattet, mit Wandbildern bemalt und vor allem mit Kultbildern bereichert. Als häufigste Skulptur kommen Stierköpfe mit modellierten oder realen Stierhörnern vor.

In die Lehmwände vertiefte Stierkopfmonumente bezeugten die Gegenwart des Jagdgottes, dessen Kraft als Manneskraft verehrt und herbeigerufen wurde.

Ebenso häufig kommen die aus Lehm modellierten Frauenstatuen vor, die wahrscheinlich als Göttinnen der Fruchtbarkeit verehrt wurden. Mit weit gespreizten Beinen scheinen sie den Akt des Gebärens zu verewigen. Eine Fülle von weiblichen Fruchtbarkeitsfigurinen, die sich unter dem zerstreuten Fundmaterial befanden, bestätigen, daß die Frau in der seßhaft gewordenen Gesellschaft womöglich zu dominieren begann. Die Bedeutung der Frau wird auch durch die Produkte der Weberei hervorgehoben; an die Wand gemalte Muster erinnern unmittelbar an jene der Kelims (Abb. 26). Eines dieser Teppichmuster läßt sogar den abgesteppten Websaum erkennen. Damit ist erwiesen, daß es in der steinzeitlichen Kultur von Çatal Hüyük bereits Webteppiche gab, die in der Dekorationsmalerei nachgeahmt wurden, eine Methode, die bis in das 19. Jahrhundert angewandt wurde. Von hier ist der Weg zum Architekturornament nicht mehr weit.

Der Kultbau in Çatal Hüyük unterscheidet sich vom privaten Wohnhaus nur durch seine reiche Ausstattung in Bild, Skulptur und Schmuck. Nicht eine besondere Bauform oder eine differenzierte Typologie heben ihn vom Wohnbau ab, sondern allein die der Architektur hinzugefügten Bilder kennzeichnen die besondere Funktion. Eine Unterscheidung zwischen Profanarchitektur und der besonderen Bauaufgabe hat noch nicht stattgefunden. Äußerlich unerkennbar, bleibt das Ritualgebäude gleichförmig eingebunden in das dichte Gefüge der rechteckigen Einraumhäuser. Wäre die plastische und malerische Ausstattung nicht erhalten geblieben, könnte man keine Funktionsunterscheidung der Bauten mehr vornehmen. Die Architektur steht hier auf einer Stufe noch nicht begonnener Typenbildung, noch nicht erfolgter Differenzierung zwischen unterschiedlichen Bauaufgaben und Bedeutungssphären. Profane und monumentale Architektur sind in Çatal Hüyük noch nicht auseinandergetreten. Am Anfang der frühzeitlichen Architekturgeschichte zählt allein die einmal gefundene, für alles geltende und alle gesellschaftlichen Bereiche überdeckende, einheitliche Bauform.

Aus dieser Erkenntnis mag auch deutlich werden, welch eminent gewichtige Aufgabe der zugefügte Schmuck und die Wandmalerei hatte, die wir im Zeitalter der Moderne als ›überflüssiges Ornament‹ disqualifiziert haben. Hier immerhin schafft das Ornament die Unterscheidung zwischen Profanität und Kultsphäre.

Sumerische Städte

Der Vergleich des steinzeitlichen Çatal Hüyük in Anatolien mit dem sumerischen Khafājah verdeutlicht den enormen Unterschied zwischen der aus gleichförmigen Rechteckhäusern bestehenden Hügelsiedlung und einer vielgestaltigen Stadt, die von einer großen Tempelanlage beherrscht wird (Abb. 28).

Der kulturelle Schwerpunkt hatte sich in den Jahrtausenden seit dem Entstehen erster Siedlungen in den Hochländern des Vorderen Orients in die südlicheren Flußniederungen zwischen Euphrat und Tigris verlagert (Abb. 13). Die Klimaveränderungen, die das Hochland wüstenartig werden ließen und die Sümpfe des Zweistromlandes in weite Gebiete fruchtbaren Schwemmlands verwandelten, waren wohl ein wesentlicher Auslösefaktor für diese Verlagerung in die südlichen Zonen der Flußniederungen. Seit dem 4. Jahrtausend hatten sich hier die stetig wachsenden urbanen Zentren herausgebildet: El' Obed, Eridu, Uruk, Ur und Khafājah, Lagasch, Nippur und Babylon. Wenn auch einige der Städte weit im Norden lagen, wie Tepe Gaura, so ist doch ihre Konzentration im Süden Mesopotamiens auffällig.

Sicherlich waren auch Angriffe der Nomaden ein Grund dafür, weshalb sich die ackerbauenden Dorfbewohner in die Städte zurückzogen, wo sie auf besseren Schutz hoffen konnten. In den drei Jahrhunderten zwischen 3000 und 2700 v. Chr. schrumpfte die Zahl der Dörfer in der Umgebung von Uruk von 146 auf 76, während die Zahl der miteinander konkurrierenden Städte wuchs. Mit der Landflucht ging die Konzentration des Landbesitzes einher. Seit ca. 3000 v. Chr. waren große Parzellen des Grund und Bodens von einer begüterten Adelsschicht und der Priesterkaste aufgekauft worden, die das Land als Tempelgüter verpachtete. Seit 2800 v. Chr. traten Konsortien von Stadtbürgern auf, die oft aus mehreren hundert Partnern bestanden und das Land kauften und verkauften.

In einer Stadt wie Uruk, die um 2800 v. Chr. etwa 40 000 bis 50 000 Einwohner hatte, gehörten die Bauern, die von der unmittelbaren Nahrungsproduktion lebten, nicht zur Mehrheit der Bevölkerung. Die Arbeitsteilung hatte eine erste durchgreifende Spezialisierung möglich gemacht. In den sumerischen Städten gab es Händler und Handwerker, Priester, Soldaten und Landbesitzer. Hinzu kamen die Sklaven, die wahrscheinlich Gefangene waren und billige Arbeitskräfte abgaben. Es entstand eine gesellschaftliche Sozialpyramide, an deren Spitze die Stadtältesten und Tempelpriester standen. Die besondere Rolle der Priester erklärt sich aus dem ursprünglichen Selbstverständnis einer Stadt, die sich in den Besitz eines Gottes gab: der Stadtgott war die höchste Instanz. Alle Naturerscheinungen hatten ihre Götter; es gab den Gott des Wassers, der Erde, des Feuers, des Himmels und der Sonne, des Blitzes und der Fluten. Die Sumerer verehrten 3000 bis 4000 Götter. Der Haupttempel von Khafājah beispielsweise war Sitz des Gottes Sin, des Mondgottes.

Die Stadtbewohner sahen im Gottesdienst eine besondere Verpflichtung: »Sie riefen

27 Tell 'Uqēr (Irak), Zikkurat und Hochtempel, um 3000 v. Chr.

den Gott der Stadt an zum Schutz gegen Feinde und gegen die Naturkatastrophen wie Flut und Trockenheit, wie Schilffeuer und Stürme, die allesamt die Zivilisation Sumers gefährdeten und die wiederum als Manifestationen der verschiedenen Gottheiten verstanden wurden. Der Gott, der die Stadt zu eigen hatte, war ihr Fürsprecher in der Götterversammlung. Die Glaubensdoktrin göttlicher Herrschaft hatte weitreichende Konsequenzen in Politik und Wirtschaft. Sie resultierte in einer planenden Gesellschaft, deren Verfassung am besten als eine Form des theokratischen Sozialismus bezeichnet wird. Alle Stadtbürger, niedrig oder hochgestellt, taten ihren Dienst im Namen Gottes und waren verpflichtet, bestimmte Aufgaben wahrzunehmen. Alle bestellten die Felder, unterhielten die Deiche und Kanäle, die zur Bewässerung des Tales nötig waren. Vorräte und Arbeitskraft wurden wirkungsvoll zusammengefaßt – Saatkorn, Zugtiere, Pflüge und andere Werkzeuge wurden vom Tempel bereitgestellt. Handwerker hielten diese Ausrüstungen in Ordnung und überließen regelmäßig einen Anteil ihrer Produkte dem Tempel. Das gleiche taten die Fischer, Gärtner und alle Handwerker. Diese waren in Zünften organisiert, denen ein Zunftmeister vorstand. Die Ernte der Felder Gottes, der Obstplantagen, der Gärten und Röhrichtfelder wurde ebenfalls im Tempel gelagert und regelmäßig an die Bürgergemeinde in Form periodischer und besonderer Festrationierungen verteilt. Die Räume rings um den inneren Hof des Tempels von Khafājah waren Lager und Werkstätten, die zu allen diesen Zwecken nötig waren.«[2]

28 Khafājah (Irak), Tempelbezirk, um 2700 v. Chr., Modell

Einer der kenntnisreichsten Interpreten der Funde von Khafājah, Henri Frankfort, hat hier eine Darstellung der Funktionen und der Bedeutung des Tempels in einer frühsumerischen Stadt gegeben, die eine Erklärung für die ursprüngliche Rolle des Tempels liefert und auch eine erste Vorstellung davon vermittelt, welche besonderen Organisationsformen und religiösen Doktrinen nötig waren, um eine in einer Stadt ansässig gewordene Bürgerschaft insgesamt zu den notwendigen Arbeiten und Vorratshaltungen zu verpflichten, die für das Weiterbestehen der Kommune Voraussetzung waren. Was es bedeutet hat, Saatgetreide auch über die Zeit von Hungersnöten bis zur nächsten Aussaat in Vorrat zu halten, mag die Funktion der Tempelpriester als durch Gott beauftragte Beschützer des Tempelgutes erklären helfen. Religion und Ritual, eine nicht von Menschen, sondern von Gott ausgeübte Herrschaft, waren die Garanten für das Weiterleben der Stadt und ihrer vieltausendköpfigen Bevölkerung. Die herausragende Architekturform des Tempels, seine alles überbietende Größe und seine jedes einzelne Haus der Stadt in den Schatten stellende monumentale Erscheinung ließen dem Stadtbewohner von Uruk, Eridu und Khafājah die hier versammelte Macht der Religion und des Primats des Gemeinwesens jeden Tag deutlich werden. Seit etwa 3500 v. Chr. gibt es – lange vor den ägyptischen Pyramiden – in Uruk und Tepe Gaura *monumentale* Architektur, die eine ›öffentliche‹ Geltung symbolisiert.

Allerdings sind die Keilschriften von Lagasch und alle anderen, nach denen Henri Frankfort die Funktion und den Bedeutungsgehalt eines sumerischen Tempels rekonstruiert hat, nach 3000 v. Chr. entstanden, zu einer Zeit also, als das hier umrissene System der Priesterherrschaft, die mit der Regierung eines Ältestenrates verbunden war, bereits in Auflösung begriffen war. Der zunächst in Kriegsgefahr bestellte ›Lugal‹, in sumerischer Sprache ›großer Mann‹, schwang sich bald zum Herrscher der Stadt auf und verbündete sich mit den Priestern, deren Unterstützung er in Anspruch nahm. Der Tempel des Stadtgottes wurde in der Folge zum ›Palast‹ des ›großen Mannes‹, der seit etwa 2800 v. Chr. auch das Amt des obersten Priesters übernahm und schließlich selbst zum Gottkönig aufstieg.

Die Geschichte der sumerischen Städte führt also von der politisch-militärischen Selbstorganisation eines Stadtstaates und einer Priester-Theokratie zur Königsherrschaft; die Geschichte der sumerischen Monumentalarchitektur führt vom Tempel der Stadtgottheit zum Palast des Gottkönigs.

Die Entstehung monumentaler Architektur

Die sumerische Kultur hat den Monumentalbau hervorgebracht und mit diesem eine Fülle weiterer kultureller Errungenschaften, die die Zukunft der Menschheitsentwicklung entscheidend bestimmt haben. In Sumer wurde um 3500 v. Chr. die Schrift (Bildschrift) erfunden, zunächst als eine verwaltungstechnische Hilfsmaßnahme, um Güterbestände, den Vorgang des Warentausches etc. zu regulieren. Schriftlich festgehaltene Dichtung datiert erst aus späterer Zeit, etwa um 2600 v. Chr.; dazu gehört das erste überlieferte Epos, das Gilgamesch-Epos. In den Städten Mesopotamiens wurden die ersten Schritte zur Mathematik getan: das sumerische Rechnungssystem, das auf der Zahl 60 beruhte, hat sich bis heute in der Zeiteinteilung nach Sekunden und Minuten erhalten; die Gradeinteilung des Kreises und die Maße von Fuß und Zoll gehen ebenfalls auf das Sechzigersystem zurück. Schließlich sind die Töpferscheibe und, womöglich davon abgeleitet, das Rad sumerische Erfindungen. Was es für den sumerischen Handel bedeutet hat, sich des zweirädrigen oder auch vierrädrigen Wagens bedienen zu können – auch wenn er zunächst wegen feststehender Achsen schwer zu lenken war – braucht kaum hervorgehoben zu werden. Alles das ergibt das Bild einer komplex gewordenen Kultur, der eine sich ausdifferenzierende, mehr und mehr von Arbeitsteilung und Spezialisierung bestimmte Gesellschaft entspricht.

Die Bewohner der sumerischen Städte lebten in Lehmziegelhäusern, denn in den Schwemmlandebenen des Zweistromlandes gab es keinen anstehenden Naturstein. Anders als in Ägypten blieb der luftgetrocknete Lehmziegel das wichtigste Baumaterial. Die Tradition des Schilfhüttenbaus, die während voraufgegangener Jahrtausende in diesem Gebiet vorgeherrscht hatte, wurde mit den Anfängen stadtähnlicher Siedlungen aufgegeben. Zweigeschossige Häuser mit Holzvorbauten und Umgängen wurden im 4. Jahrtausend üblich. Die jüngst ausgegrabene Stadt Tell Qannas Habūba östlich von Aleppo (vor 3000 v. Chr.) zeigt in den freigelegten Arealen dicht aneinandergefügte Häuser, die von schmalen Gassen durchzogen sind (Abb. 29). Viele der Häuser gruppieren sich um offene Höfe. Unter den ausgegrabenen Grundrissen findet sich vielfach auch schon der aus einem großen Saal und seitlich an den Längswänden angefügten Nebenräumen bestehende charakteristische Bautypus, der als ›Mittelsaalhaus‹ eine folgenreiche Geschichte haben sollte.

Tell Qannas Habūba war vorbildlich befestigt. Schnurgerade Mauern, von eckigen Wehrtürmen besetzt, heben die Stadt als geschütztes und umgrenztes Gebiet gegen Natur und Umgebung ab. Auf einem Hügel errichtet, überragte das Kultzentrum von Tell Qannas die Stadt. Es ist in mehreren Phasen als von der Stadt geschiedener Bereich erbaut worden und fand von Anfang an seine besondere, monumentale Form. Doch war die lokale Situation augenscheinlich nicht charakteristisch für die denkmalhafte Isolierung des sumerischen Tempels: vielmehr mußte an vielen Orten für den Monumentalbau erst im Nachhinein ein Tempelbezirk aus dem Stadtgewebe der Privathäuser heraus ausgegrenzt werden. Die ersten bekannten Tempel Mesopotamiens ließen ihre spätere Ausformung nicht vorausahnen. In den unteren Schichten des frühen Eridu fand man die Lehmziegelreste eines um 5000 v. Chr. erbauten Tempels, der aus nur einem Raum bestand und die wenig eindrucksvollen Abmessungen von 3,60 und 4,50 Metern aufwies. Was ihn zum Tempel bestimmte, war nicht die besondere Architektur, sondern ein Opfertisch in der Mitte des Raumes und eine Nische in einer Wand, wo möglicherweise das Kultbild eines hier verehrten Gottes aufgestellt war. Man wird an die Kulträume von Çatal Hüyük erinnert, die sich allein durch

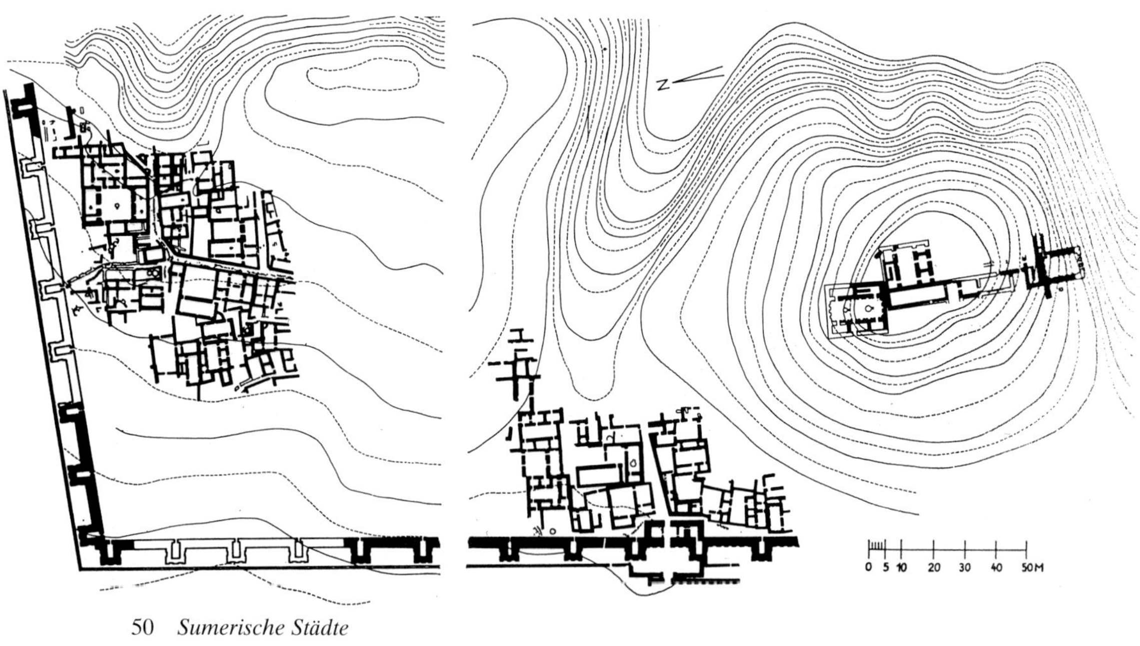

ihre Ausmalung und kultische Dekoration von den Privathäusern unterschieden.

Der archäologische Befund wurde erweitert, als man Tepe Gaura im Norden des Zweistromlandes ausgrub und in der Schicht XII der Zeit um 3500 v. Chr. auf besondere Grundrißformen von Privathäusern stieß, die dem Typus der Tempelbauten entsprachen (Abb. 31). Unter den unregelmäßig verbundenen, zellenartig ›agglutinierten‹ Räumen fanden sich einige, die durch ihre Größe herausragten; einer davon, im Nordwesten des ausgegrabenen Stadtbezirks, war elf Meter lang und seitlich von kleinen Nebenräumen begleitet. Auffällig waren die axial knapp vor den Raumecken sich öffnenden Durchgänge, die, ebenso wie die beiden der Stirnwand eingetieften Nischen, ein Bemühen um Symmetrie erkennen lassen. Dieser Saal war weiß verputzt und gehörte wohl der reichsten Familie des Wohnbezirks.

Mit zunehmender Deutlichkeit werden hier die Grundzüge eines Haustypus erkennbar, aus dem im Verlauf der kommenden Jahrhunderte die Form des Tempels entwickelt wird; wir blicken auf den komplexen Grundriß dieses Haustyps so wie wir auf die Grundrisse späterer Monumentalbauten blicken, also auf die überlegte Organisation

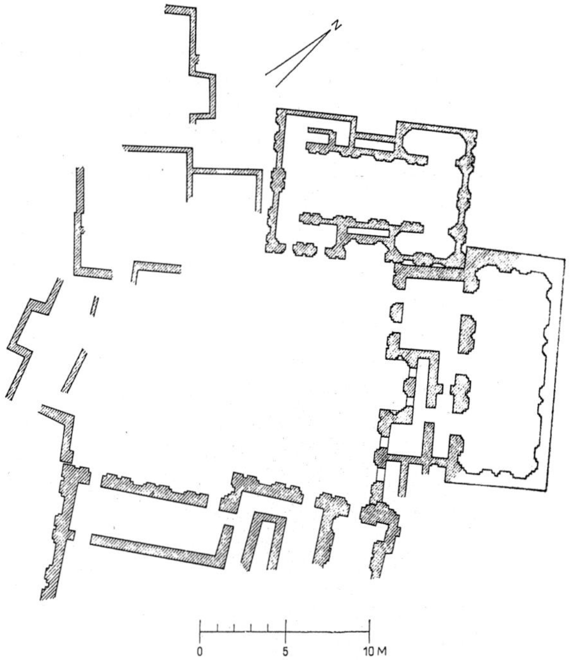

von Raumzusammenhängen ähnlich wie bei Tempeln und Kathedralen.

In einem Hügelbereich Tepe Gauras fand sich eine aufschlußreiche Schichtenfolge, die bis zur Schicht XV eine dichte Besiedlung aufweist; die Kuppe des Hügels ist nur noch von einem Gehöft besetzt und schließlich, in Schicht XIII (vor 3500 v. Chr.), ist der Ort von

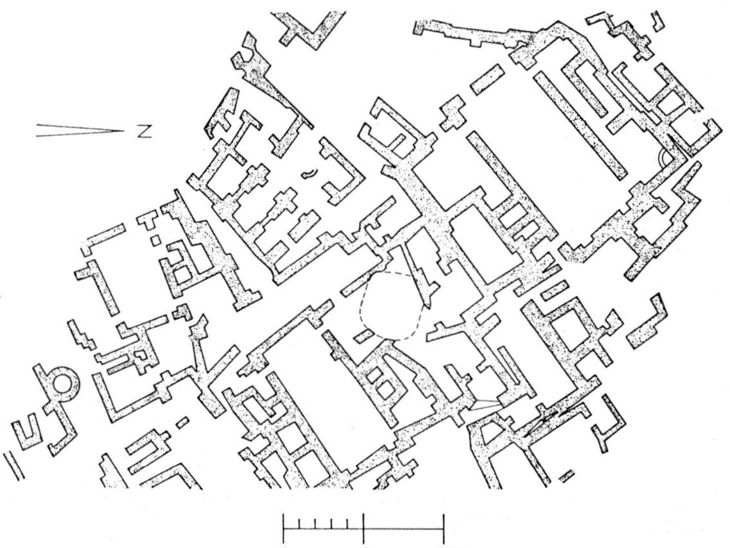

29 Tell Qannas Habūba (Syrien), Grundriß der Ausgrabung, vor 3000 v. Chr. (links)

30 Tepe Gaura, sog. Akropolis, Grundriß, Schicht XIII, vor 3500 v. Chr. (oben)

31 Tepe Gaura (Irak), Stadtteil mit Wohnhäusern, Grundriß, Mitte des 4. Jt. v. Chr. (rechts)

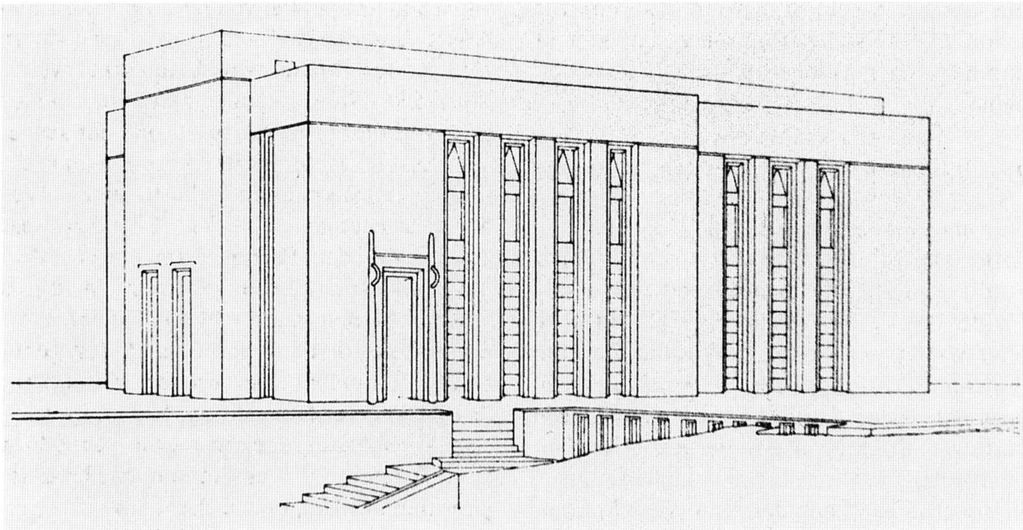

32 Uruk (Warka)/(Irak), Tempel des Anu-Zikkurat, Rekonstruktion nach E. Heinrich, vor 3000 v. Chr.

Wohnhäusern freigemacht und wird nur mehr von drei großen Kultgebäuden eingenommen (Abb. 30). In kurzen Abständen der Siedlungsfolge wandelt sich also ein von anderen Stadtteilen nicht unterschiedener, von vielen Familien bewohnter Bereich zum Sitz einer einzelnen Familie und schließlich zu einer monumentalen ›Akropolis‹ dreier Kulthäuser.

Das im Nordosten gelegene Kultgebäude führt den bereits bekannten Typus des Mittelsaalhauses in präzisierter Form vor, wobei nur die Eckräume bastionartig aus dem Umriß hervorspringen und dem Gebäude eine Schwere verleihen, die auch von anderen zeitgleichen Bauten wie etwa dem Tempel der Schicht VI und VII in Eridu bekannt ist. Auffällig sind die Mauervorsprünge am Außenbau wie im Inneren: es sind Gliederungsformen, die auf Einzelheiten des Holzbaus zurückgehen und hier, umgesetzt in eine Lehmziegelarchitektur, die Fassaden im Schattenspiel der Vorsprünge gliedern, im Inneren aber die paarigen Auflager der Deckenbalken bilden.

Die Rekonstruktion des vor 3000 v. Chr. entstandenen Tempels von Uruk (Warka) zeigt beispielhaft eine solche nischenartige Gliederung der Außenwände, die den geschlossenen Lehmblock in eine Pfeilerfolge zu verwandeln scheinen und den Eindruck hervorrufen, als stützten sie die glatte, horizontal lagernde Mauerkrone ab (Abb. 32). Der Baukörper hat eine durch Unterteilungen differenzierte Ausdruckskraft gewonnen. Eine ursprünglich bautechnisch bedingte Form, die sich aus dem hölzernen Pfostenbau erklärt, hat einen dekorativen Charakter angenommen und wird zum Fassadenschmuck. Der Tempel hebt sich nun noch deutlicher von der Masse der umliegenden Privathäuser ab. Die Anfänge der monumentalen Architektur in Mesopotamien – einige Jahrhunderte der Architekturentwicklung Ägyptens voraus – bringen demnach auch die Anfänge formaler Differenzierung und gliedernder Fassadengestaltung mit sich.

Schließlich ist die Kultanlage von Tepe Gaura durch ihre bewußte Gestaltung des Außenraumes ausgezeichnet (Abb. 30). Wir kennen bisher kein früheres Beispiel für eine Platzanlage, die sich aus der rahmenden Zuordnung der sie umfassenden Bauten als positiver Raum ergibt. Daß es sich hier um einen Ritualort gehandelt haben könnte, wo die jährlichen Feste zelebriert wurden, legt schon die bewußte Rahmung des Platzes durch die reich gegliederten Tempelfassaden nahe.

Der Tempelbezirk von Khafājah

Die mesopotamische Großstadt Khafājah hatte als eines der Zentren sumerischer Stadtkultur ihre Blüte während der ersten Hälfte des 3. Jahrtausends v. Chr. erreicht. Hier wie in den anderen urbanen Zentren der Sumerer bildete der auf Hochterrassen errichtete Tempel den politischen, religiösen und wirtschaftlichen Mittelpunkt des Gemeinwesens.

Bevor in Khafājah der mit ovalen Mauern umgebene Tempelbezirk errichtet wurde, gab es bereits einen dem Mondgott Sin geweihten Tempel, dessen Entstehung bis in die Ausgrabungsschicht der späten Uruk-Zeit (ca. 3300 v. Chr.) zurückreicht (Abb. 33). Er ist vielfach verändert worden, behielt jedoch den auffallend regelmäßigen Grundriß durch die Jahrhunderte bei. Die Anlage bestand aus einem in der Länge elf Meter messenden Tempelbau, dem schräg vorgelagerten Trakt mit den umgebenden Priesterhäusern und einem Tor. Der Tempelbezirk war in den bestehenden Stadtkörper förmlich eingepaßt worden, lag mit den angrenzenden Häusern auf gleicher Ebene und mußte auf die vorgegebene Bebauung Rücksicht nehmen. Von den Privathäusern unterschied er sich allein durch seine Größe und Höhe. Später, in frühdynastischer Zeit, wurden zwei Flankentürme dem Eingangstor hinzugefügt. Doch fehlten dem Sin-Tempel von Khafājah die Merkmale herausgehobener Monumentalität. Es sind sekundäre Kennzeichen, wie die Mauerhöhe und die später errichteten Tortürme, die ihn von den profanen Gebäuden unterschieden. Ein Tempelpodest, das dem Kulthaus die besondere Geltung verleiht, sucht man vergebens; und es fehlt noch der eigenmächtige Anspruch der Symmetrie.

Seit etwa 2600 v. Chr. entstand in Khafājah ein anderer Tempel, dessen Ausmaße den alten Sin-Tempel bei weitem übertrafen und dessen besonderer Rang im Stadtbild durch ein großes Maueroval behauptet wurde (Abb. 28). Wenig später kam ein zweiter ovaler Mauergürtel hinzu, so daß ein ausgedehnter, 100 Meter breiter Vorhof entstand.

Der Herankommende hatte einen Weg der Steigerungen vor sich: Er betrat das äußere Tor, den Vorhof, erreichte von dort das zweite Tor, stieg einige Stufen hinauf und gelangte in den inneren Tempelbezirk. Dort gewahrte er den auf ein hohes Podest gehobenen Tempelbau, der wiederum nur über Stufen zu erreichen war: ein Prozessionsweg vom Vorhof zum Innenbezirk und schließlich zum Tempel, ein Weg langsamen Herannahens und des Emporschreitens. Das Tempelhaus war der über die Stadt hinausragende Höhepunkt dieser Platz- und Treppenfolgen, ein einzeln stehendes, bedeutungsvoll isoliertes Gebäude, der monumentale Sitz eines Gottes. Im Inneren des Tempelbezirks waren niedrige Gebäude an die Innenseiten der Ovalmauer gefügt, so daß ein rechteckiger Platz entstand. Die zum Tempel gehörenden Priesterwohnungen, Werkstätten, Geräteschuppen und vor allem Vorratslager waren in den Bauten rings um den Platz untergebracht worden.

Will man die Bedeutung eines sumerischen Tempels richtig einschätzen, so ist die Architektur des Tempelbezirks von Khafājah ein Beispiel dafür, wie aus den einfachen Anfängen sumerischen Bauens die einem Gott und der Priestertheokratie allein zugestandene Überbietung profaner Alltäglichkeit zu einer neuartigen Monumentalität geführt hat. Seit etwa 3500 v. Chr. hatte sich diese Monumentalisierung im sumerischen Tempelbau angebahnt. Das Ergebnis ist eine Architektur, die mit allen Traditionen frühzeitlichen Bauens gebrochen hat und zum Kennzeichen der ersten Hochkulturen geworden ist: erst die städtische Großkommune hat solch umfangreiche Bauunternehmungen möglich gemacht. Tausende von Menschen müssen am Bau dieser Tempel beteiligt gewesen sein. Deshalb auch sind sie, lange bevor Könige

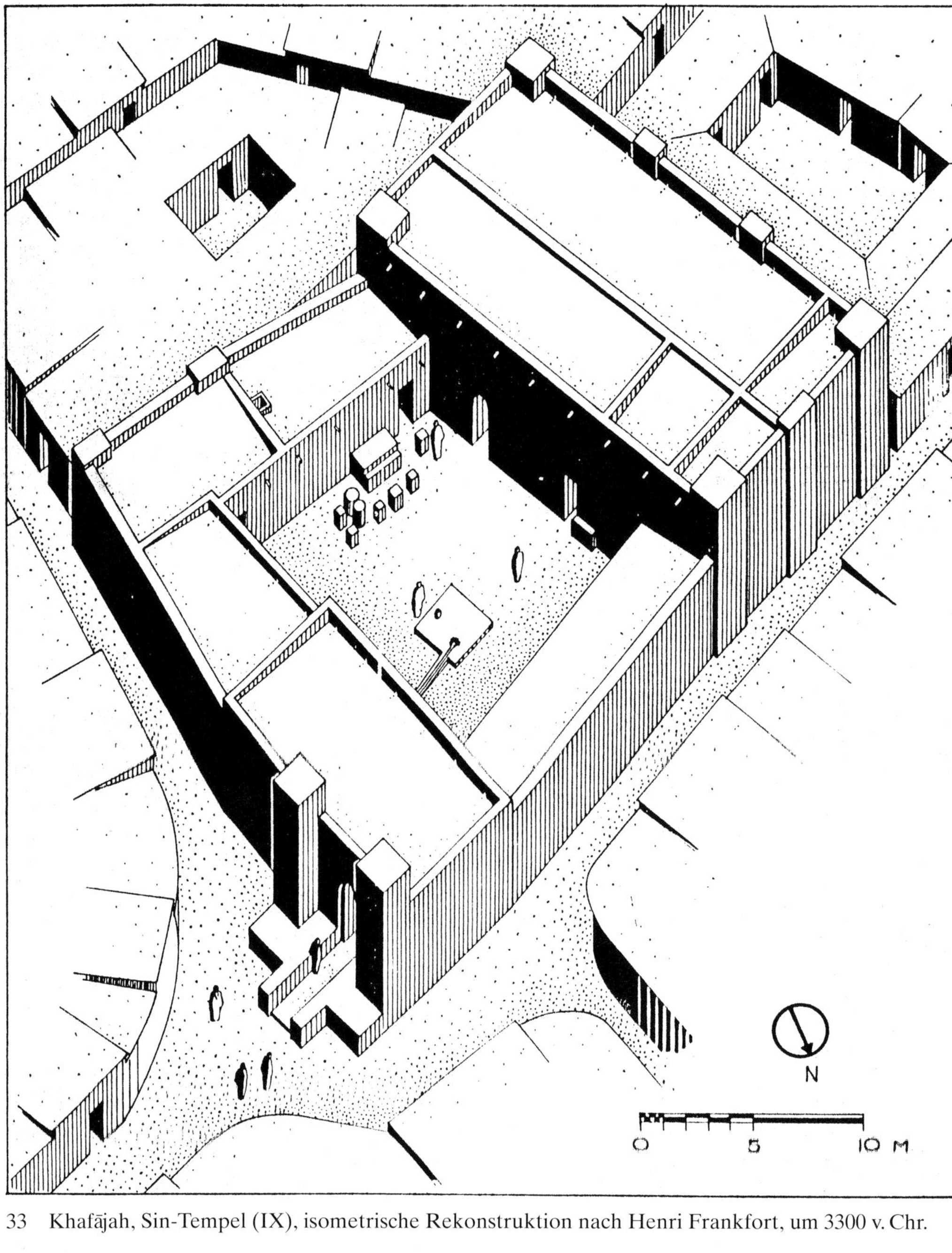

33 Khafājah, Sin-Tempel (IX), isometrische Rekonstruktion nach Henri Frankfort, um 3300 v. Chr.

die Herrschaft an sich zogen, zu Monumenten städtischer und stadtbürgerlicher Repräsentation geworden.

Als die Fundamente für den Tempelbezirk von Khafājah inmitten einer schon bestehenden Stadt gelegt werden sollten, sind die Bewohner zu einer Arbeitsleistung herangezogen worden, die, nach heutigen Maßstäben, als unsinnig und übermenschlich erscheinen muß: die ehemals von Privathäusern besetzte

Fläche mußte zuerst gereinigt werden und für den Sitz eines Gottes von allen anhaftenden Spuren profaner Vergangenheit befreit werden. Das gesamte Tempeloval wurde sieben Meter tief bis hinunter zum anstehenden Fels abgegraben und mit reinem Wüstensand aufgefüllt. Tausende von Kubikmetern Erde mußten fortgeschafft und ebensoviele Kubikmeter Sandes mußten herbeigeholt werden, um den reinen Untergrund für das Lehmziegelfundament des Tempels abzugeben. Doch damit nicht genug: das Maueroval wurde zusätzlich über einen Meter hoch mit Tonerde aufgefüllt, so daß der innere Platz zu einer ersten abgehobenen Ebene wurde, auf die das noch einmal erhöhte Tempelpodest gesetzt worden ist.

In den frühsumerischen Städten (Eridu) sind schon seit etwa 3500 v. Chr. Tempelterrassen entstanden, die im Laufe der Jahrhunderte immer wieder erneuert und von Neubau zu Neubau erhöht wurden, so daß inmitten der Stadt Hügel herauswuchsen, sogenannte ›Zikkurats‹ (das sumerische Wort für ›hoch oben sein‹). Künstliche Berge in den weiten Ebenen des Zweistromlandes machten den hoch oben stehenden Tempel weithin sichtbar und hoben ihn vollends aus dem tiefer liegenden Stadtkörper heraus (Abb. 27). Schließlich verwandelten sich die Lehmterrassen in Stufenpyramiden, deren Außenwände mit Lehmziegeln gefaßt und zu scharfgeschnittenen geometrischen Körpern wurden. Die Voraussetzung für das Zustandekommen der Zikkurats war gewissermaßen der Verfall, war das Ergebnis der naturgegebenen Notwendigkeit, die im Wetter langsam zu Erde sich auflösenden Lehmziegel immer wieder zu erneuern und auf dem verfallenen Untergrund des Vorgängerbaus einen neuen zu errichten. Die Stufenpyramide ist demnach nicht in Ägypten erfunden worden, sondern ist das Ergebnis der Lehmziegelarchitektur des Zweistromlandes.

Für die Sumerer war indessen die Zikkurat mit einem tieferen Bedeutungsgrund besetzt: sie war der Ort der Annäherung an die Götter, war der Ort, wo die Verbindung zum Göttlichen möglich wurde. Die Zikkurats »sollten nicht einen Berg darstellen, sondern waren Berge! Die Zikkurat des Sturmgottes Enil wurde z. B. ›Haus des Berges‹, ›Berg des Sturms‹, ›Mittler zwischen Himmel und Erde‹ genannt. Doch enthielt in Mesopotamien der Begriff ›Berg‹ vielfältige Bedeutungen. Er stand für die ganze Erde, und in ihm konzentrierten sich die unerforschlichen Kräfte des Lebens, die im Frühling und Herbst den Pflanzenwuchs hervorbringen und das Wasser in die ausgetrockneten Flußbetten leiten. Der Regen kommt von den Bergen, und die große Mutter, Quelle allen Lebens, trägt den Namen Ninhursag, Herrin der Berge. Der Berg also war die sichtbare Form, in der sich das Göttliche manifestierte. Die Sumerer, die sich mit einem ungeheuren gemeinschaftlichen Aufwand die Zikkurat errichteten, schufen so die Bedingung, die eine Verbindung zwischen den Menschen und den Göttern möglich machte.«[3]

Die Zikkurats waren als Berührungsorte zwischen Himmel und Erde die Zentren der sumerischen Religion und damit des städtischen Lebens. Ursprünglich ein von Priestern bewachter Hort des Saatgetreides, besaß die Zikkurat einen sich auf das Überleben und Wohlergehen der Stadtbewohner beziehenden Sinngehalt. Als Erscheinungsort der Götter war die Zikkurat das dem Stadtgott gehörende Haus, mit dem sich alle Bewohner identifizierten, ein im wahrsten Sinne des Wortes ›kommunaler‹, öffentlicher Bau, dem allein herausragende Größe zugebilligt wurde.

Als um 2600 v. Chr. in Ägypten die Stufenpyramide von Sakkara errichtet wurde, war sie das Grabmal eines einzelnen, eines Pharao, geworden.

Ägypten

Mit einem unermeßlichen Aufwand an menschlicher Arbeitskraft und an Material wurden in Ägypten Großbauten errichtet, die keinen anderen Sinn hatten, als den Leichnam eines Pharaos zu bergen (Abb. 34). Der Totenkult der Ägypter war die gewaltigste menschliche Anstrengung, den Tod zu überwinden und dem Vergessenwerden des Hingeschiedenen entgegenzuwirken. Die ägyptische Religion ließ den Menschen daran glauben, daß mit dem Bau eines Grabgehäuses ein Weiterleben nach dem Tod garantiert sei und daß mit Hilfe der zahlreichen Grabbeigaben, die einem Pharao ins Jenseits mitgegeben wurden, das schon gelebte Leben mit all seinen Einzelheiten und Eigenheiten auch nach dem Tode weitergeführt werden konnte. Deshalb mußten die Ägypter nicht nur um den Erhalt des Leibes als Mumie bemüht sein, sondern zugleich um deren ›Ausstattung‹ mit den Notwendigkeiten und Annehmlichkeiten des Lebens.

Wenn einerseits die wie Holzspielzeuge wirkenden Grabbeigaben, die Barken mit voller Besatzung, die das Korn mahlenden Sklaven, die Schreiber und Höflinge usf., die im Dunkel der Grabkammern eingeschlossenen Beweisstücke sind für den Glauben an ein irdischen Bedingtheiten unterliegendes Weiterleben nach dem Tode, so sind es die Pyramiden, die dem Dahingegangenen gegenüber den Lebenden ein immerwährendes Andenken sichern sollten.

34 Sakkara (Ägypten), Grabbezirk des Djoser, Stufenpyramide, 3. Dynastie, um 2600 v. Chr.

Die Architektur der Pyramiden erscheint uns als ein geradezu übermenschliches, allzumenschliches Aufbäumen gegen Tod und Vergessen.

Tausende von Namenlosen, von Sklaven und Verwaltern, arbeiteten noch zu Lebzeiten des Pharao viele Jahre lang an der Sicherung seines Andenkens. Kaum deutlicher als an dem Bau einer solchen Großpyramide läßt sich die Macht und Würde des gottgleichen Königs von Ägypten ermessen. Es ist der Nachruhm eines einzelnen Menschen, dem die größten Bauten des Altertums zugedacht waren.

Diesen Aspekt heben wir deshalb besonders hervor, um noch einmal den scharfen Gegensatz zwischen den beiden Hochkulturen der Frühzeit zu betonen.

Wie schon viele andere ägyptische Architekturformen der ersten Dynastie, so hatte auch die Pyramide ihren Vorläufer in der sumerischen Zikkurat (Abb. 27). Was aber dort ein künstlicher, gewachsener Berg war, auf dem die Götter der Stadt wohnten, wurde in Ägypten zu einer bewußt geplanten Form, dem Grabmal eines einzelnen.

Die Zikkurat war der Berg des Haupttempels eines Staatswesens, wo Priester die Glaubenssätze der Religion wie auch die Interessen des Gemeinwesens hüteten; erst in der Spätzeit, seit dem 2. Jahrtausend v. Chr., war in Sumer die Alleinherrschaft als Staatsform möglich geworden. In Ägypten war sie von Anfang an das wesentliche Element der Staatsidentität. Die aus Großquadern aufgebaute, scharfkantig geschliffene Pyramide ist das monumentale Sinnbild dieser Monokratie. Auf die Macht des einzelnen hin spitzte

sich die gesamtstaatliche Organisation und Verwaltung, die ›Ordnung der Welt‹, zu. An dieser Herrschaftsform hat die Menschheit erfahren, was es sie kostet, ein Großreich von einer Machtindividualität aufrecht erhalten zu lassen.

Die Terrassentempel von Dêr el-Bahari

Die in einem Felsenkessel nahe Luxor als Ruinen erhalten gebliebenen Terrassenanlagen von Dêr el-Bahari (Abb. 35, 36) sind die Totentempel dreier Pharaonen: der kleinere, in der Rekonstruktion mit einer Pyramide bekrönte, wurde von Mentuhotep II. (2050 v. Chr.) errichtet; der größere (rechts) war das Erinnerungsmal der Hatschepsut, die als Pharaonin Ägypten regierte (1490-1468 v. Chr.). Ein dritter, hochgelegener Tempel, der direkt an die Felswand herangerückt war und von einer steil ansteigenden Rampe erschlossen wurde, war der Memorialbau des jüngsten der drei Pharaonen, Thutmosis III. (1490-1436 v. Chr.). Von dieser zwischengefügten Tempelanlage, die die beiden älteren durch ihre herausgehobene Position übertrumpfen wollte, sind kaum noch Reste übrig geblieben; herabstürzendes Geröll hat sie vernichtet. Der Ansatz einer Rampe ist allein noch erhalten geblieben (Abb. 37).

Die einzigartige Lage dieser Tempel und ihre besondere Form hat immer schon das Interesse der Archäologen auf sich gezogen. Die Tempelanlagen und Grabbauten Ägyptens lassen häufig einen besonderen Sinn für die natürliche Umgebung erkennen; die Tempel von Dêr el-Bahari sind dramatisch vor eine Felsenkulisse gesetzt und in ein bewußtes Verhältnis zur Landschaft und zum Terrain gebracht (Abb. 38). Der hufeisenförmig ausgreifende Felsenkessel bildet einen natürlichen Rahmen für die ausgedehnten Vorhöfe, Rampen und Terrassen, deren Pfeilerhallen als langgestreckte Horizontalen die künstliche Basis für die aufragenden Felsentürme des Steilhanges bilden. Üblicherweise billigen wir erst den Griechen zu, ihre Tempel in ein bewußtes architektonisches Wirkungsverhältnis zur Landschaft gesetzt zu haben. Doch schon hier ist der Zusammenklang zwischen Architektur und Natur allzu offensichtlich, um nicht als eine von Auftraggebern und Architekten kalkulierte Wirkung erkannt zu werden. Möglicherweise erklärt sich sogar die Wahl der ungewöhnlichen Bauformen, der langgezogenen Terrassenhallen, aus der besonderen landschaftlichen Situation. Denn nicht die seit einigen Dynastien außer Gebrauch geratenen Pyramiden bestimmen die Architektur dieser Baukomplexe, sondern die Terrassen und Pfeilerhallen. Als letzte Erinnerung an die gigantischen Grabmonumente des Alten Reiches hat Mentuhotep mit einem kleinen Pyramidenaufbau seinen Tempel bekrönt: Dieser ist nur mehr ein Symbol, nicht mehr die tatsächliche Grablege des Pharao, wie zur Zeit des Djoser (2600 v. Chr.; Abb. 34), des Snofru (um 2570 v. Chr.) und des Chephren (2500 v. Chr.).

35 Dêr el-Bahari (Ägypten), Tempelanlage, links: Mentuhotep II. (2050 v. Chr.); Mitte: Thutmosis III. (1490-1436 v. Chr.); rechts: Hatschepsut (1490-1468 v. Chr.). Rekonstruktion, Modell (links oben)

36 Dêr el-Bahari, Tempelanlage, Ausschnitt (links)

37 Dêr el-Bahari, Ruine der Rampe zum Tempel des Thutmosis III. (rechts)

Die Pharaonin Hatschepsut hat fünfhundert Jahre später das von Mentuhotep Begonnene fortgesetzt und den gesamten Felsenkessel durch einen noch größeren Terrassentempel ausgefüllt. Sie verzichtete gänzlich auf das Pyramidensymbol und ließ die Terrassenfolge in einer tempelartigen Pfeilerhalle vor der Felsenwand enden (Abb. 39). An die Stelle des aus kompaktem Stein gebildeten Pyramidensockels des Mentuhotep trat hier ein zum Himmel hin offener Pfeilerhof, von dem das Allerheiligste in den Fels hineingetrieben wurde.

Wie sehr die besondere topographische Situation dieser im ›Tal der Königsgräber‹ gelegenen Pharaonentempel eine miteinkalkulierte Bedingung der Architektur gewesen ist, beweist schließlich ihr ritueller Funktionszusammenhang wie auch ihr politischer Bedeutungshintergrund: die drei Terrassentempel unter der Abbruchkante des Wüstenplateaus stehen genau in der Richtungsachse des ca. sechs Kilometer entfernten, auf der anderen Seite des Nils gelegenen Reichstempels von Karnak, dem Tempel des höchsten Gottes Amun (Abb. 40), der unter Mentuho-

tep II. zum Reichsgott erhoben worden war. Ort und Haus seiner Verehrung waren Theben, das heutige Luxor, und dort der erste, heute archäologisch nicht mehr faßbare Tempel von Karnak.

Alljährlich ging von hier die Prozession des ›Talfestes‹ aus, in dessen Verlauf die Barke des Gottes Amun, in Begleitung der Götter Chons und Mut, aus seinem Tempel heraus über den Nil zu den Tempeln des Mentuhotep, der Hatschepsut und des Thutmosis getragen wurde. Die Prozession führte durch die Säulen- und Pfeilerhallen, durch die Höfe und Tore des Reichstempels hinaus an das Ufer des Nils, wo die Barke des Gottes den Fluß überquerte und am anderen Ufer in Richtung der Totentempel weitergetragen wurde; dort wurde die Prozession von den Toren der Vorhöfe aufgenommen und die langen Rampen hinaufgeführt, bis sie auf die erste Pfeilerhalle traf und zur zweiten Terrasse des Tempels der Hatschepsut gelangte. Hier wurde sie durch eine Reihe von Sphingen geleitet und dann wiederum von einer lang ansteigenden Rampe bis hinauf zur dritten Rampe gelenkt, wo sich die große Pfeilerhalle des Opfersaales öffnete.

Ähnlich verlief die Prozession zum Tempel des Mentuhotep: Wenn auch eine nur kurze Rampe zur ›Mastaba‹ hinaufführte, war doch der lange Prozessionsweg dorthin ein ereignishaftes Ritual. Die Barke des Amun wurde

38 Dêr el-Bahari, Ruinen der Tempelanlage (links)

39 Dêr el-Bahari, Terrassentempel der Hatschepsut mit vorderer Rampe (oben)

40 Luxor (Ägypten), Amun-Mut-Chons-Tempel, 18. Dynastie, (Amenophis III., 1403-1365 v. Chr.) (rechts)

zunächst von einem – nicht mehr erhaltenen – Torbau aufgenommen und von dort auf eine lange, 46 Meter breite, mit Ziegeln gepflasterte und geweißte Straße geführt. Zu beiden Seiten standen in langer Reihe die sich stetig wiederholenden, monumentalen Steinfiguren des Pharaos, »die ersten bekannten am Wege aufgestellten Statuen überhaupt«[4]. Das feierliche Voranschreiten der Prozession, die Inszenierung des Weges als eine Abfolge von Tor, Straße, Statuenreihe, Rampe und Pfeilerhalle, kann an der Architektur als Folge von Ereignissen abgelesen werden: der Besuch des Gottes Amun, vom Tempel in Karnak heraufgeführt, hat auch die Bauten und Bilder dieser Tempelanlage mitgeprägt: Pyramide und Mastaba-Sockel als statisches Denkmal; Straße, Mauern und Rampen als eine die Bewegung der Prozession nachvollziehende Wegarchitektur haben sich zur Zeit Mentuhoteps zu einer neuartigen Gesamtanlage des Pharaonenkults verbunden.

Hinter diesen den Formen mehr oder weniger ablesbaren Funktionen der Architektur öffnet sich ein weit ausgreifender Bedeutungsbereich, der zusätzlich ausgelotet werden muß, um den Gesamtgehalt dieser Bauten erfassen zu können. Sogleich stellt sich eine Reihe von Fragen: Was hat Mentuhotep veranlaßt, den ersten (nicht rekonstruierbaren) Bau des Reichstempels von Karnak zu errichten und sein eigenes Grab mehrere Kilometer entfernt in dessen Achse zu legen?

Und was wiederum hat die Pharaonin Hatschepsut ca. 500 Jahre später bewegen können, ihren Tempelbau unmittelbar neben den des Mentuhotep zu setzen und diesen ebenfalls auf den Tempel von Karnak zu beziehen?

Schließlich fragen wir uns, warum der Stiefbruder der Hatschepsut, Thutmosis III., für seinen Tempel keinen anderen Ort zu finden wußte als das Felsplateau hoch zwischen den beiden schon bestehenden Tempeln unmittelbar vor der Felswand? Alle diese Fragen führen zu Grundfragen der ägyptischen Geschichte:

Das unvermittelte Hervortreten einer eigenen ägyptischen Kultur der Zeit um 3000 v. Chr. war verbunden mit der Einigung Ägyptens zu einem Staatswesen, das wahrscheinlich seit der 3. Dynastie mit dem Pharao Djoser (um 2600 v. Chr.) zentral von der Hauptstadt Memphis regiert wurde. Über die weite Distanz vom Nildelta bis zum 4. und 5. Katarakt des Nils reichte dieser ägyptische Großstaat, der immer wieder auseinanderzufallen und sich in kleine Herrschaften aufzulösen drohte. Um so entschiedener mußte die Zentralgewalt des Pharao mit Hilfe einer durchorganisierten Administration, einer Beamtenhierarchie, zur Geltung gebracht werden.

Früher als anderswo treffen wir auf ein das Land übergreifendes Staatswesen, das die Teilherrschaften der Stadtstaaten – wie etwa in Sumer – überwunden hat. In der Geschichtsschreibung nennen wir die viele Jahrhunderte währenden Zeiten der Reichseinheit das ›Alte Reich‹, das ›Mittlere Reich‹ und das ›Neue Reich‹; die sogenannten ›Zwischenzeiten‹ waren die Perioden des Reichszerfalls und der Fremdherrschaft.

Mentuhotep II. (2061-2010 v. Chr.) war es vorbehalten, nach der Zerfallsperiode des ›Alten Reichs‹ die Einheit des Landes wieder herzustellen und das Staatswesen neu zu organisieren. Mit dieser Reorganisation erreichte Mentuhotep auch die Beseitigung der Hungersnöte, da nun die Landesteile mit einer Überproduktion an Nahrungsmitteln die bevölkerungsreichen Gebiete, vor allem die großen Städte, mitversorgen konnten. Dies aber setzte eine Zentralgewalt voraus, die für die angemessene Verteilung der Erntevorräte über das ganze Land Sorge trug. Mentuhotep war es auch, der die Hauptstadt in den mittleren Teil des Landes verlegte, nach Theben, dem heutigen Luxor. Von nun an wurde Theben trotz vieler Rückschläge zu einer Kapitale, von der aus nicht nur Ägypten, sondern schließlich, unter Thutmosis III., ein Imperium regiert wurde, das über den Sinai, Palästina und Syrien hinaus bis an den Euphrat reichte und viele Völkerschaften umfaßte: das erste ›Weltreich‹, wie es auch in den ägyptischen Schriftquellen heißt.

Mit der Staatsreform des Mentuhotep II. verband sich auch eine Erneuerung der Religion; Amun, ›der Unsichtbare‹, wurde zum neuen Reichsgott erhoben. Daß nach den Hungersnöten und den sozialen Wirren der ›Zwischenzeit‹ die alten Götter mitversagt hätten, war eine naheliegende Schlußfolgerung. ›Der Unsichtbare‹ konnte als die weniger faßbare und zugleich umfassendere numinose Instanz einem aufkeimenden Götterzweifel begegnen. Mit dem Bau der großen Tempelanlagen in Karnak wurde der Sitz dieses neuen Reichsgottes geschaffen; gleichzeitig hatte Mentuhotep damit den Orientierungsort für seinen entfernt im Felskessel

41 Dêr el-Bahari, Terrassentempel der Hatschepsut, Reliefbildnis der Pharaonin (rechts)

42 Dêr el-Bahari, Terrassentempel der Hatschepsut, Ausschnitt aus der Relieffolge ›Reise nach Punt‹ (Somaliland) – (unten)

errichteten Grabestempel festgelegt. Wie in der religiösen Reform des wieder gefestigten Reichs der 11. Dynastie manifestiert sich auch in den beiden Bauten und ihrem Bezug aufeinander die neue Staatsmacht.

Abermals von Theben ging ca. 500 Jahre später die erneute Reichseinigung unter der 18. Dynastie aus. Die Gefährdung Ägyptens war seit der Zeit um 1650 v. Chr. von außen gekommen: das semitische Eroberervolk der Hyksos hatte das Land unterworfen. Die nationale Erhebung unter Ahmose erreichte mit der Vertreibung der Hyksos eine Gewalt, die noch die nachfolgenden Pharaonen Amenophis I. und Thutmosis I. in Bewegung hielt, ja schließlich weit über die Grenzen Ägyptens hinauswirkte und unter Thutmosis III. sich in imperialen Eroberungszügen bis an die ›Grenzen der Welt‹ fortsetzte.

Die Regierungszeit der Hatschepsut war inmitten dieser kriegerischen Epoche der 18. Dynastie eine Periode des Friedens. Als Tochter des Eroberers Thutmosis I. erwählte sie den alten thebanischen Reichsgott Amun auch zu dem Gott ihrer Herrschaft. Mit dem Bau ihres Tempels neben dem des Mentuhotep betont sie die historische Affinität zum Begründer des ›Mittleren Reichs‹, der – so wie ihr Vater Thutmosis I., der Begründer des ›Neuen Reichs‹, – Ägypten zur führenden Großmacht seiner Zeit befördert hatte.

Diese auf Mentuhotep bezogene ›Renaissance‹ des Reichs verband sich schließlich auch mit der Wiederaufnahme der von Mentuhotep eingeführten Form des Terrassentempels, dem wiederum das Prozessionsritual als gemeinsame Voraussetzung vorgegeben war.

Das politische und religiöse Programm der Hatschepsut wie auch dessen künstlerische Ausformulierung trägt die Merkmale einer zwischen den Kriegen innehaltenden Bewußtmachung, die sich auf das historische Vorbild beruft, um die Neuerungen der Gegenwart zu legitimieren.

Hatschepsut hätte sich als von ihren männlichen Rivalen als Königin in Frage gestellte Frau auf frühere Königinnen der Ägypter be-

ziehen können, auf Nitokris (um 2157-2155 v. Chr.) oder auf Nofrusobek (1789-1785 v. Chr.). Wenn sie sich auch die männlichen Pharaonensymbole wie etwa den Kinnbart aneignete (Abb. 41), hat sie sich doch nicht als Amazone gebärdet und nicht auf kriegerische Tatendemonstration gesetzt. Unter diesem Aspekt nehmen sich die Relieffolgen in den Pfeilerhallen auf der zweiten Terrasse ihres Tempels aufschlußreich aus: Neben den Szenen ihrer Geburt und ihrer göttlichen Abkunft findet sich auf der anderen Seite die ausführliche Darstellung ihrer Handelsexpedition nach Punt (Somaliland), von wo sie die Myrrhenbäume holte, die auf der Tempelterrasse gepflanzt wurden. Die Reliefs breiten mit detaillierter Schilderungslust alle die seltenen Kostbarkeiten aus (Abb. 42), die sie von weither nach Ägypten brachte – ein auffälliger Kontrast zu den Reliefdarstellungen der Kriegszüge ihrer männlichen Vorgänger.

Mit demonstrativer Deutlichkeit hebt sich die Regierungszeit des nachfolgenden Thutmosis III. (Abb. 43) gegen die der Hatschepsut ab. Mit ihm tritt jener Welteroberer auf den Plan, der alle bisher bekannten Grenzen Ägyptens überschreitet und als Heerführer in die Geschichte einging. Er kann als der erste Vorläufer Alexanders, Hannibals und Napoleons gelten, als ›Soldatenkönig‹, der Ägypten in eine Militärmacht und Seemacht verwandelte, was als nachwirkende Reaktion auf den Einfall durch die Hyksos verstanden werden kann. Darin eifert er Thutmosis I. nach, der bereits Nubien unterworfen hatte und bis an den Euphrat vorgedrungen war. Ihm aber gelang es, die eroberten Länder auf Dauer Ägypten tributpflichtig zu machen.

Als Stiefsohn der Hatschepsut, die zunächst an seiner Stelle Regentin war und sich zur Pharaonin krönen ließ, versuchte er mit seinem Machtantritt die Spuren seiner Vorgängerin zu tilgen. So ließ er zwei von vier im Tempel zu Karnak durch Hatschepsut aufgerichteten Obelisken einmauern und ihr Namensemblem von den Mauern abschlagen, um seinen Namen an deren Stelle zu setzen.

So auch wollte er den Tempel der Hatschepsut, wenn er ihn nicht niederriß, überbieten: er setzte seinen eigenen Tempel hoch vor die Felswand und ließ eine gewaltige Prozessionsrampe aufführen, die die bedeutungsvolle Nachbarschaft zwischen dem Tempel des Mentuhotep und dem der Hatschepsut zerschnitt (Abb. 35). Von heute her gesehen erscheint der alles überbietende Gestus Thutmosis III. wie die Hybris des Welteroberers, der doch nicht verhindern konnte, daß die herabstürzenden Felsmassen das Erinnerungsmal seiner Existenz unter sich begruben.

So standen die drei Tempel von Dêr el-Bahari als Zeugnis sehr unterschiedlicher Haltungen im Felskessel am Rand der Wüste: der Tempel des Mentuhotep als eine Tat der Erneuerung, der Tempel der Hatschepsut als ein Zeugnis der Berufung auf das einst vorbildlich Erreichte, der Tempel des Thutmosis III. nur noch als Herrschaftsgebärde, die sich die Tradition zunutze machte.

Angesichts der alle menschlichen Maße überbietenden monoformen Pyramidenbauten des ›Alten Reichs‹ wirken die Totentempel des Mentuhotep und der Hatschepsut als kultiviert gegliederte Bauwerke, denen nicht länger die zyklopische Überwältigungsgebärde der ersten Pyramiden anhaftet. Es scheint, als sollte der Eindruck des Erhabenen erst aus dem Zusammenwirken von Bauwerk und Natur entstehen. Daß noch die Nachfolger des Mentuhotep, die Pharaonen der 12. Dynastie, Sesostris II. (1897-1878 v. Chr.) und Amenemhêt III. (1842-1798/95 v. Chr.), gar nicht anders denken konnten als ihre Vorläufer im ›Alten Reich‹, bezeugen ihre archaisch großdimensionierten Pyramidenbauten von Illahûn und Hawâra. In solch historischer Nachbarschaft nimmt sich der Totentempel des Mentuhotep eigenwillig zurückhaltend aus (Abb. 35, 36). An die Stelle der pyramidalen Einheitsform setzte er einen vielteilig gegliederten Bau (Abb. 44), der sich aus einem mastaba-artigen Podest mit vorgestell-

43 Thutmosis III. (1490-1436 v. Chr.), Kairo, Ägyptisches Nationalmuseum

ter Pfeilerhalle, einem zweiten Podest mit einem Ambulatorium aus 140 oktogonalen Pfeilern und einer dreiseitigen umgebenden Halle, schließlich einer kleinen, auf einem Sockel stehenden Pyramide zusammensetzt. Der umliegende Festhof mit seinen Mauern, seiner Statuenallee und seiner Rampe ist gegenüber dem herkömmlichen Grabbezirk wesentlich vereinfacht.

Diese Grabanlage des Pharao schließt sich im hinteren Tempelteil zur Felswand hin an. Sie besteht aus einem Vorhof, einem Säulensaal – dem ältesten bekannten der ägyptischen Architektur – und der Kapelle für den Königskult. Vom Hof aus führt ein 150 Meter langer Gang in die aus Granit errichtete Grabkammer des Königs hinab. Die Pyramide selbst umfaßt also nicht die Grabkammer, sondern wird zum bloßen Zeichen des Grabmonuments.

Hatschepsut schließlich verzichtet gänzlich auf diese seit Jahrhunderten geprägte Typologie des Pyramidengrabs. Ihr Tempel ist typologisch nicht länger als Grabbau erkennbar, ja erinnert uns heute weit mehr an einen groß angelegten Palast. Tatsächlich ist Hatschepsut nicht in diesem sogenannten ›Totentempel‹ beigesetzt, sondern weit abseits im Felsmassiv hat sich ihre vor Grabräubern verborgene Ruhestätte gefunden. So wird dieser Tempel zu einem ›Denkmal‹, zu einem Monument ihres Andenkens.

Die ursprüngliche Funktion der Grablege hat sich von dem Bau gelöst, während ihm andere Funktionen wie der Kult der thebanischen Ortsgötter Anubis und Hathor verblieben sind. Der Weg von den ersten Großpyramiden des ›Alten Reichs‹ zur ›Symbolpyramide‹ des Mentuhotep bis zur Kulttempelanlage der Hatschepsut ist nicht zuletzt eine Bestätigung dafür, welcher Wandlungen eine Kultur, die wir in ihrer Entwicklung als weitgehend ›statisch‹ zu bezeichnen pflegen, dennoch fähig ist.

44 Dêr el-Bahari, Tempel des Mentuhotep II., Grundriß, um 2045-2020 v. Chr.

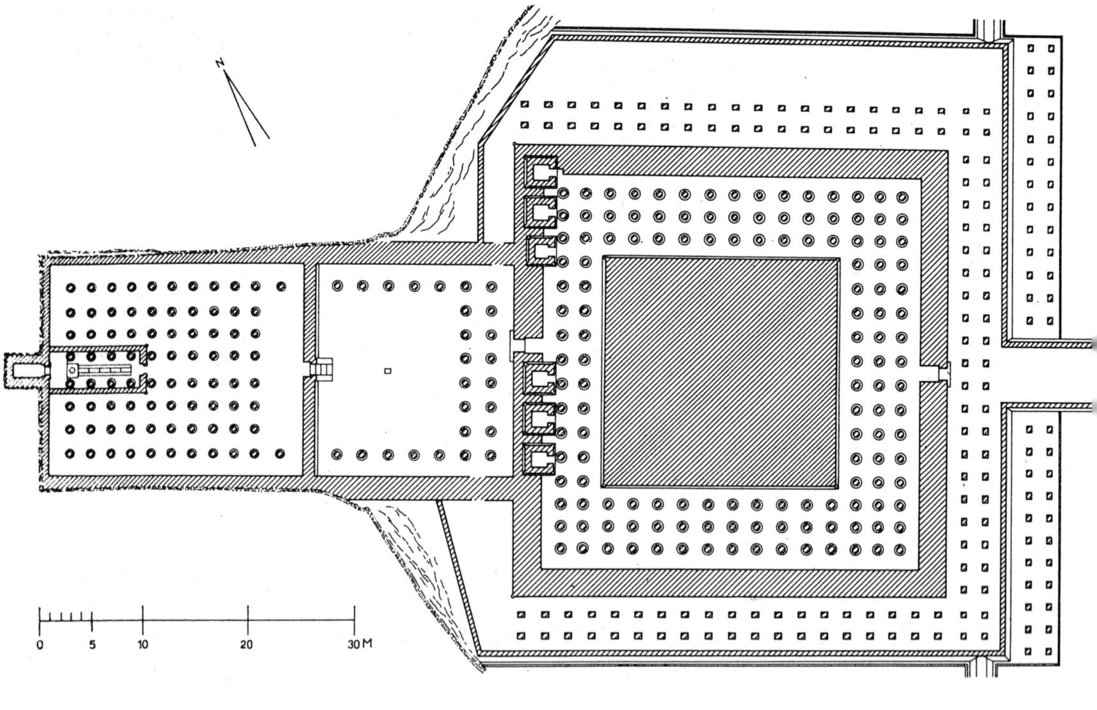

45 Dêr el-Bahari, Terrassentempel der Hatschepsut, protodorische Ordnung

Sumer, Ägypten, Griechenland – Zivilisationsgeschichtliche Korrespondenzen

Die Entstehung monumentaler Architektur, die den alltäglichen Wohn- und Nutzbau überragt, haben wir bereits in Mesopotamien an der Geschichte des Tempelbaus verfolgen können. Khafājah mit seinem aus dem Siedlungskörper herausgehobenen Monumentaltempel um 2600 v. Chr. war dafür ein Beispiel. In Sumer setzt diese Entwicklung etwa tausend Jahre früher ein als in Ägypten; der Tempelberg aus Lehmziegel ist die Versinnbildlichung einer aus dem Alltagsleben herauswachsenden Monumentalarchitektur, die eine ›öffentliche‹ Bedeutung angenommen hat.

In Ägypten läßt sich ein ähnliches Verhältnis zwischen der städtischen Profanarchitektur des Wohnens und dem Monumentalbau heute kaum mehr nachvollziehen. Übriggebliebe sind hier die einsamen Reste der Großbauten, die Quaderberge der Pyramiden und die Pfeilerhallen der Tempel. Die aus Lehmziegel errichteten Wohnpaläste der

Pharaonen sind heute fast verschwunden. Den Gesamtzusammenhang der antiken Stadt, wie im später römischen Pompeji ausgegraben, suchen wir in Ägypten vergeblich. So auch ist die Hauptstadt des ägyptischen Großreiches, Theben, in ihrer Siedlungsstruktur nicht mehr erkennbar. Doch die Tempelruinen von Karnak und Luxor sind im Niltal als die herausragenden Monumente des alten Theben übriggeblieben (Abb. 40).

Die Reste der ägyptischen Großbauten sind eindrucksvoller als die in Mesopotamien erhaltenen Ruinen der frühesten Monumentalarchitektur. Die verwaschenen Mauern der sumerischen Lehmziegelbauten haben nicht mehr die Präzision der gleichzeitigen ägyptischen Großarchitektur. Wenn auch die ersten erhaltenen Denkmäler der ägyptischen Architektur deutlich den Einfluß früherer sumerischer Lehmziegelbauten erkennen lassen, wie etwa die formalen Eigenarten des ›Palastfassadenstils‹ (der kulturgeschichtliche Zusammenhang der beiden Zivilisationen ist auch am Beispiel der in Ägypten gefundenen Rollsiegel nachgewiesen), wurde doch in Ägypten der entscheidende Schritt getan, den Lehmziegelbau durch den Quaderbau zu ersetzen. Zumindest galt dies schon frühzeitig für die Monumentalarchitektur des ›Alten Reichs‹ (ca. 2600 v. Chr.). Der aus Hausteinen gefügte Großbau führte schließlich zu der durchartikulierten Gliederarchitektur der Pfeiler- und Säulenhallen.

So nimmt auch nicht wunder, daß bereits im ›Alten Reich‹ die monolithe (aus einem Stein bestehende) Stütze in eine Säule umgedeutet wurde. Die Palmsäule, aus deren Stamm ein Palmblattkapitell aufwächst, oder auch die Papyrusbündel gab es schon seit etwa Mitte des 3. Jahrtausends (Abb. 40). Einige Jahrhunderte später wird der polygonal geschnittene Säulenschaft mit einem einfachen Blockkapitell eingeführt, wie ihn auch Hatschepsut an der Vorhalle des Anubisheiligtums innerhalb ihrer Tempelanlage verwendet hat (Abb. 45). Die Ähnlichkeit mit der frühesten Säulenform der Griechen, der

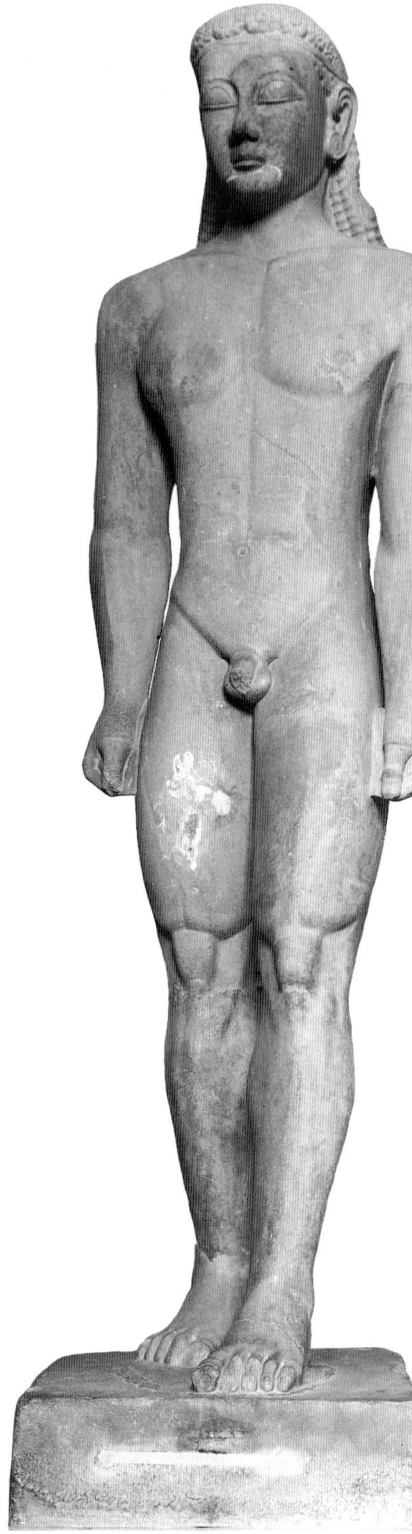

dorischen (Abb. 58), ist verblüffend, weshalb diese ägyptische Säulenordnung auch ›protodorisch‹ genannt wird. Es kommen sogar protodorische Säulen mit echten Kannelüren vor, jenen Kehlungen, die senkrecht die dorische Säule durchlaufen (z. B. in der Grabkammer des Amenemhêt um 1950 v. Chr.).

Überhaupt erinnern die Säulentempel Ägyptens, wie jener der Hatschepsut, in vielerlei Hinsicht an den griechischen Tempel. Es scheint, als hätten die Griechen die straffe Form des Säulenumgangs, der eine geschlossene innere Zelle umfaßt, nicht gänzlich ohne einen Seitenblick auf die weit älteren ägyptischen Beispiele zum Grundtypus ihrer Monumentalarchitektur genommen. Wenn auch eine solche Korrespondenz zwischen den beiden Kulturen nur allzu gern ignoriert wird, um die Eigenständigkeit der griechisch-europäischen Tradition zu betonen, können doch die vielfältigen Ähnlichkeiten nicht nur Zufallsergebnis sein. Zumindest hat die klassische Archäologie den generellen Vorbildcharakter eines ägyptischen Standbildtypus, des aufrecht gehenden, mit angelegten Armen ausschreitenden Mannes (über Vorderasien vermittelt) für die Genese des griechischen Kuros (die aufrecht stehende Jünglingsfigur) anerkannt (Abb. 43, 46).

In jedem Falle war der Gliederbau, ein aus Pfeilern und Architraven zusammengefügtes ›Gerüst‹ mit seinen verfeinernden Details der ornamentalen Ausgestaltung das bedeutsame Ergebnis der ägyptischen Architektur.

46 Jüngling von Sunion, 6. Jh. v. Chr., Athen, Nationalmuseum

Anfänge der europäischen Kultur? – Mykene

Mit der Burg von Mykene stehen uns heute noch die beeindruckenden Ruinen einer Ansiedlung aus der Bronzezeit vor Augen, mit der gemeinhin der Beginn der europäischen Kulturtradition angenommen wird. (Damit engt sich fortan unsere Darstellung auf die Geschichte der Architektur Europas ein.) Vielleicht ist Mykene aber auch nur das Zeugnis für unseren Glauben an den europäischen Mythos, den Glauben an ein seit den Tagen des archaischen Griechenland weiterwirkendes Geschichtskontinuum, das wir heute als große Fiktion entlarven müssen.

Was verbindet uns mit jener Stadtfestung aus aufgetürmten zyklopischen Mauern, den spärlichen Resten von Hausgrundrissen und jenem monumentalen Ring von Fürstengräbern, die in der Berglandschaft des Peloponnes bis heute erhalten geblieben sind und aus der Zeit um 1400 bis 1200 v. Chr. stammen (Abb. 48)? Die Antwort fällt nicht schwer: Homer. Der ›Stammvater‹ der europäischen Literatur ist mit seinen wohl im 8. Jahrhundert v. Chr. entstandenen großen Epen, der Ilias und der Odyssee, der Mythenbegründer, der die Namen des Fürstengeschlechtes von Mykene, die Taten der hier Regierenden, des Atreus, des Agamemnon, der Klytemnestra und des Ägist überliefert und damit jener Identifizierung vorgearbeitet hat, die auch heute noch Gültigkeit beansprucht: daß der griechische Mensch der Antike der Vorfahre des ›europäischen Menschen‹ sei.

47 Mykene (Griechenland), Burgberg, Löwentor, um 1300 v. Chr.

Indessen galten noch im 19. Jahrhundert die mythischen Gestalten der Ilias als fiktive, und der Ort des sagenhaften Geschehens blieb ebenfalls im mythischen Vorstellungsraum angesiedelt.

Der deutsche Kaufmann Heinrich Schliemann, den wir heute als Laienarchäologen bezeichnen würden, ließ sich im Jahr 1868 in Athen nieder und begann, den von Homer gewiesenen Wegen nachzugehen. Er glaubte den Erzählungen des altgriechischen Dichters und machte sich gegen alle wissenschaftlichen Vorsichtsgebote daran, die Ortsbeschreibungen Homers in der Realität zu verfolgen; er nahm die griechischen und römischen Geschichtsschreiber wie Thukydides, Pausanias und Strabo zu Hilfe, orientierte sich nach deren Angaben an Ort und Stelle und fand tatsächlich die Stätten der griechischen Vorzeit, die Niederlassungen der Achäer: Troja, Tiryns und Mykene.

Mykene gewann als Hauptsitz der Achäer eine ungeahnte historische Realität, als Schliemann mit 120 Arbeitern daran ging, die Gräber der Achäerkönige auszugraben und die goldenen Totenmasken der nur mythisch überlieferten Gestalten als historische Menschen aus der Erde zu holen (Abb. 49). Mykene, »reich an Gold«, wie Homer gesungen hatte, wurde zu einem Fundort ungeahnter Schätze achäischer Kultur. Angesichts der Serie goldener Totenmasken mykenischer Fürsten verwandelte sich der Mythos in Historie. Das Epos des Homer verband sich mit der Überlieferung des Anfaßbaren, vom Menschen Gemachten, einer frühzeitlichen ›europäischen‹ Kultur. Mit um so besseren Gründen konnte fortan die Kulturtradition

Europas auf Mykene zurückgeführt werden. Im Jahre 1938 faßte Ludwig Curtius die seit Schliemann gesammelten Erkenntnisse zusammen: wenn er auch hypothetisch sprach, legte er um so nachdrücklicher seinen Lesern nahe, »die kretisch-mykenische Kunst als ein Ganzes, und zwar als das erste Kapitel der europäischen Kunst zu verstehen«.[5]

Im Jahre 1900 begann der englische Archäologe Sir Arthur Evans mit der Ausgrabung des Palastes von Knossos auf Kreta, der Ähnlichkeiten mit der ungefähr zeitgleichen mykenischen Architektur, Malerei, Dekoration und Töpferei aufwies. Langsam wurde den Archäologen klar, daß es sich bei der kretisch-minoischen und mykenischen Kultur um einen großen Kulturkreis handelte, der ganz Griechenland überzogen und seinen höchsten Entwicklungsstand im 14. und 13. Jahrhundert v. Chr. erreicht hatte.

Mit den Einfällen der Barbaren aus dem Norden (›Dorische Wanderung‹) seit etwa 1200 v. Chr. wurde diese Kultur wenn nicht zerstört, so doch erschüttert. Gerhard Hiesel hat in einer neuen Untersuchung die Siedlungskontinuität über die Zerstörungen durch die Dorer hinaus am Beispiel des Wohnbaus nachgewiesen und gezeigt, daß die mykenischen Haus- und Grundrißformen weiterbestanden. Doch die Kulturhöhe der Zeit zwischen dem 14. und dem 12. Jahrhundert v. Chr. war verlorengegangen.

Heute stellt sich die Frage, ob nicht mit dem Eindringen der Dorer überhaupt ein Kulturbruch erfolgte, der auch gleichzeitig die kretisch-mykenische Kultur von der späteren griechischen und damit von der nachfolgenden gesamteuropäischen Entwicklung abschneidet. Es kommen einige Desillusionierungen hinzu, die uns die Archäologie abverlangt hat: die sogenannte Goldmaske des Agamemnon und alle anderen Grabmasken der Fürstengräber von Mykene sind – so scheint es – ca. 200 bis 300 Jahre früher entstanden als Schliemann glaubte, also vor Agamemnons Zeiten.

48 Mykene, Burganlage, um 1500-1100 v. Chr., Rekonstruktion, Modell

49 Totenmaske aus dem 5. Schachtgrab von Mykene, Goldblech, um 1500 v. Chr., Athen, Nationalmuseum

So legt sich erneut eine Distanz zwischen Mykene und die griechisch-europäische Tradition. Es ist bezeichnend, daß viele kunst- und kulturgeschichtliche wie auch archäologische Gesamtdarstellungen der Gegenwart kaum noch auf Mykene eingehen; Ernst Schefold betont, daß erst nach der dorischen Wanderung und der Zerstörung von Mykene »...etwas Neues, das eigentlich griechische Zeitalter«[6] beginnt und daß erst dann »die Bewohner von Hellas zu den eigentlichen Griechen geworden«[7] sind. Eine Darstellung der Burg von Mykene kommt in Schefolds Geschichte der griechischen Kunst nicht vor.

Die Suche nach den Wurzeln der europäischen Kulturtradition hat eine neue Orientierung genommen. Das am Beispiel Griechenlands begründete Selbstverständnis schwindet zunehmend dahin; nicht das von Winckelmann ausgegebene Motto ›Zurück zu den Griechen‹ lenkt unser Erkenntnisinteresse, sondern das ausgreifende anthropologische Erforschen der unterschiedlichsten Kulturen der Menschheit; das Interesse an der Vielfalt menschlicher Lebens- und Siedlungsformen löst das strenge Dogma vom einen Ursprung ab. Die mannigfaltigen Möglichkeiten des Menschen, sich eine gesellschaftliche und damit eine durch Architektur gefaßte Form zu geben, die vielerlei historischen und ethnologischen Verwirklichungen menschlichen Zusammenlebens finden heute unsere größere Aufmerksamkeit. Eine europäisierte Weltgesellschaft, die einerseits zur Vereinheitlichung tendiert, andererseits unterschiedliche Kulturtraditionen von Japan bis Ghana pluralistisch nebeneinander bestehen lassen muß, entdeckt in der Vielfalt historischer und ethnischer Kulturvarianten eine Aufforderung zur Unterscheidung. Die steinzeitliche Stadt von Çatal Hüyük ist uns ebenso nah und fern, so ähnlich und fremd wie das griechische Mykene. Die Wetterdächer der Yanoama-Indianer – heutigentags ebenso bewohnt wie die Wolkenkratzer – lehren uns, wie ungeheuerlich die Unterschiede zwischen den Völkern und Kulturen sind und welche uns gänzlich unwirklich erscheinenden Formen des Zusammenlebens dennoch zu den Möglichkeiten heutiger Existenz gehören.

Die Burg von Mykene

Die Gräber der Achäer. Als Heinrich Schliemann 1876 mit seinen Ausgrabungen in Mykene begann, konzentrierte er sich auf einen kleinen Bereich unmittelbar hinter dem Haupttor der Stadt, dem Löwentor (Abb. 47), wo er die Gräber Agamemnons und seiner Gefolgsleute vermutete. Nach ihrer Rückkehr vom Feldzug gegen Troja waren sie, so berichtet Homer, von Klytemnestra und Aegistos ermordet und innerhalb des Mauerrings bestattet worden. Wenn dies auch dem griechischen Brauch widersprach, die Toten nicht in der Stadt beizusetzen, so schenkte Schliemann doch dem antiken Epos größeren Glauben als einer skeptischen Wissenschaft, die in derartigen Geschichtsbelegen nichts anderes erblickte, als mythisiert-verbrämte Legenden.

Im Verlauf von fünfzehn Wochen grub Schliemann den Mauerring aus, der auch heute noch das auffälligste Architekturgebilde der Stadtanlage von Mykene darstellt, den ›Grabring A‹ (Abb. 50). Innerhalb der Ringmauer fand Schliemann, wie er erwartet hatte, jene fünf Gräber, von denen Pausanias berichtet hatte. Zum Vorschein kamen goldene Gesichtsmasken (Abb. 49) und Brustpanzer der Achäer sowie eine Fülle weiterer Grabbeigaben – Trinkbecher, Dolche, Schwerter, Diademe, Ringe und Schmuckstücke, die den Fund zu einem archäologischen Ereignis machten. Von nun an gab es die moderne Grabungsarchäologie.

Ähnlich wie die ägyptischen Pharaonengräber mit einer Fülle von Beigaben versehen waren, fanden sich auch in den Gräbern von Mykene die bedeutungsvollsten Besitztümer der hier Bestatteten: den Männern waren vor allem kostbare, mit ziselierten Goldgriffen geschmückte Schwerter und mit

goldenen Einlegearbeiten verzierte Dolche beigegeben worden, aber auch im Leben benutzte oder eigens zum Begräbnis angefertigte Trinkbecher, silberne und goldene Rhytone, goldene Löwenköpfe und bronzene Stierköpfe mit goldenen Hörnern und Nüstern. Die Frauen waren in kostbaren – inzwischen zerfallenen – Gewändern bestattet, die mit einer Fülle goldener Nadeln und Plättchen besteckt waren. Goldschmuck überall! Auch die Goldmasken lassen eine Parallele zu den ägyptischen Mumienmasken erkennen, wie überhaupt ein Austausch zwischen den Städten der Achäer und Ägyptens stattgefunden haben muß: So etwa vermutet der heute die Ausgrabungen von Mykene leitende Archäologe George F. Mylonas, daß mykenische Krieger im Sold der ägyptischen Herrscher standen und daß auch aus Ägypten das Gold kam, das in Mykene verarbeitet worden ist. Innerhalb des zweiten Grabringes von Mykene fand Mylonas einen nach ägyptischem Vorbild einbalsamierten Toten, dessen Kopf ebenfalls eine Goldmaske trug.

Bedenkt man jedoch, daß gleichzeitig mit dieser ersten griechischen Hochkultur in Ägypten ein Echnaton regiert hat, daß dort schon Jahrhunderte früher Bauten wie die Tempel des Mentuhotep und der Hatschepsut oder Bildwerke wie die der Nofretete entstanden sind, wird doch auch der kulturelle Abstand zwischen Mykene und Ägypten bewußt. Die Kultur der ›Wiege Europas‹, wie die mykenischen Städte gemeinsam mit den minoischen Siedlungen auf Kreta genannt worden sind, hatte zur Entstehungszeit der mykenischen Grabanlagen um 1550 v. Chr. keineswegs eine der ägyptischen Kultur vergleichbare Höhe erlangt. Überhaupt mußte trotz der zyklopischen Mauern das Bild Mykenes, wie es sich um 1400 v. Chr. bot, angesichts der großstädtischen Architektur Ägyptens, seiner Palast- und Memorialbauten recht provinziell erscheinen: die Häuser und Wohnungen der Achäer waren als Lehmziegelbauten nicht sonderlich bemerkenswert, die Tempel, falls ihre Rekonstruktion richtig ist, waren recht bescheiden, und auch die Größe der Stadt, als Hangsiedlung im Laufe der Jahrhunderte langsam angewachsen, konnte sich weder mit den Großstädten des Zweistromlandes noch Ägyptens messen. So stellt sich die Frage, welche Bedeutung wir dieser Achäersiedlung zuerkennen würden, hätte nicht Homer die Namen und Taten der Helden von Mykene und Troja in seiner Ilias genannt. Deshalb auch verbinden wir die Anfänge der europäischen Kulturtradition bereitwilliger mit Homer als mit dieser Bergstadt auf dem Peloponnes.

Das Mykene der Mitte des 2. Jahrtausends v. Chr. stellt sich jedoch in einem anderen Lichte dar, wenn wir auf Vergleiche mit den Hochkulturen Mesopotamiens und Ägyptens verzichten und statt dessen der lokalen

50 Mykene, Burgberg, Grabanlage, um 1500-1200 v. Chr.

51 Mykene, Burganlage, Ausschnitt, um 1500-1100 v. Chr., Rekonstruktion, Modell

Kulturentwicklung Mykenes nähertreten. Dann erst können wir beobachten, daß mit der Anlage des ›Grabringes A‹ der Zeit um 1600 v. Chr. und des erst 1951 aufgedeckten zweiten ›Grabringes B‹ außerhalb der Mauern der Stadt die Zeugnisse außergewöhnlichen Kulturfortschritts auf uns gekommen sind.

Mykene bestand seit der frühen Bronzezeit (früh-helladische Epoche), seit etwa 2600 v. Chr. Die Archäologen fanden auf dem Burgberg Mauerzüge und vor allem Töpferware aus dem 3. Jahrtausend v. Chr., meist Scherben einer wenig auffälligen Keramik, die in Griechenland allgemein verbreitet war. Die Gräber, meist Mulden- oder auch Kistengräber, hatten recht unscheinbare Beigaben, meist einzelne Tongefäße, nicht mehr als das.

Erst seit dem 16. Jh. v. Chr. sprechen wir von einer mykenischen Kultur. Die entscheidenden Veränderungen ergaben sich aus der beträchtlichen Ausweitung des Gesichtsfeldes der Bewohner, die sich aus einer Intensivierung des mykenischen Seehandels ergab. Die kykladischen und vor allem die minoisch-kretischen Kulturen begannen, eine starke Wirkung auf Mykene auszuüben. In der Architektur wurden viele Motive aus der minoischen Ornamentik übernommen. Die Symbolform dieser Kulturübertragung ist die sich nach unten verjüngende Säule, wie sie in dem von Evans ergrabenen und rekonstruierten Palast von Knossos auf Kreta eine solch auffällige Rolle spielt. Auch die Säulen der Burg von Mykene hatten den charakteristischen Zuschnitt eines sich zum Kapitell hin verbreiternden Schaftes, so wie man sie am Emblem im Löwentorrelief von Mykene heute noch sehen kann (Abb. 47).

Von Kreta her kamen also neue, zukunftsbestimmende Anregungen. Die Verbindung zwischen der minoisch-kretischen und mykenisch-griechischen Welt ergab jene bildreiche

52 Mykene, Burganlage, äußere Ringmauer, um 1300 v. Chr.

und phantasiedurchtränkte Kultur, die das griechische Festland bis zum Einbruch der Dorer um 1100 v. Chr. bestimmen sollte. Mykene bestand in den folgenden Jahrhunderten zwar weiter, doch es war eine unbedeutende Landstadt geworden.

Die Mauer der Zyklopen. Die Mykene umgürtende Mauer ist nahezu in ihrer vollen Erstreckung über die Jahrtausende erhalten geblieben und umschließt in ihrer Länge von ca. 900 Metern ein Siedlungsareal von ca. 3000 Quadratmetern (Abb. 48, 52). Die Burg, die den Charakter einer Zitadelle hat, bildet den herausgehobenen Mittelpunkt des mykenischen Siedlungsgebietes, das sich weit in die Ebene erstreckte. Nahe dem Burgberg fanden die Ausgräber in jüngster Zeit mehrere Häusergruppen, die die Vermutung bestätigen, daß auch das Land ringsum von mykenischen Bürgern besiedelt war. Ausgebaute Straßen führten zur Burg. Die Wachtürme auf den Gipfeln der Hügel ermöglichten es, das Herannahen von Feinden durch Rauchzeichen über weite Distanzen zu signalisieren. Reste eines aus zyklopischem Mauerwerk errichteten Aquädukts zur Sicherung der Wasserversorgung sind erhalten geblieben. Die Stadt bildete also den befestigten Mittelpunkt eines größeren Siedlungsgebietes. Sie war Sitz der Könige von Mykene. Der Palast auf der oberen Plattform des Burgberges war der repräsentative Mittelpunkt dieses Stadtstaates (Abb. 51), der an anderen Orten Griechenlands – in Tiryns, Pylos, Theben und Troja – vergleichbare Staatsgebilde neben sich hatte. Auch dort gab es ähnliche Palastanlagen wie in Mykene.

Die Ausgrabungen haben deutlich gemacht, daß Mykene ursprünglich unbefestigt geblieben war, daß also zu jener Zeit, als die Grabringe ›A‹ und ›B‹ angelegt worden sind – um 1550 v. Chr. –, die Ansiedlung frei auf dem Berghang lag, nur mäßig geschützt durch die Felsabbrüche nach Westen und nach Osten hin. Die Südflanke jedoch war durch den langsam ansteigenden Hang leicht zugänglich. Hier stellt sich die seit etwa 1350 v. Chr. errichtete Wehrmauer dem Ankommenden besonders eindrucksvoll entgegen.

Weil sich die Nachgeborenen nicht vorstellen konnten, daß die großen Steinblöcke der Mauer von Menschenhand aufgetürmt worden sind, schrieben sie dem mythischen Geschlecht der Riesen, den Zyklopen, den Bau der Mauer zu. Sie ist durchschnittlich sechs Meter dick, erreicht jedoch in manchen Partien, wie im nördlichen Teil, acht Meter Stärke. Allein die äußere und innere Mauerfassade wurde als kompakte Wand errichtet, während der innere Zwischenraum mit Steinschutt und Erde angefüllt wurde. Die ursprüngliche Höhe der Mauer ist nirgendwo erhalten geblieben, so daß über die Form der Mauerkrone kaum noch eine Vorstellung gewonnen werden kann. An einer Stelle – hinter dem sogenannten Getreidelager – mißt die Mauer noch immer 9,25 Meter; man kann also von einer Höhe von 11 bis 12 Metern ausgehen.

Die technische Ausführung des Mauerbaues war wohl ähnlich wie bei den ägyptischen Monumentalbauten: Erdrampen wurden aufgehäuft, auf denen die ausladenden, meist unbehauenen, nur leicht bearbeiteten Kalksteinblöcke hinaufgezogen und so aufeinandergesetzt wurden, daß horizontale Schichtungen entstanden (Abb. 52). Die Fugen wurden mit kleinen Steinchen und mit Erde, die heute herausgeschwemmt ist, gefüllt. An einigen Stellen der Mauer, wie etwa dem Löwentor, wurden die Steine sorgfältiger bearbeitet, so daß ein dicht gefügter Hausteinverbund zustande kam. Nach Fertigstellung mußte die Rampe wieder abgetragen werden und konnte sicherlich zur Auffüllung des Zwischenraumes zwischen Außen- und Innenwand genutzt werden.

Das alles erforderte von der Stadtbevölkerung einen kaum einschätzbaren Arbeitsaufwand, wie es auch selbstbewußter Herrscher bedurfte, um solche Großbauten durchzusetzen. Wenn als Gründer Mykenes einer der großen Namen der griechischen Mythologie, Perseus, genannt wird, so werden wir heute in ihm nicht den eigentlichen Stadtgründer

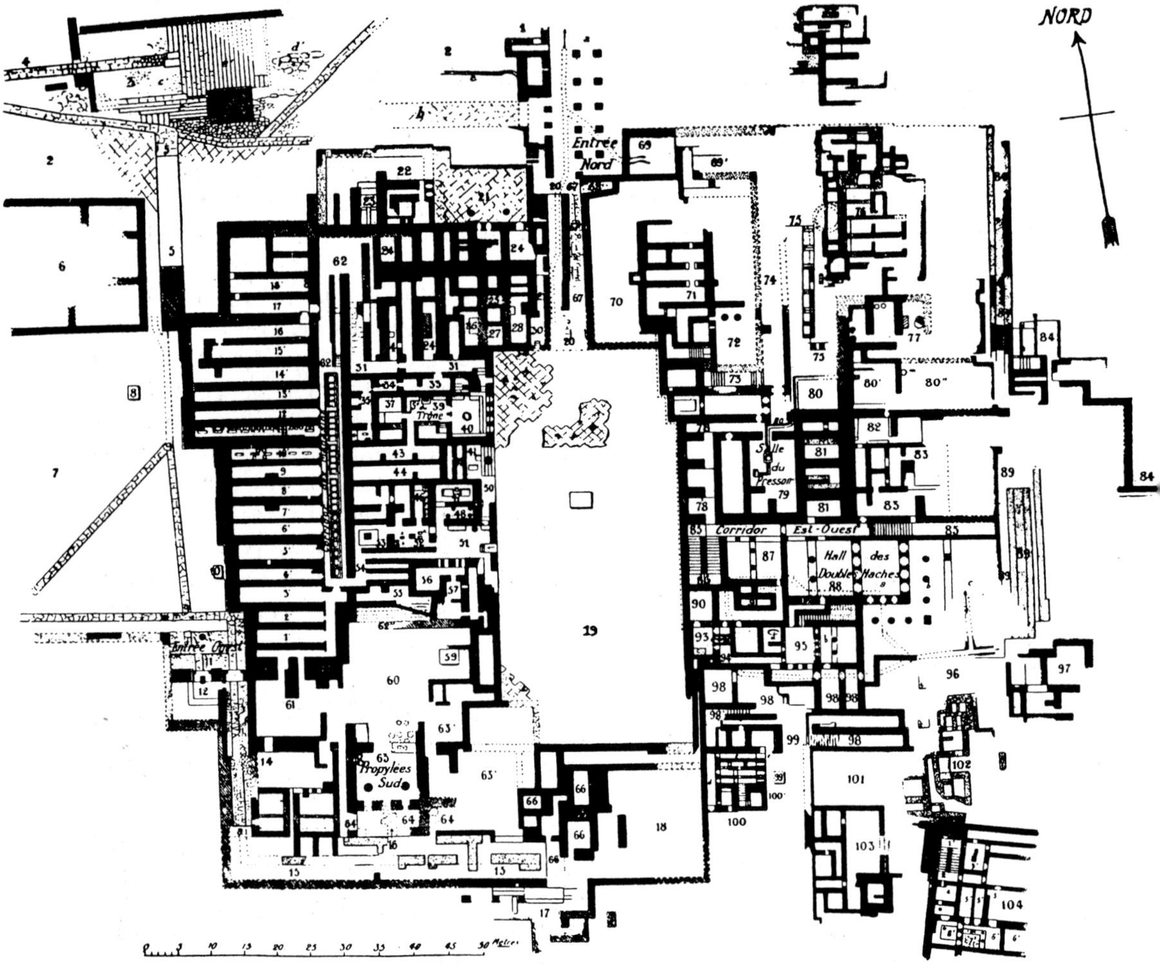

sehen können, sondern den Erbauer des ersten Mauerrings. Für die Nachgeborenen fiel das Ereignis der Stadtgründung mit dem Mauerbau zusammen; Perseus lebte in der Mitte des 14. Jahrhunderts v. Chr., zu einer Zeit also, aus der auch die Zyklopenmauer datiert. Die übermenschliche Leistung wurde in die Heroenmythologie der Griechen aufgenommen.

Wahrscheinlich ist die nach Süden ausgreifende Erweiterung der Mauer hundert Jahre später (um 1250 v. Chr.) unter dem ebenso legendären König Atreus durchgeführt worden. Jetzt erst wurde der Siedlungsbereich, der sich auf der unteren Geländeebene befand, zusammen mit dem ›Grabring A‹ in den Mauergürtel einbezogen. Agamemnon, dem Sohn des Atreus, der im ausgehenden 13. Jahrhundert v. Chr. regierte, schreiben wir heute den kleinen, am nordöstlichen Rand der Stadt gelegenen Mauerannex zu, mit dem eine Zisterne zur Wasservorratshaltung in die Zitadelle einbezogen wurde. Tatsächlich ist also der um 1550 v. Chr. entstandene Grabring, in dem die Vorfahren der Atriden beigesetzt worden waren (nicht Agamemnon), zweihundertfünfzig Jahre später vom zweiten Mauergürtel umschlossen worden. Jetzt war das Grab zu einem Heroon geworden, zu einem Memorial der Herrscherdynastie von Mykene. Auf einer Scherbe im Schutt des Grabrings fanden die Ausgräber die Widmungsinschrift eines Opfergefäßes: »Ich gehöre dem Helden.«

In der Zeit des Königs Atreus wurde auch das Löwentor errichtet (Abb. 47). Es war das

53 Palast von Knossos (Kreta), Grundriß, 1800-1400 v. Chr. (links)

54 Mykene, Palastanlage, Grundriß, um 1350 v. Chr., nach George E. Mylonas. A Grabring, 3 Löwentor, 10 Westliche Mauer, E Aufgang zum SW-Tor, Γ Aufgang zum NO-Tor (unten)

55 Mykene, Burgberg, Palastanlage, Megaron, Grundriß (unten rechts)

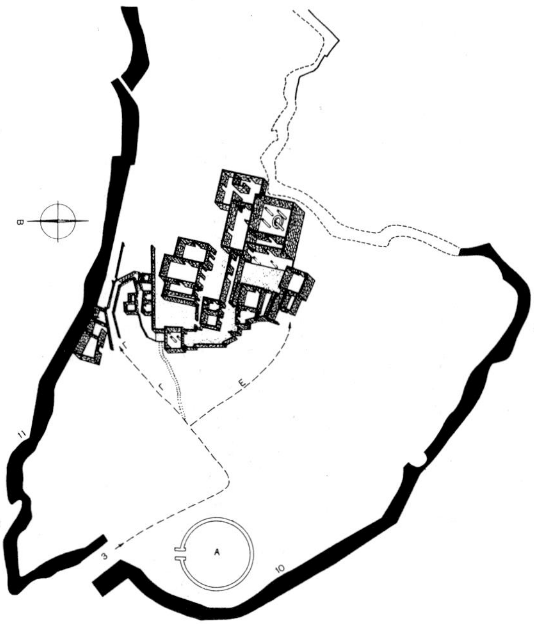

repräsentative Haupttor der Zitadelle, auf das der Talweg unmittelbar zuführte. Auf dem Monolithen, der als Türsturz den Portallaibungen aufliegt, steht das großformatige Relief, das etwa doppelmannshoch ein emblematisches Zeichen dem Ankommenden entgegenhält: eine minoische Säule erhebt sich auf einem Altar, sie wird von zwei aufrecht stehenden Löwen flankiert. Obwohl eine sichere Erklärung für dieses Reliefbild nicht überliefert ist, legt doch seine einschüchternde Größe und seine Positionierung über dem Tor der Stadt die Deutung nahe, daß es sich hier um die Symbolisierung eines königlichen Herrschaftsanspruchs handelt, um das Zeichen von Stadt und Dynastie, unter dem ein jeder, Bewohner oder Besucher, hindurchschreiten mußte.

Der Palast. Im Vergleich zu dem minoischen Palast von Knossos auf Kreta (Abb. 53) mutet der Sitz des Atreus und des Agamemnon bescheiden an (Abb. 54).

Der Berghügel von Mykene gipfelt in dem Palast, der über Rampen, Treppen und Vortore von zwei Seiten her erreicht werden kann. Den Mittelpunkt bildet ein kleiner Platz, an den westlich die Gästehäuser und östlich die große Halle angrenzen. Hier stoßen wir zum ersten Male auf jenen Haustypus, der in der antiken Welt der Griechen und in der verwandelten Form des Antentempels auch bei den Römern weite Verbreitung fand, das Megaron (Abb. 51, 55). Das 23 x 11,50 Meter messende Haus ist durch Querwände aufgeteilt; man betrat das Megaron durch den von zwei Holzsäulen getragenen Portikus – von Homer ›Aithousa‹

56 Pylos (Griechenland), Thronsaal mit Feuerstelle, Rekonstruktion: Piet de Jong

genannt –, ging weiter in das daran anschließende Vorhaus (Prodomus) und gelangte schließlich in die Haupthalle (Domos), die durch ihre Größe und durch vier einen Baldachin tragende Säulen ausgezeichnet war. Wie in Pylos umstanden die Säulen das große Rund einer Feuerstelle, die als flacher Stuckrahmen auf dem Boden herausgegrenzt wurde (Abb. 56). Der Thron hatte wohl ähnlich wie in Pylos seitwärts gestanden, also nicht unter dem Säulenbaldachin, der vielmehr dazu diente, einen Rauchabzug zu stützen.

Eine reiche Ausmalung des Palastes sorgte für ein prächtiges Erscheinungsbild. Deckenbalken und Wandfelder waren mit Rosettenfriesen, dem ›laufenden Hund‹ und geometrischen, minoischen Ornamenten geschmückt. Man fand auch Freskenreste eines Kriegszugs, womit – in Erinnerung an die Taten der Vorfahren – erzählerische Inhalte hinzugefügt worden sind. Hier wird nicht allein die Schmuckfreude der kretischen Paläste wieder lebendig, einige Ornamente verweisen bereits auf dekorative Formen der klassischen griechischen Architektur.

Gegenüber dem Megaron, auf der anderen Seite des Hofes, fanden die Gäste des Königs Unterkunft. Hinter dem Megaron, den Hang aufwärts, befanden sich Vorratshäuser und wohl auch die Quartiere der Wachen. Überraschenderweise stießen die Ausgräber dort auch auf eine Reihe von Wohnstätten, wo die zum Hofe gehörigen Handwerker aus erlesenen Materialien kostbare Gegenstände herstellten. Feine Goldplättchen, Opalsplitter und Elfenbeinspäne waren im Schutt zurückgeblieben und bezeugen die herausgehobene Rolle dieser Handwerker, denen es vorbehalten war, die importierten Materialien zu bearbeiten. Auffälligerweise fanden sich im Palastbereich keinerlei Hinweise auf religiöse Funktionen. Vielmehr entdeckte man Altäre in vielfacher Anzahl in den Bauten des unteren Stadtbereiches, unmittelbar neben dem ›Grabring A‹. Hier auch stieß man auf das Haus des Hohepriesters, wo man die schönsten figuralen Freskofragmente fand, darunter das Bild einer weiblichen Gottheit.

Offenbar waren die Rollen der weltlichen und der priesterlichen Macht geteilt. Der König von Mykene, der ›wanax‹, wie er auf den Tafeln von Pylos genannt wurde, war ein Herrscher, dem nicht auch die höchste Priesterwürde mitgegeben war. Die Macht des Königs war nicht sanktioniert durch eine weltlich-religiöse Doppelfunktion. Es scheint, daß Homer abermals das richtige Bild gezeichnet hat, wenn er den Führern der Achäer vorzugsweise militärische Gaben attestierte und sie vor allem danach streben ließ, den Helden der Vätergeneration den Rang streitig zu machen.

Dementsprechend ist eines der schönsten Kunstwerke, das Heinrich Schliemann im ›Grabring A‹ fand, ein großer bemalter Krater, zugleich auch ein Belegstück für die kriegerischen Eigenschaften der Mykener: die Bemalung konzentriert sich auf einen Fries von schwerbewaffneten Kriegern, die rings um das Gefäßfeld herum in die Weite ziehen (Abb. 57). Erblickt man allerdings mit heutigen Augen die langnasigen, recht schlaffen Gestalten, so möchte man kaum erwarten, Ajax und Hektor unter ihnen zu finden. Die freundliche minoische Kunsttradition hat auch hier ihre Spuren hinterlassen.

57 Mykene, sog. ›Kriegervase‹, um 1200 v. Chr.

Der griechische Tempel

Keine andere Bauform der Monumentalarchitektur ruft ein so fest geprägtes Vorstellungsbild hervor wie der griechische Tempel, und keine andere Bauform hat einen vergleichbaren Bedeutungshintergrund gewonnen (Abb. 59). Der griechische Tempel erscheint als Symbol und Gleichnis für Architektur überhaupt. Die Tempelfront wird in den unterschiedlichsten Sinnbezügen als Kürzel für Klassik und Vollendung zitiert. Die Griechen selbst haben nicht davon abgelassen, die Form des Tempels über etwa sechs Jahrhunderte als den einzig gültigen Typus für die höchste Bauaufgabe, für das Haus der Götter, zu gebrauchen. Die Römer sind ihnen darin gefolgt. Die Europäer des achtzehnten Jahrhunderts haben sich mit der Heraufkunft neuer Griechenbewunderung wiederum auf die geprägte Form des Tempels berufen und ihn in neue Inhalts- und Funktionszusammenhänge gesetzt.

Eine zweitausendfünfhundertjährige europäische Tradition hat die Typologie des Tempels zu einer tief in das europäische Selbstverständnis eingeprägten ästhetischen Berufungsinstanz gemacht. Seitdem die Engländer Stuart und Revett im Jahr 1762 ihr großes Tafelwerk über die antiken Bauten Athens veröffentlicht hatten, seitdem zum ersten Mal ein dorischer Antentempel als ›folly‹ im englischen Park von Hagley (1758) nachgebaut worden war, und seitdem Langhans' dorisches Brandenburger Tor in Berlin (Abb. 60) die griechische Säulenordnung mit einem öffentlichen, städtischen Bau verbunden hatte, wurde der griechische Tempel nach 1300 Jahren des Vergessens wieder Maßstab monumentaler Architektur. Die Walhalla

58 Athen (Griechenland), Akropolis, Parthenon, 447 v. Chr.

59 Paestum (Italien), Poseidon-Tempel (Hera-Tempel II), um 450 v. Chr.

60 Berlin, Brandenburger Tor,
Architekt: Carl Gotthard Langhans, 1789

61 New York, Treasury (ehemals U.S. Zollhaus), Wall Street, Architekt: Ithiel Town u. Alexander Jackson Davis, 1833-1842

nach Klenzes Entwurf bei Regensburg am Hang über der Donau (1830-1842 erbaut) positioniert, kam dem griechischen Vorbild am nächsten. Im 19. Jahrhundert inflationierte die Form aber auch; alle nur denkbaren öffentlichen Bauaufgaben wurden in den erhabenen Säulenkäfig des Tempels gesteckt: Parlamente, Kirchen, Museen, Universitäten, Bibliotheken, Colleges, sogar Kaufhäuser und Geschäfte, aber auch – besonders in Amerika – Banken, beispielsweise die Treasury in der Wall Street (Abb. 61). Wo immer ein gehobener Anspruch gestellt wurde oder Banalität verdeckt werden sollte, war der Tempel als Erfüllungsgehilfe gut.

Mit dem beginnenden 20. Jahrhundert und der erwachenden Avantgarde kam der Protest gegen Stilornat und Klassizismus: »Ein aufheulendes Auto, das auf Kartätschen zu laufen scheint, ist schöner als die Nike von Samothrake.«[8] Mit der Architektur der beginnenden Moderne war der gesamte Stilkanon des Historismus zumindest suspekt geworden. Nach den Wiederbelebungsversuchen des Diktatorenklassizismus und nach dem Zweiten Weltkrieg war jeder historisierende Stil und damit auch das Vorbild des griechischen Tempels diskreditiert.

Die Postmoderne der Gegenwart hat die radikal unhistorische Selbstbegründung der Moderne relativiert und erneut nach Anknüpfungspunkten bei der historischen Architektur gesucht. Doch auch die Architekten der Postmoderne haben es nicht mehr gewagt, den Tempel ernsthaft zu zitieren und das klassische Vorbild anzurufen. Es scheint, als sei dies der letzte Prüfstein gewesen für das Versiegen einer langen Tradition.

Die Architektur des griechischen Tempels ist heutigentags zu einem Stück Altertum geworden; das klassische Griechenland ist zwar Reiseziel, nicht aber Orientierungsort für die Kunst und Architektur der Gegenwart. Als historisches Kunstwerk der Architektur, nicht als Exemplum für heutiges Bauen ist der griechische Tempel wie die Kathedralen des Mittelalters der reinen ästhetischen Anschauung freigegeben – er wurde Gegenstand der Geschichtsschreibung.

Die Entstehung des Tempels

Ab 1200 v. Chr. setzte die sogenannte ›Griechische Völkerwanderung‹ ein. Von Norden herandrängende Bevölkerungsgruppen siedelten sich auf Kreta, Rhodos und in der Gegend von Halikarnassos an der kleinasiatischen Küste an (Dorer). In Attika und Euboia behaupteten sich die Ionier; sie besiedelten auch die Südhälfte der kleinasiatischen Küste sowie die meisten Inseln der Ägäis.

Die Götter der seit dem Untergang der Achäer neu entstehenden Kultur verehrten die Griechen nicht in Tempeln, sondern unter freiem Himmel. Meist waren es bevorzugte Orte der Landschaft, wo der heilige Bezirk ausgegrenzt und der Opferaltar aufgestellt wurde.

Frühe Tempelbezirke des 10. Jahrhunderts v. Chr. sind bei Sparta und in Thermos (Abb. 63) ergraben worden. Hier treffen wir bereits auf Kultbauten, die allerdings noch wenig gemein haben mit dem klassischen Tempel. In Thermos fand man aus helladischer Vorzeit einen 6x23 Meter messenden Langbau, dessen Vorhalle an ein mykenisches Megaron erinnert, jedoch mit seiner ausgerundeten, apsisförmigen Scheitelkammer (Haarnadelgrundriß) eher an eine christliche Kapelle erinnert als an einen Tempel (Bau A). Der im 10. oder 9. Jh. v. Chr. errichtete Nachfolgebau (B) bestand wie der erste abermals aus drei hintereinandergelegten Räumen, erhielt nun jedoch eine aus Pfosten gebildete Ringhalle, eine Peristasis, die bereits an die nach außen gesetzten Säulen des klassischen Tempels denken lassen. Auf rohen Steinplatten, Vorläufern der Säulenbasen, standen, so scheint es, hölzerne Stützen, auf denen horizontal Holzbalken auflagen, der Architrav.

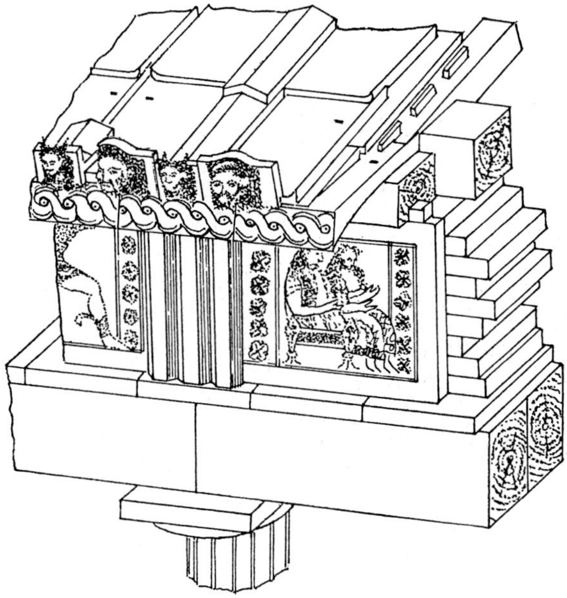

62 Thermos, Gebälk des Tempels C, Rekonstruktion, um 625 v. Chr. (nach K. A. Rhomaios)

Der jüngste Bau (C), um 625 v. Chr., über den Fundamenten des ersten und zweiten Baus errichtet, kam bereits dem Typus des in Ausbildung begriffenen griechischen Tempels sehr nahe. Im Inneren lag eine mit soliden Wänden geschlossene Cella, die durch eine in die Mitte des Raumes gestellte Stüt-

63 Thermos (Griechenland), Apollon-Heiligtum, Megaron A, Tempel B und C, Grundriß

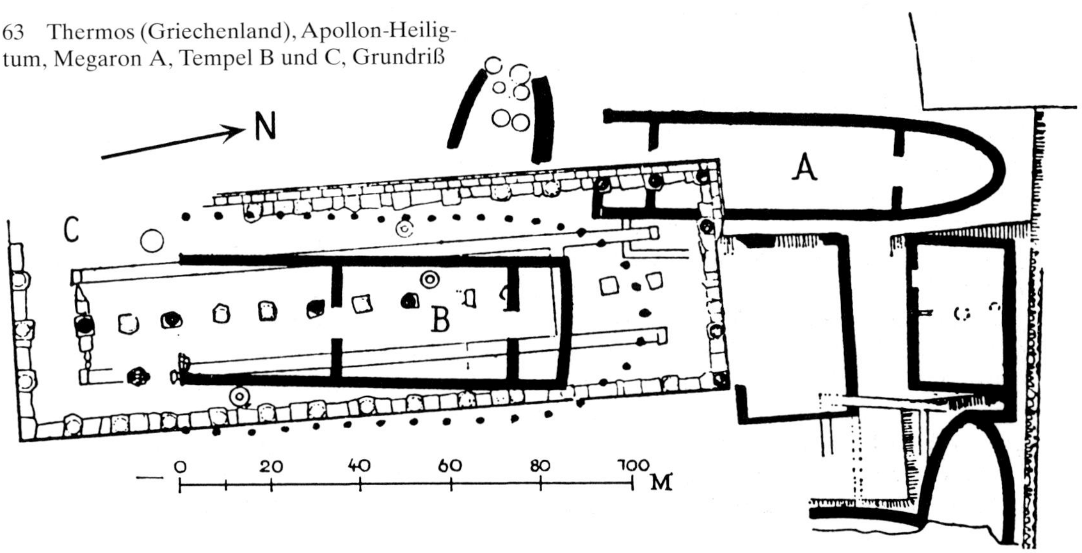

zenreihe in zwei Schiffe geteilt wurde. Die von einer Mauer durchquerte, an beiden Frontseiten sich öffnende Cella wurde umgeben von hölzernen Säulen, die in ein strenges Rechteck gestellt waren und der klassischen Anordnung eines Peripteros entsprachen. Hier haben wir in der jüngsten Schicht der übereinanderliegenden Grundrisse einen voll ausgebildeten Tempel vor uns, dessen Säulen und Architrave zwar noch aus Holz geschnitten und dessen Metopen aus Ton gefertigt waren. Doch läßt sich hier das komplexe Gefüge eines klassischen Gebälks rekonstruieren. Dem hölzernen Architrav saßen im Wechsel Triglyphen und Metopen auf, die von der vorspringenden Dachkante überschattet wurden (Abb. 62). Nicht anders war der Gebälkaufbau beim Heratempel von Paestum (etwa 450 v. Chr.) und dem Tempel der Athena auf der Akropolis in Athen (Abb. 58).

Etwa vierhundert Jahre hat es gedauert, bis aus den ersten uns bekannten Anfängen wie den Tempeln A und B in Thermos die fest geprägte Typologie des griechischen Tempels wurde. Seine Geschichte begann mit einer sehr einfachen Form, dem Haustyp des Megaron, wie er bereits um 1350 v. Chr. in Mykene feststand: ein längsrechteckiges Gebäude mit einer Vorhalle, in die zwei Säulen eingestellt waren.

Paestum und Didyma

Steht man vor den Säulen des Poseidon-Tempels (Hera-Tempel II) in Paestum (Abb. 59) und vergleicht man diesen Bau der Mitte des 5. Jahrhunderts v. Chr. mit der seit etwa 300 v. Chr. errichteten Tempelanlage von Didyma (Abb. 64, 65), so fällt es schwer, beide Bauten als Beispiele eines Typus, des griechischen Tempels, zu begreifen. In Didyma sind es elegant schlanke Proportionen, in die der Stein verwandelt wurde (Abb. 66); in Paestum sind es untersetzte, herkulische Maßverhältnisse, die den Tempel als urtümliche Masse erscheinen lassen. Die ionische Eleganz steht der dorischen Schwere gegenüber.

Als Goethe nach Unteritalien kam, erschien ihm der Tempel von Paestum als

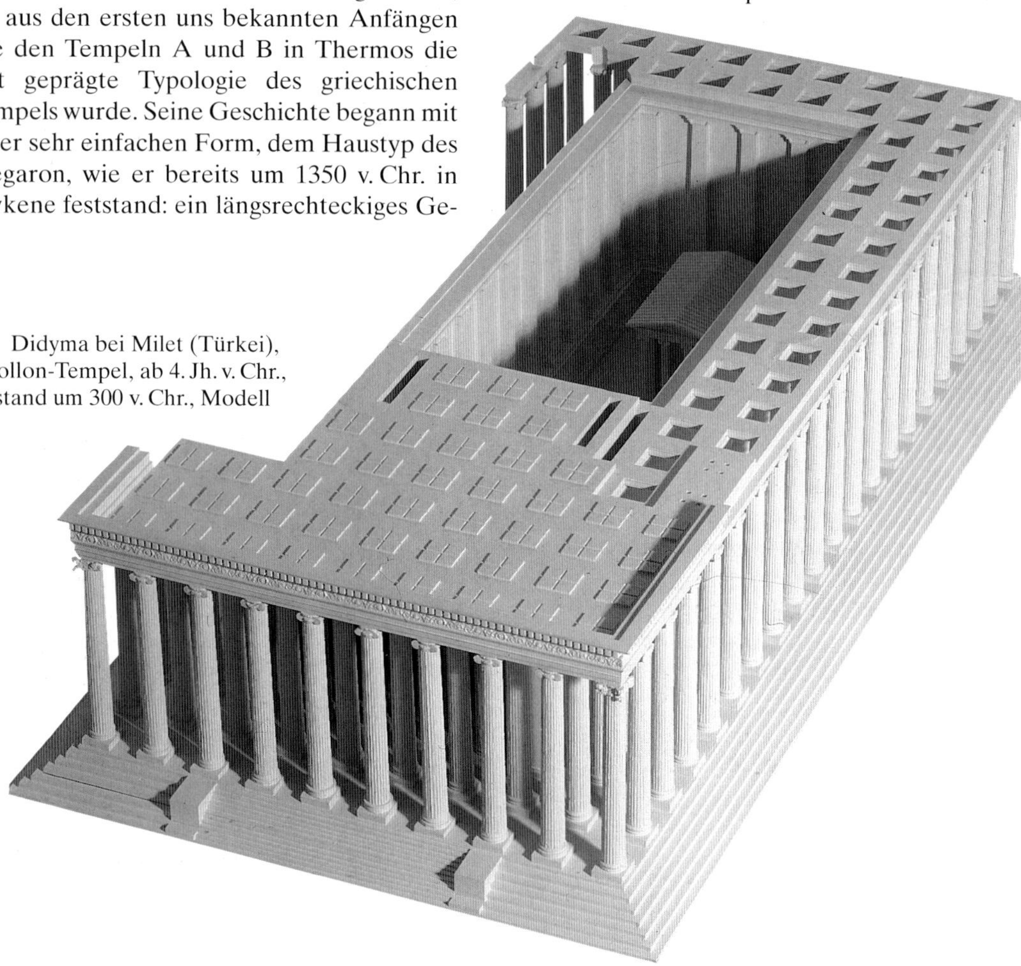

64 Didyma bei Milet (Türkei), Apollon-Tempel, ab 4. Jh. v. Chr., Zustand um 300 v. Chr., Modell

65 Didyma, Apollon-Tempel

›fremd‹. Der Klassiker hätte als Klassizist an dem weit größeren, jedoch feingliedrigeren Tempel von Didyma mehr Gefallen gefunden. Vor dem gedrungenen Gewaltstück des Tempels von Paestum kommen die Worte des skeptischen Kulturphilosophen Egon Friedell in den Sinn: »Das Altertum war nicht antik« – jedenfalls will die Vorstellung von einer maßvoll gebändigten griechischen Kultur zu einem solch steinzeitlich anmutenden Gebirge aus Stein nicht recht passen. Gewiß hat der Ruinencharakter des Bauwerks diesen Eindruck verstärkt. Als der Tempel noch farbig gefaßt und von Skulpturen und Opfergaben umgeben war, wirkte er sicherlich ›kultivierter‹ als heute. Doch bleibt die Feststellung, daß der allgemeine Typus des griechischen Tempels sehr unterschiedliche individuelle Ausprägungen erfahren hat. Die Untertypen des Tempels reichen vom einfachsten Antentempel, den zwei Säulen vor der Eingangsfassade schmücken, bis hin zum mit doppelter, ringsumlaufender Säulenhalle ausgestatteten Dipteros. Der Poseidon-Tempel besitzt eine einfache Säulenreihe, er ist ein Peripteros (Abb. 67). Das Didymaion hingegen ist ein Dipteros (Abb. 68). Perip-

66 Didyma, Apollon-Tempel, Rekonstruktion der Säulenordnung

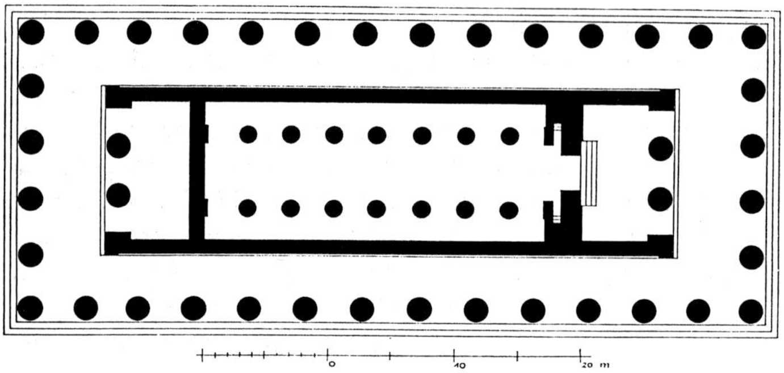

67 Paestum, Poseidon-Tempel (Hera-Tempel II), Grundriß, um 450 v. Chr.

teros und Dipteros sind die klassischen Typen des großen griechischen Tempels.

So sehr auch die Unterschiede zwischen den beiden Beispielbauten Aufmerksamkeit erregen, so sehr fallen doch auch ihre gemeinsamen Grundeigenschaften ins Auge. Außen auf einem Stufenpodest stehende Säulen, die wirklich das Tragen betonen, stützen eine horizontal lagernde Last, das Gebälk. Die plastischen Körper der Kolonnaden sind nach außen gerichtet und verstellen den Blick auf den inneren Gebäudekörper, in dem das überlebensgroße Standbild eines Gottes steht. Die Säulenfolgen bilden als ein von Interkolumnien (Zwischenräume zwischen den Stützen) durchlichteter, nach außen wirkender Umgang zusammen mit der Last des Gebälks und des Giebels (Tympanon) die ansichtige Architektur. Übrigens haben die Römer mit der Erfindung der Basilika dieses Verhältnis umgekehrt und die Säulen nach innen in den Raum hineingesetzt (Abb. 79, 80). Die Architekten des christlichen Kirchenbaus haben dann von der römischen Basilika profitiert – und darüber den griechischen Tempel vergessen. Unsere Augen, die den griechischen Tempel durch den Schleier des 19. Jahrhunderts sehen, müßten sich an dessen extrovertierte körperliche Erscheinung erst gewöhnen, wären sie

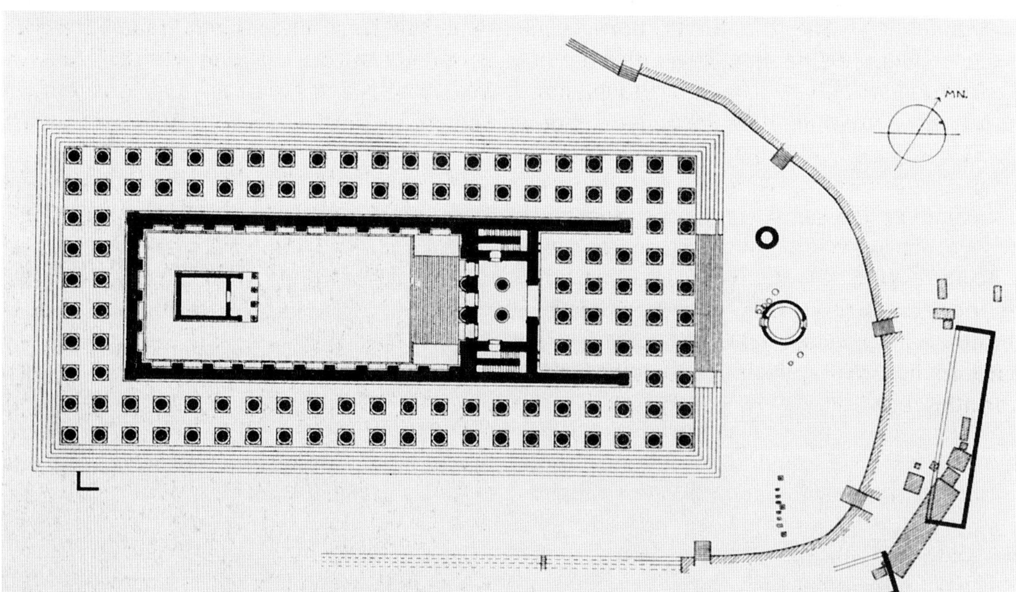

nicht schon von dessen vielfältigen Nachbildungen auf seine originale Direktheit vorbereitet.

Der heute nur noch in Resten erhaltene Tempel des Apollon in Didyma entstand seit etwa 300 v. Chr. an der ionischen Küste (Türkei) nahe der Stadt Milet (Abb. 64, 65). Die schlanken, ungefähr 20 Meter hohen Säulen sind die höchsten uns bekannten der griechischen Antike (Abb. 66). Anders als die dorischen Säulen von Paestum standen sie auf einer Plinthe, einer jeder einzelnen Säule unterschobenen Steinplatte, die sie vom Stufenpodest abhob. Geschmückte Basen kommen hinzu (Abb. 69). Der Säulenschaft wird von feinen, senkrecht laufenden Graten gegliedert, den Kannelüren, die auch den untersetzten dorischen Säulen von Paestum die Ungeschlachtheit nehmen. Der Architrav des Didymaion ist durch die dreifache Teilung der Faszien verfeinert worden; ein eleganter, fortlaufender Rankenfries ersetzt die gewichtige Gliederung der Triglyphen und Metopen von Paestum. Die auffälligste Neuerung ist das ionische Kapitell aus zwei miteinander verbundenen Schnecken, den Voluten. Die schwere, plastisch hervorstoßende Deckplatte der dorischen Kapitelle ist verschwunden. Die Eleganz der Proportionen, Einzelglieder und Ornamentdetails bestimmt das harmonische Gesamtbild des Didymaion, an dem über fünfhundert Jahre lang bis in die Zeit der römischen Kaiser (Caligula und Hadrian, 2. Jahrhundert v. Chr.) fortgebaut wurde, ohne daß dieser Riesentempel je vollendet worden wäre. Die Römer konnten sich jedenfalls kaum mit der dorischen, weit mehr mit der sinnenfreudigeren ionischen Säulenordnung identifizieren und haben an den Ornat und die Proportionen der ionischen und korinthischen Stilrichtung angeknüpft.

Doch war der Apollon-Tempel von Didyma überhaupt ein Tempel im üblichen Sinne? Denn er besaß weder eine Cella noch ein Dach, weshalb auch das Tympanon fehlt: er war nichts anderes als ein Säulengang um einen großen, offenen Hof (Abb. 64). Die auf fast zwanzig Meter hochgemauerten Wände hinter den Säulengängen, die einer Cella zuzugehören scheinen, bilden den Rahmen eines zum Himmel hin offenen, tief in den Tempel hineingesenkten, nur den Priestern zugänglichen Kultbezirks. Der Eingangsseite gegenüber, an das Kopfende des Hofes, war das Heiligtum gesetzt, ein kleines, miniaturhaft wirkendes Tempelchen, in dem sich das Standbild des Apollon befand. Hier auch war vermutlich die Orakelquelle des Apoll zu suchen, und nahebei der heilige Lorbeerbaum. Der ionische Dipteros umfaßte also wie ein großer Reliquienbehälter die seit Jahrhunderten verehrten Heiligtümer.

Seiner Bedeutung nach war dies der Ort auf der kleinasiatischen Seite Griechenlands, der dem Apollon-Heiligtum in Delphi entsprach. Nachdem hier bereits im 6. Jahrhundert ein großer Tempel errichtet worden war, nahmen die Mileter zur Zeit Alexanders einen erneuten Anlauf und begannen mit dem Bau des größten Tempelraums der griechischen Antike. In den Kulthof, dessen Wand monumentale Pilaster in kurzen Intervallen gliederten, hätte man den ganzen

68 Didyma, Apollon-Tempel, Grundriß, um 310 v. Chr. bis 2. Jh. n. Chr.

69 Didyma, Apollon-Tempel, Säulenbasis

70 Didyma, Apollon-Tempel, Kulthof

Tempel von Tegea hineinstellen können. Daß sich die Mileter mit dem Großbau übernommen hatten, kann auch eine erhalten gebliebene Bauabrechnung beweisen. Danach »beliefen sich die Kosten einer Säule auf fast 40 000 Drachmen, was auf der Lohnbasis berechnet (ein Handwerker erhielt im 3. Jahrhundert höchstens zwei Drachmen, heute mindestens 40,– Mark Tagelohn), bereits 1,6 Mill. Mark entspricht und für die 120 Säulen des Tempels 182 Millionen ergäbe.«[9]

Doch bestand der Tempel nicht nur aus Säulen. Den inneren Hof, der den bedeutungsvollen ›Inhalt‹ der gesamten Anlage ausmachte, bekamen die Bürger Milets nicht zu sehen. Wie auch die Cella eines jeden anderen Tempels allein den Priestern zugänglich war, so blieb auch der Kulthof des Didymaion dem normal Sterblichen verschlossen (Abb. 70, 71). Er konnte allein das der Tempelfront eingefügte Treppenpodest hinaufsteigen, konnte den ›Pronaos‹, die Vorhalle mit dem dichten Säulenwald betreten, konnte durch das unverschließbare, über alles menschliche Maß aufragende Tor blicken und zwischen den beiden Schäften der – nun korinthischen – Säulen des Eingangssaales gerade noch die Dachspitze des rückwärtig im tieferliegenden Hofe stehenden Tempelchens wahrnehmen. Die Raum- und Sichtbezüge der Anlage waren so beschaffen, daß der zum Heiligtum Herangekommene, durch das große Versprechen der Säulenhallen angezogen, bis in die Vorhalle hineingelangte und dennoch vom inneren Bezirk des Heiligtums abgehalten wurde: er konnte ein wenig davon sehen, aber betreten durfte er es nicht.

So blieb den Bürgern von Milet und allen anderen, die den Apollon-Tempel besuchen wollten, nur die Außenerscheinung des Heiligtums. Der Altar, an dem die Opfer dargebracht wurden, stand nicht im Inneren, son-

71 Didyma, Apollon-Tempel, Kulthof mit Apollon-Heiligtum, Rekonstruktion

dern – wie bei allen griechischen Tempeln – draußen vor dem Tempel zu ebener Erde (Abb. 68).

Um so mehr scheinen die Säulen für die Anschauung gemacht. Sie sind nach außen gerichtete Architektur, die in sich das Unzugängliche birgt. Säulen und rankengeschmücktes Gebälk sind die von jedermann wahrnehmbaren, monumentalen Zeichen für das Außerordentliche eines anwesenden Gottes. Der Tempel ist auf einem siebenstufigen Podest vom Boden abgehoben und demonstriert seine dem Alltag enthobene Position. Um eine solche Erhabenheit zu erreichen, war es notwendig geworden, im Inneren eine große Freitreppe vom korinthischen Eingangssaal zum Boden des Kulthofes hinabzuführen (Abb. 70, 71). Das widerspricht jeder Vorstellung eines modernen Zweckmäßigkeitskalküls: hinauf- und gleich wieder hinunterzusteigen. Doch haben die Griechen diese große Inszenierung der Architektur nicht am Maßstab einer funktionalistischen Rechnung gemessen. Die Bedeutung der Form stand höher als deren Nutzen. (Ohnedies war die Treppe des Hofes allein den Priestern vorbehalten.) Schon die klassischen Tempel des 5. Jahrhunderts v. Chr. standen nicht ebenerdig, sondern waren durch das Stylobat in die Bedeutungssphäre des Erhabenen und Monumentalen gehoben (Abb. 59). Mit dem Tempel der Artemis von Ephesos und dem Didymaion ist die Höhe des Stylobats noch einmal gesteigert worden, womit auch eine wesentliche Eigenschaft späterer hellenistischer Architektur angekündigt wurde: hohe Podeste, hohe Stufenfolgen – weiter Abstand von der Ebene des täglichen Lebens.

Als autonome Individualität, die sich mit nichts anderem verbindet, hebt sich der Tempel, auf hohen Stufen untersockelt, aus der

92 *Der griechische Tempel*

landschaftlichen Umgebung heraus. Und wenn ihm auch die Stelen und Bildwerke ringsum eine vermittelnde Zone herstellten, blieb doch das skulpturale Tempelhaus als unantastbare Gestalt für sich.

Gegenüber der frühgeschichtlichen Vergangenheit, gegenüber den Tempeln der Ägypter, war der griechische Tempel eine radikale Neuerung. Die endlos verkoppelten und aneinandergereihten Säulenhöfe und Säulenhallen der Ägypter waren das Gegenteil: eine verbindende und sich addierende Architektur, die von der Unantastbarkeit einer einmal definierten Individualität nichts wußte. In Paestum haben die Griechen Italiens drei einzelne Tempel (Zeus-Tempel, Ceres-Tempel, Poseidon-Tempel) nebeneinandergesetzt, drei einzelne Welten, ohne daß es zu einer gebauten Verbindung gekommen wäre.

Um die Individualität des griechischen Tempels zu erklären, hat Ludwig Curtius an den Anfang seiner Darstellung der griechischen Kunst[10] ein Bild des Aphaia-Tempels von Aegina gestellt, der sich auf einem hohen Sockelpodest inmitten der bergigen Landschaft als ein alleinstehendes Bauwerk erhebt (Abb. 72).

Der griechische Tempel ist deshalb immer wieder als ein Gleichnis für den frei entfalteten griechischen Menschen gesehen worden; ein autonomes Gebäude als Parallele zur Individualität der Person. Vielleicht aber ist dieses Gleichnis übermäßig stark geprägt vom Geist des 19. Jahrhunderts und seiner auf Sockel gestellten Heroen, die des Nachbarn scheinbar nicht bedurften. Denn gerade die Architekten des 19. Jahrhunderts haben in einer Zeit der Bedeutungsentleerung auf die Pathosform der Sockel, Treppen und Podeste mit Vorliebe zurückgegriffen. Es kennzeichnet das Selbstverständnis der Moderne, daß wir Heutigen die Bauten wieder auf die ebene Erde zurückgeholt haben. Eine Gesellschaft von Gleichberechtigten, die zudem kaum noch das Heilige erlebt, begegnet aller Monumentalität wie auch dem Sublimen mit Mißtrauen. Es scheint, daß die monumentale Erhabenheit auch als ästhetischer Ausdruck zu einer nur noch in der Anschauung historischer Denkmäler zu erfahrenden Qualität geworden ist.

72 Aegina (Griechenland), Aphaia-Tempel, nach einem Aquarell von C. R. Cockerell, um 1812 (Ausschnitt)

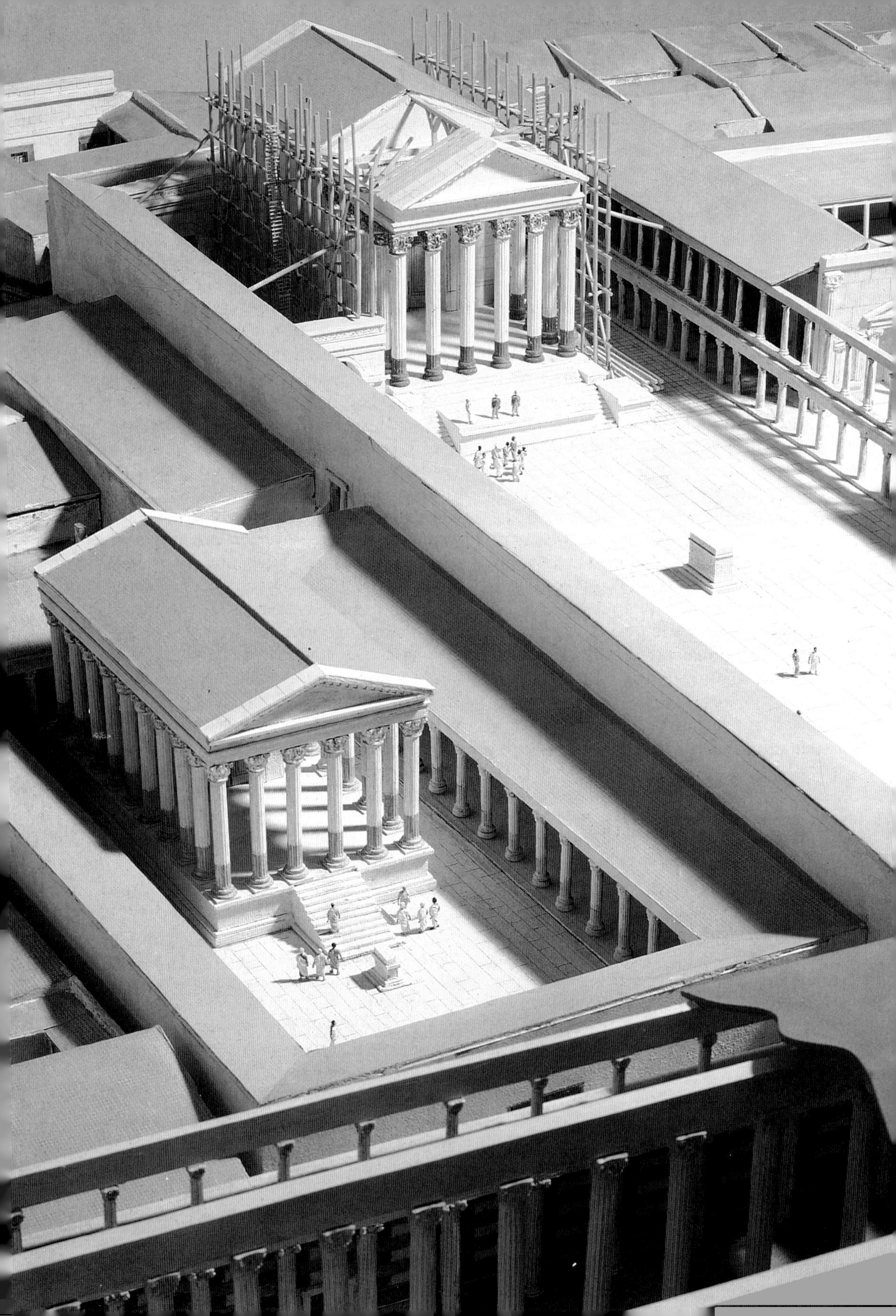

Eine Stadt der Römer – Pompeji

Die 40 Kilometer vom Vesuv entfernt gelegene Stadt wurde am 5. Februar 62 n. Chr. von einem schweren Erdbeben heimgesucht und zum Teil zerstört. Siebzehn Jahre später, vom 24. bis 28. August 79 n. Chr., wurde sie mitten im Wiederaufbau (Abb. 73, 74) vom Aschenregen eines überraschenden Ausbruchs des Vulkans völlig zugedeckt; etwa 2000 ihrer ca. 15 000 Bewohner starben durch die vulkanischen Gase schon am ersten Tag des Ausbruchs. Mit Pompeji verschwand auch das benachbarte Herculaneum unter den Ablagerungen des Aschenregens. Beide Städte blieben bis in das 18. und 19. Jahrhundert verschüttet; die seit 1860 erfolgten systematischen Ausgrabungen haben die antike Stadt mit Forum, Theater, Thermen und Zisternen, Tempeln und Wohnhäusern zutagegefördert. Sichtbar wurde eine Art Momentaufnahme eines historischen Augenblicks – das Drama des Unterganges einer Stadt. Als Abdrücke in der Lavaasche fand man die Körper der im Todeskampf Umgekommenen: ein Mädchen, das seinen Kopf im Schoß der Mutter geborgen, eine Dame, die ihren Schmuck zusammengerafft hatte, einen Hausherrn mit dem Schlüssel in der Hand, zwei in Eisen geschlossene Gladiatoren in der Kaserne, und die Haushunde, die in ihren Ketten erstickt waren.

Die Zeugnisse des Alltags, die Gegenstände des Gebrauchs und die Werke der Kunst und Architektur, alles das war unter den Ablagerungen weitgehend erhalten geblieben. Was die archäologischen Ausgrabungen von Herculaneum und vor allem Pompeji unvergleichlich macht und was sie von ähnlichen Ausgrabungen ganzer Städte, etwa Ostias, des alten Karthago oder des an der nordostspanischen Küste gelegenen Ampurias unterscheidet, ist ihre bis in die Wirklichkeit des Lebens und nicht nur der Denkmäler hineinreichende Dimension.

Was in Pompeji wieder ans Tageslicht gekommen ist, war nicht nur die gebaute Umwelt, die Grundmauern leerer Häuser, sondern das Leben selbst, die Situation einer römischen Landstadt zur Zeit des Kaisers Vespasian. Der Wunsch zu erfahren, ›wie es wirklich war‹, wurde erfüllt; und die immer gegenwärtige Frage nach einer möglichen Vergleichbarkeit des geschichtlichen menschlichen Daseins mit dem heutigen Leben wurde hier wie nirgendwo sonst beantwortet. Was uns interessiert, ist nicht allein das Ereignisgewebe der politischen Geschichte, sondern die möglichst genaue Rekonstruktion des geschichtlichen Alltagslebens - hier erfahren wir unmittelbar, was sich verändert hat und was gleichgeblieben ist. Darin versagt ja gemeinhin die Darstellungsform eines jeden Rekonstruktionsmodells.

Die wiedergefundenen Nahrungsmittel, das im Napf geformte Brot, Mandeln und Datteln, oder die Ölpresse, der Backofen, der wie ein neapolitanischer Pizzaofen der Gegenwart aussieht, das komplette Besteck eines Chirurgen, ein Silberschatz und die Schmuckgefäße einer Dame, die an die Wände gemalten Graffiti, an die Mauern geschriebenen Slogans eines Wahlkampfes

73 Pompeji (Italien), Forum mit Jupiter-Tempel (im Bau), 79 n. Chr., Modellausschnitt

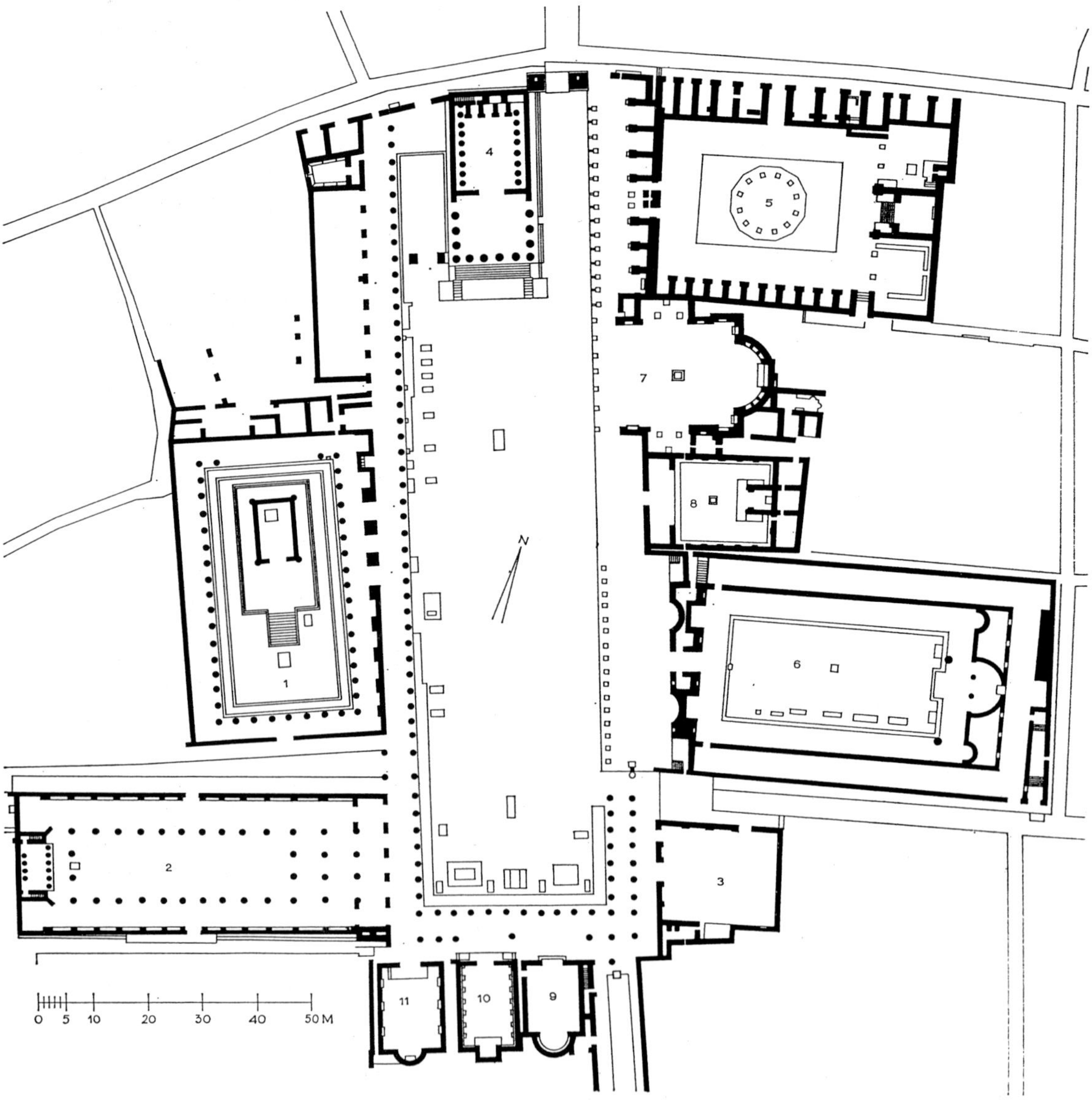

1
2
3
4
5
6
7
8
9
10
11
N
0 5 10 20 30 40 50 M

für den Gemeinderat, obszöne Kritzeleien in einem Bordell und der als Bodenmosaik der Eingangshalle entgegenspringende Hund mit der Inschrift ›cave canem!‹ – alles das kann in Pompeji als offen gelegtes Situationsbild einer vergangenen Kultur erlebt werden.

Daneben kamen Skulpturen, Mosaiken und vor allem die reiche malerische Ausstattung der Villen und öffentlichen Gebäude zum Vorschein – eine umfangreiche Serie von Fresken, die im Laufe mehrerer Jahrhunderte entstanden sind. An ihrem Beispiel läßt sich die Geschichte der gesamten römischen Malerei rekonstruieren. Schließlich die Bauten selbst, das städtische Privathaus, von kleinstem Umfang bis zur Größe eines Palastes; und dann die vor den Toren der Stadt gelegenen Landhäuser (villa suburbana) mit ihrer Ausstattung, die ein nahezu vollständiges Bild des römischen Haus- und Villenbaus vermittelt haben.

So etwa mußte auffallen, daß es in Pompeji keine Mietshäuser gab wie im Ostia der Zeit des 2. Jahrhunderts n. Chr. Allein das Einfamilienhaus in vielen Variationen bildete den Stadtkörper von Pompeji. Von besonderem Interesse ist unter diesem Aspekt ein in Herculaneum ausgegrabenes Haus, das auf zwei Geschossen zwei verschiedene Familien beherbergte. Daran läßt sich die Frage knüpfen, wie die Entstehungsgeschichte des römischen Mietshauses ausgesehen hat und wie die antiken Städte zu Großstädten geworden sind, deren Bevölkerungsballungen das Mietshaus zunehmend notwendig machten.

Damit kommen wir zu Fragestellungen der Architekturgeschichte zurück. Im Gegensatz zur griechischen Baukunst, in deren Mittelpunkt der Göttertempel steht, beruht die schöpferische Leistung der römischen Architektur in der Hervorbringung von Bauwerken für praktische Bedürfnisse.

Bevor wir den Blick auf den bedeutendsten Teil Pompejis, auf das Forum konzentrieren (Abb. 75), soll die gesamte Stadt in ihren wesentlichen Zügen vorgestellt werden (Abb. 76). Der streng in Blöcke (›Insulae‹) aufgeteilte Plan mit seinen zahlreichen, an den geraden Straßen entlanglaufenden Häuserzeilen bildet die Grundstruktur der Stadt. Dazwischen erheben sich – im Stadtgebiet verstreut – die öffentlichen Bauten: im Osten im Winkel der die Stadt begrenzenden Mauer das Amphitheater mit der Palestra der Gladiatoren; im Süden ein Theater mit einem kleineren, gedeckten Theater in der Nachbarschaft, daneben der öffentliche Platz der Stadt, das ›Forum Triangulare‹ mit dem ältesten, dorischen Tempel, dessen Podest aus griechischer Zeit (6. Jh.) noch erhalten ist.

Das große Forum liegt im Südwesten unmittelbar hinter dem wichtigsten Stadttor an der Talseite. Im Nordwesten ist die Stadtmauer mit ihren quadratischen Türmen ausgegraben; vor dem Tor begleiten Grabmäler die Ausfahrstraße. Hier stehen auch die größten suburbanen Villenanlagen, darunter die ›Villa Misteri‹ und die sogenannte ›Villa des Cicero‹, der hier – nach seinen eigenen Worten – wie viele andere Römer auch, eine Villa, die ›Popeiana‹, besaß.

Das ›Forum Civile‹

Die mit schweren Felssteinen gepflasterten Straßen der Stadt, die übrigens seitlich von ›Bürgersteigen‹ begleitet wurden, endeten vor dem Forum (Abb. 77). Den ankommenden Wagen stellten sich Poller in den Weg, die dem Fuhrverkehr den Zugang zum Zentrum der Stadt verwehrten. Dort – in einer ›Fußgängerzone‹ – standen die Tempel und andere öffentliche Bauten. Der Platz selbst war nach dem Erdbeben mit flachen Travertinplatten bedeckt worden; hier fanden die städtischen Feste und Versammlungen statt. Das Forum war das Zeremonialzentrum, wo die alle Stadtbürger betreffenden öffent-

74 Pompeji, Forum, 79 n. Chr., Modell

75 Pompeji, Forum, Gesamtplan, Apollon-Tempel (1), Basilika (2), Wahllokal (3), Jupiter-Tempel (4), Macellum (5), Tuchmarkt (6), Heiligtum der Lares publici (7), Vespasians-Tempel (8), Verwaltungs- und Ratsgebäude (9-11)

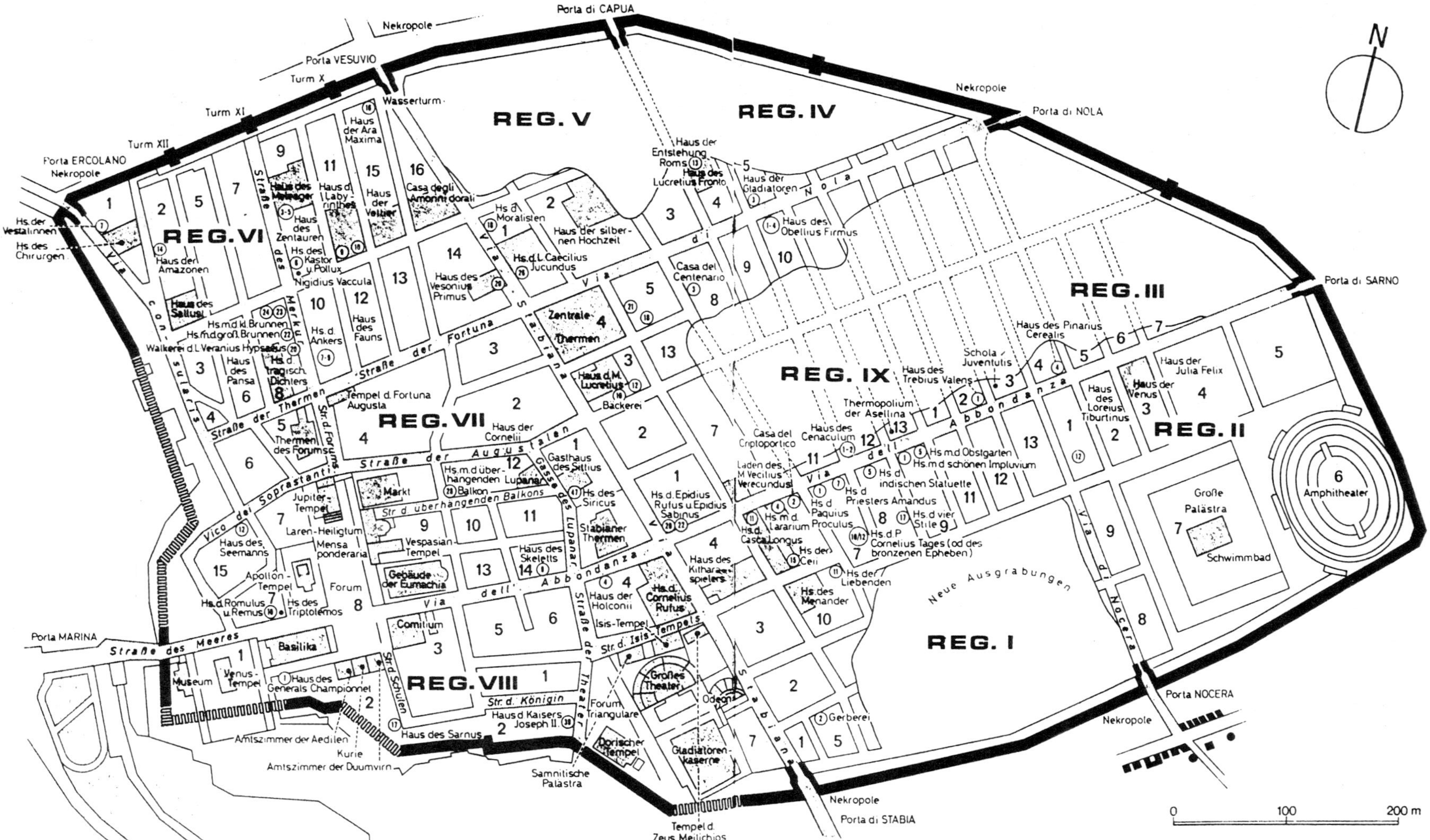
REG. I
REG. II
REG. III
REG. IV
REG. V
REG. VI
REG. VII
REG. VIII
REG. IX
Porta ERCOLANO
Nekropole
Porta VESUVIO
Porta di CAPUA
Porta di NOLA
Porta di SARNO
Porta NOCERA
Porta di STABIA
Porta MARINA
Turm X
Turm XI
Turm XII
Wasserturm
Hs. der Vestalinnen
Hs. des Chirurgen
Haus der Amazonen
Haus des Sallust
Haus des Meleager
Haus des Zentauren
Hs. des Kastor u. Pollux
Haus der Ara Maxima
Haus d. Labyrinthes
Haus der Vettier
Casa degli Amorini dorati
Nigidius Vaccula
Haus des Fauns
Hs. d. Ankers
Hs. m. d. kl. Brunnen
Hs. m. d. groß. Brunnen
Walkerei d. L. Veranius Hypsaeus
Haus des Pansa
Hs. d. tragisch. Dichters
Straße des Merkur
Via consularis
Straße der Thermen
Thermen des Forums
Str. d. Forums
Tempel d. Fortuna Augusta
Straße der Fortuna
Haus des Vesonius Primus
Hs. d. Moralisten
Hs. d. L. Caecilius Jucundus
Haus der silbernen Hochzeit
Zentrale Thermen
Via Stabiana
Haus d. M. Lucretius
Bäckerei
Casa del Centenario
Haus der Entstehung Roms
Haus des Lucretius Fronto
Haus der Gladiatoren
Via di Nola
Haus des Obellius Firmus
Haus der Cornelii
Straße der Augustalen
Gasthaus des Sittius
Hs. m. d. überhängenden Lupanar
Balkon
Str. d. überhängenden Balkons
Gasse des Lupanar
Hs. des Siricus
Stabianer Thermen
Haus des Skeletts
Hs. d. Epidius Rufus u. Epidius Sabinus
Vico dei Soprastanti
Jupiter-Tempel
Markt
Laren-Heiligtum
Mensa ponderaria
Vespasian-Tempel
Gebäude der Eumachia
Haus des Seemanns
Apollon-Tempel
Forum
Hs. d. Romulus u. Remus
Hs. des Triptolemos
Via dell' Abbondanza
Comitium
Basilika
Straße des Meeres
Venus-Tempel
Museum
Haus des Generals Championnet
Str. d. Schulen
Str. d. Königin
Haus d. Kaisers Joseph II.
Haus des Sarnus
Amtszimmer der Aedilen
Kurie
Amtszimmer der Duumvirn
Samnitische Palästra
Dorischer Tempel
Forum Triangulare
Straße der Theater
Haus der Holconii
Isis-Tempel
Str. d. Isis-Tempels
Hs. d. Cornelius Rufus
Großes Theater
Odeon
Gladiatorenkaserne
Tempel d. Zeus Meilichios
Haus des Kitharaspielers
Casa del Criptoportico
Laden des M. Vecilius Verecundus
Haus des Cenaculum
Thermopolium der Asellina
Haus des Trebius Valens
Schola Juventutis
Haus des Pinarius Cerealis
Hs. d. Casca Longus
Hs. m. d. Lararium
Hs. d. Paquius Proculus
Hs. d. Priesters Amandus
Hs. d. indischen Statuette
Hs. m. d. Obstgarten
Hs. m. d. schönen Impluvium
Hs. d. vier Stile
Hs. d. P. Cornelius Tages (od. des bronzenen Epheben)
Hs. der Ceii
Hs. der Liebenden
Hs. des Menander
Gerberei
Neue Ausgrabungen
Haus des Loreius Tiburtinus
Haus der Venus
Haus der Julia Felix
Via di Nocera
Große Palästra
Schwimmbad
Amphitheater
N
0
100
200 m

lichen Veranstaltungen und Ereignisse zu einer Darstellung religiösen, politischen und auch merkantilen Selbstverständnisses wurden.

Die Bedeutung des Forums wurde durch eine Fülle von Monumenten herausgestrichen, die als Reiterdenkmäler und als Standbilder die Erinnerung an die Großen des Stadtwesens und wohl auch des römischen Staates wachhalten sollten. Eine ausgedehnte, von einer doppelten Säulenstellung markierte Wandelhalle umgab den gesamten Platz (Abb. 74). Dieser lang gestreckte, scharf aus der Gebäudemasse herausgegrenzte Platz erhält seine bestimmte Form durch das Säulengitter, das an den Seiten des Rechtecks entlangläuft und als schattenspendender Umgang oder – streckenweise – als bloßer Vorhang den Platzraum gegen die Umgebung abschirmt. Der Umgang ist eigentlich ein selbständiger Bau, der sich mit seiner schmückenden Säulenwand vor die Fassaden der übrigen Bauten legt – eine bloße Scheinarchitektur, die die gesamte Platzanlage zur Einheit zusammenbindet und ihr eine festlich-feierliche Bedeutung verleiht. Die Platzfassade ist wichtiger als die Artikulation der einzelnen angrenzenden Gebäude, die von dem Säulenumgang verstellt werden. Damit wird das Forum zu einer öffentlichen Bühne, die ihren Wert in sich hat.

Napoleon Bonaparte hat von der Piazza di San Marco in Venedig gesagt, sie sei der größte Salon auf Erden, womit er den selbständigen Raumcharakter dieser Platzanlage treffend erfaßt hat. Es ist das römische Erbe der Italiener, die wie kein anderes Volk räumlich bewußte Stadtplätze geschaffen haben und zugunsten der Platzeinheit vor jeder nur denkbaren Kulissenarchitektur nicht zurückgeschreckt sind.

Im Schatten des Säulenumgangs gelangten die Bürger zu den einzelnen öffentlichen Bauten (Abb. 75). An der westlichen Platzflanke reihten sich die Basilika (2), der Apollon-Tempel (1) und eine lange Halle auf, die wahrscheinlich als Warenspeicher gedient hat. Am Kopfende im Norden ragte das hohe Podest mit dem Jupitertempel in das Forum hinein (4); hier ist die Säulenhalle der Platzumgrenzung unterbrochen. Zwei Triumphbogen schieben sich – seitlich des Tempels – in das Blickfeld. Auf der Ostseite (rechts) schließt die Kaufhalle, das ›Macellum‹ (5) an; dem folgt nach Süden das Heiligtum der Stadtgötter, der ›Lares publici‹ (7) und der Tempel des Kaisers Vespasian (8). Das Gebäude der Eumachia (6) war wohl das Kaufhaus der Tuchwalker, die hier ihre Produkte zum Kauf anboten. Das ›Comitium‹ (3) in der südöstlichen Ecke des Forums war vermutlich das Versammlungshaus, wo alljährlich die beiden Bürgermeister (›Duoviri‹) und der Stadtrat, die hundert Decurionen,

76 Pompeji, Stadtplan

77 Pompeji, nordöstlicher Triumphbogen mit Straßenpflasterung und Plattenbelag des Forums, Blick in die Vorhalle des Macellums

78 Pompeji, Vorhof des Apollon-Tempels, 2. Jh. v. Chr., nach 62 n. Chr. restauriert

79 Pompeji, Basilika, letztes Drittel 2. Jh. v. Chr.

gewählt wurden. Die drei kleinen Bauten an der südlichen Schmalseite waren möglicherweise Verwaltungsbauten mit dem ›Tabularium‹, dem Archiv der Stadt. Die beiden Tempel des Jupiter und des Apollon (Abb. 78) sind mit ihren Säulenumgängen und tiefen (›italischen‹) Vorhallen die herausragenden Bauten des Forums (Abb. 73). Es gab darüber hinaus eine Reihe weiterer Tempel im Stadtgebiet, so der Tempel des Zeus Meilichios und auch der Isis-Tempel, in welchem, trotz aller Verbote Roms, die ägyptische Gottheit verehrt wurde. Doch auch das am Forum befindliche Heiligtum der ›Lares publici‹ war wie die Tempel ein Kultraum (Abb. 75); indessen wurde hier die Typologie des Tempels gegen eine während des Neuaufbaus der Stadt um 70 n. Chr. modernere Form ersetzt: der zum Forum hin offene Hof hatte eine ausgedehnte Apsis mit einem Nischenkranz, in dessen Mitte ein Baldachin hervortrat, eine Tempel-Aedicula. Das Heiligtum war zu einer Art Kulisse geworden, war eine große Giebelfassade mit einem Apsisbogen, unter dem sich das Kultbild (wahrscheinlich des Kaisers, der seit der Zeit des Augustus gemeinsam mit den Stadtgöttern verehrt wurde) appellatorisch direkt den Passanten auf dem Forum präsentierte. Die Götterbilder Apollons und Jupiters hingegen standen in der geschlossenen Cella ihrer Tempel, von Säulenhallen umgeben und durch hohe Podeste dem Boden des Alltags enthoben; hier war dem Bürger der Zutritt verwehrt.

Auch das ›Macellum‹ (5), der Markt für Lebensmittel, hatte im Osten eines offenen Hofes eine Kultkapelle, wo – das läßt sich an den beiden dort gefundenen, nicht genau identifizierten Statuen immerhin ablesen – Angehörige des Julisch-Claudischen Kaiserhauses verehrt wurden. Angesichts der beiden Standbilder wurden im Hof Delikatessen verkauft und wohl auch eines der wichtigsten pompejanischen Exportgüter, eine besonders begehrte Fischsauce. In dem von Säulen getragenen Rundtempel in der Mitte des Hofes waren nicht etwa weitere Kultbilder aufgestellt, sondern hier wurde Fisch verkauft: die aufgehäuften, abgeschabten Fischschuppen, die man während der Ausgrabungsarbeiten fand, haben keinen Zweifel an der profanen Zweckbestimmung des Tempelchens gelassen.

An der Südwand des Hofes wie auch an der Nord- und Westwand, nach außen zur Straße und zum Forum hin gerichtet, laufen lange Reihen von kleinen Räumen entlang, die dem Warenverkauf dienten. Ähnlich finden sich in den Stadthäusern entlang der Straßen einfache Ladenräume, die häufig am Eingang mit einer Theke ausgestattet sind und vom Hausherrn vermietet oder von ihm selbst als Kaufladen betrieben wurden.

80 Pompeji, Basilika, Grundriß

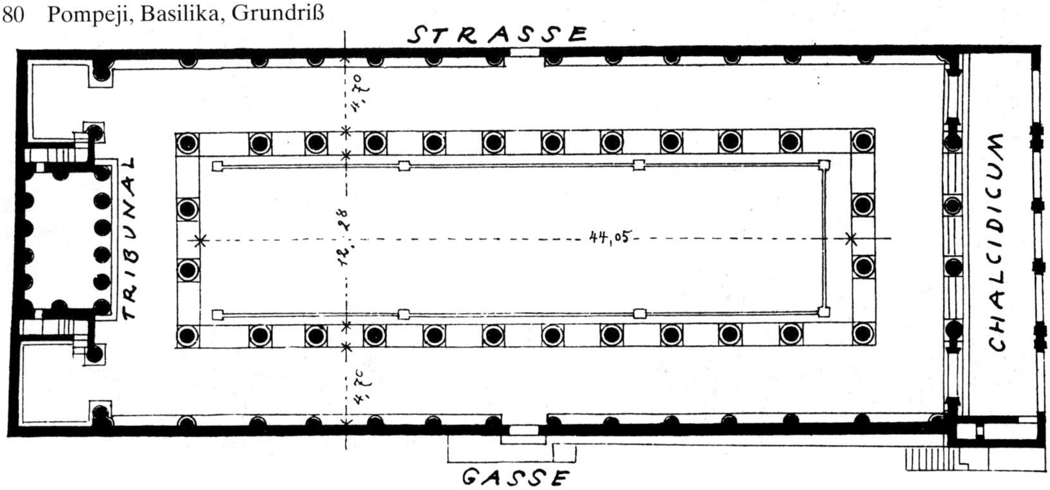

Besondere Aufmerksamkeit verdient die Basilika an der südwestlichen Ecke des Forums (Abb. 79, 80). Sie ist wahrscheinlich in vorrömischer Zeit Ende des 2. Jahrhunderts v. Chr. entstanden und stellt mit ihren aufrechtstehenden Außenmauern und den fragmentierten Säulenfolgen die älteste weitgehend erhaltene Basilika dar. Im Unterschied zum Tempel mit seinen umlaufenden oder als Eingangshalle vor den Tempel gestellten Säulen wurden bei der Basilika die Säulen in den Innenraum gesetzt, so daß eine aus drei Schiffen bestehende Halle zustande kam, deren Kolonnaden im Unterschied zur späteren christlichen Basilika ringsum, auch an den Schmalseiten, entlang laufen. Den fünf Eingängen gegenüber erhob sich ein Aufbau, der möglicherweise wiederum ein Kaiserstandbild barg.

Üblicherweise diente die Basilika in den römischen Städten als Markt- und Gerichtshalle. In Pompeji könnte sie ebenfalls eine Gerichtshalle gewesen sein, wo die ›Duoviri‹ die lokalen Rechtshändel beschieden haben. Doch besteht auch die Möglichkeit, daß die Basilika eine Börse gewesen ist, wo Geldhandel getrieben wurde. Viele der nach dem Erdbeben von 62 n. Chr. in Pompeji zerstörten Bauten waren noch im Wiederaufbau begriffen, als die Asche des Vesuvausbruchs sie – unfertig – begrub. Auch die Basilika ist, wie der Jupitertempel, nicht mehr fertig geworden.

Der antike Bautypus der Basilika wurde später, seit Kaiser Konstantin, zum Vorbild für den christlichen Kirchenbau.

Das Beispiel Pompejis lehrt, wie sich die öffentliche Monumentalarchitektur einer römischen Stadt am Forum konzentrierte. Eine strenge Teilung zwischen profanen Bezirken und Orten religiösen Kultes gab es nicht. Während etwa in der klassischen Periode Athens, im 5. Jahrhundert v. Chr., die Akropolis Tempelberg blieb und das Marktleben getrennt davon in der Stadt vonstatten ging, mischten sich auf dem römischen Forum die unterschiedlichen Funktionen; hier herrschte eine bunte Vielfalt profaner und kultischer Einrichtungen in dichtem Nebeneinander. Das öffentliche Leben war von der symbolischen Gegenwart des Kaisers durchtränkt, dessen Standbild gleich an mehreren Orten des Forums aufgestellt war. In seiner Person verbanden sich die Sphären religiöser Verehrung und politischen Anspruchs. Die Identität von Religion und staatlicher Repräsentation war im Kaiserkult vollzogen.

Haus und Stadt

Nur wenige Meter vom Forum und seinen öffentlichen Bauten entfernt, beginnt das dichte und eng verschachtelte Gefüge der Wohnhäuser (Abb. 74). Während die frühen, vorrömischen Stadtteile im Südwesten Pompejis noch von unregelmäßigen Straßenzügen durchquert sind, basiert die spätere Stadterweiterung auf dem strikten Planungskonzept der exakt herausgegrenzten Straßenblöcke, den ›Insulae‹. Das Raster der Straßen zerlegt fast den gesamten Stadtkörper in rechteckige oder nahezu quadratische Blöcke (Abb. 76). Innerhalb der vorgegebenen Insulae wurden die einzelnen Parzellen der Privathäuser ausgeteilt; je nach Vermögen baute der Bürger ein kleines oder ein größeres Haus, das manchmal einen oder mehrere Höfe umschloß und bis zu fürstlicher Größe anwachsen konnte. In jedem Falle aber bildete der Straßenblock die Begrenzung. Deshalb hat man auch gesagt, daß in römischen Städten die Straße vor der Stadt existiert habe, daß also die planerische Vorgabe des Straßenrasters die Bebauung bestimmt hat. Dies trifft zumindest für die römischen Stadterweiterungen und für die Kolonialstädte zu, deren Raster und Straßenkreuz auch noch in den nachfolgenden mittelalterlichen Städten durchscheint (z. B. Straßburg, Köln, Trier). Die römische Vorstellung einer Stadtgründung als rituelle Handlung, so wie für die Stadt Rom mythologisch überliefert (Romulus und Remus), mag als Erklärungsgrund in den meisten römischen Städten mitenthalten sein. Jedenfalls entstand der weitaus größte Teil der Städte aus der Kreuzung zweier ge-

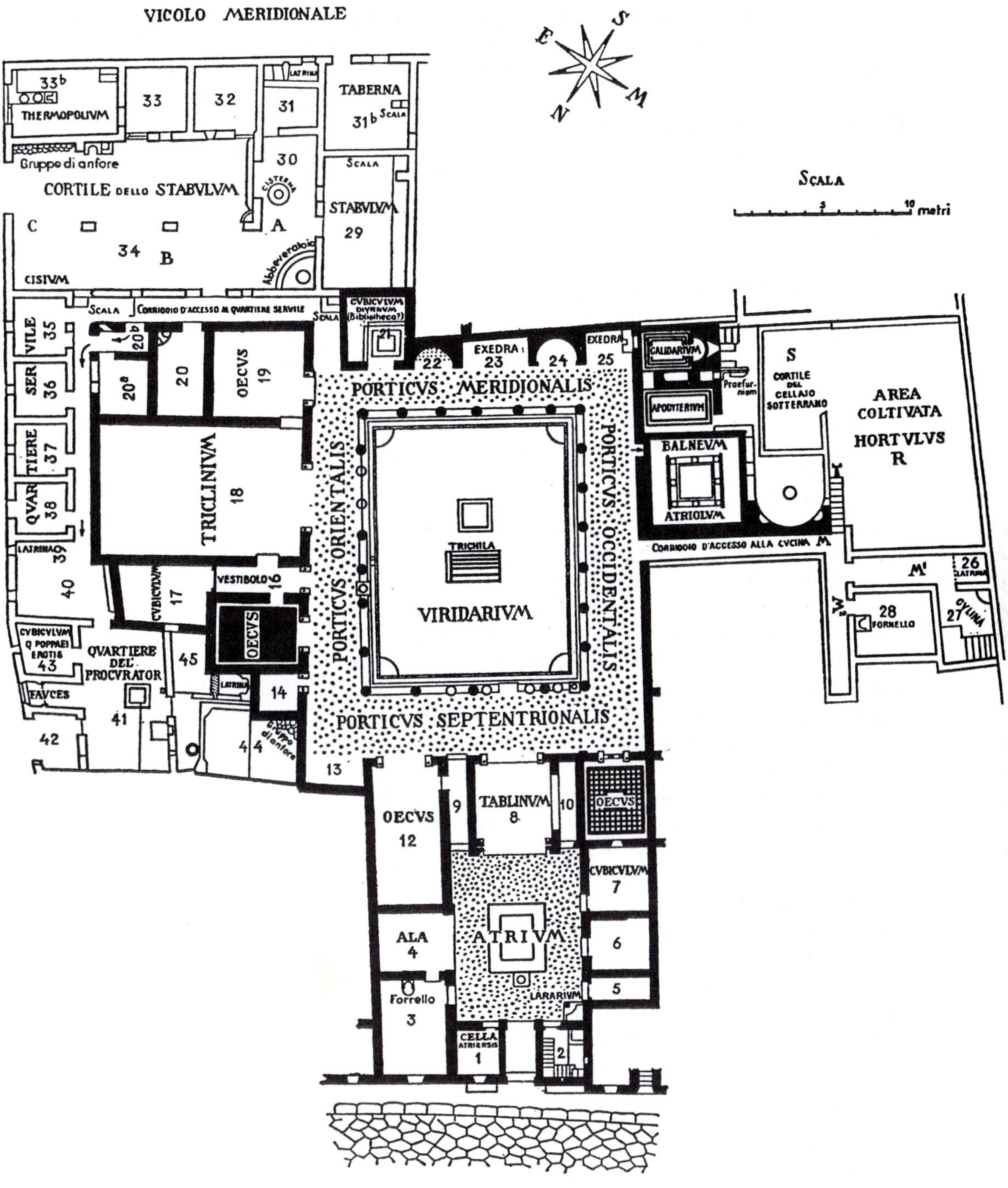

81 Pompeji, ›Haus des Menander‹, Grundriß (nach A. Maiuri)

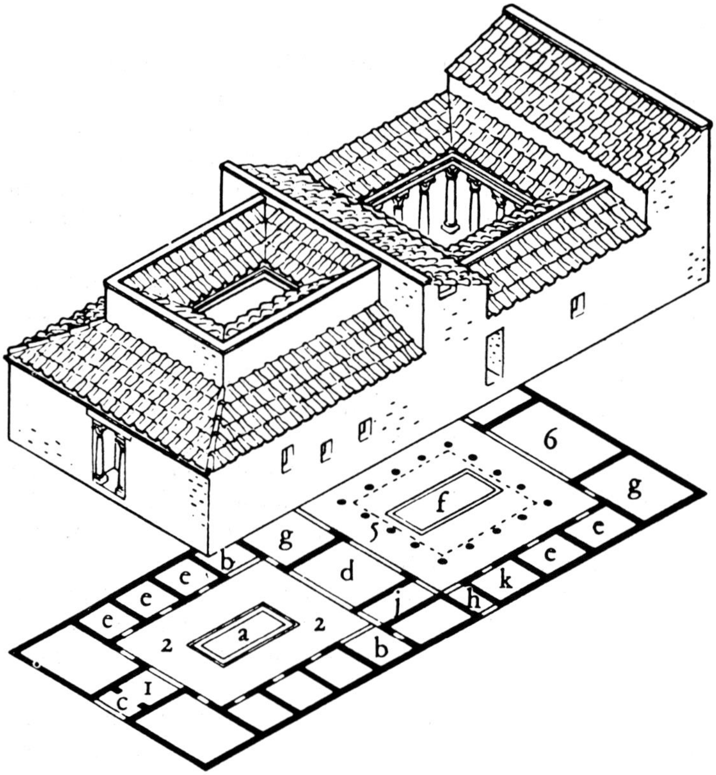

82 Römisches Hau[s]
typologisches Schema: Fauces (1[)]
Atrium (2), Peristyl (5), Exedr[a]
(6), Impluvium (a), Alae (b[)]
Vestibulum (c), Tablinum (d[)]
Cubicula (e), Piscina (f[)]
Triclinia (g), Nebenräume a[m]
Peristyl (h, k), Durchgangsraum ([j])

dachter Linien, der Nord-Süd- und der Ost-West-Achse (›decumanus‹ und ›cardo‹). Aus dem Lauf der Sonne ergibt sich in der Idealvorstellung das Straßenkreuz, von dem aus die Position der Stadttore festgelegt wurde. Bei römischen Kolonialstädten am Rhein war überwiegend das Achsenkreuz der planmäßig gegründeten Stadt vorgesehen; in Pompeji wurde dieses Bild durch eine Verdoppelung der Nord-Süd- und West-Ost-Achsen bereichert und auch durch die Anpassung des Rasterplans an ein hügeliges Gelände verunklärt. Doch bleibt das dominierende Straßenkreuz, das seit der römischen Besetzung Pompejis deutlicher artikuliert wurde – die West-Ost-Achse von der Porta Marina zur Porta Sarno, und die Nord-Süd-Achse von der Porta Vesuvio zur Porta di Stabia – unzweideutig erkennbar.

Nicht alle pompejanischen Häuser besitzen einen Innenhof, ein Atrium. Viele von ihnen bestehen aus einer kleinen Anzahl von Räumen, die keine besondere Zuordnung erkennen lassen. Dennoch ist bemerkenswert, mit welcher Hartnäckigkeit die Bewohner Pompejis am Typus des Atriumhauses auch unter schwierigen und beengten Umständen in vielfacher Ausprägung festgehalten haben. Orientieren wir uns hier am Idealfall, so bietet das sogenannte ›Haus des Menander‹ (genannt nach einer hier gefundenen Porträtbüste des Dramatikers) ein klassisches Beispiel, nicht zuletzt auch deshalb, weil sich hier die Entstehungsgeschichte des patrizischen Stadthauses in Pompeji besonders gut ablesen läßt (Abb. 81).

Der älteste Teil des Hauses liegt mit schmaler Front an der gepflasterten Straße, von deren Bürgersteig man zunächst in den von zwei Kammern flankierten Eingang gelangt. Der schmale Korridor führt unmittelbar in das zum Himmel offene Atrium, zu dem sich ringsum ein Kranz von Räumen öffnet; einer davon ist der Empfangsraum für die Gäste, das ›Tablinum‹ (8), das mit einem Vorhang vor fremden Blicken geschützt werden konnte. Jeder Hereintretende traf sogleich in der rechten Ecke des Atriums auf den Hausaltar der Familie, das ›Lararium‹. Es ist ein kleines Tempelchen, unter dem die Kultstatuetten ihren Platz hatten.

Der in sich geschlossene vordere Hausteil bildet den alten Kern der später weiter gewachsenen Anlage; seine Kalksteinmauern wurden in vorrömischer (samnitischer) Zeit zwischen 250 und 200 v. Chr. errichtet. Isoliert für sich selbst stellt er den klassischen Typus des Atriumhauses dar. Die schräg nach innen geneigten Pultdächer leiten das Regenwasser ab, das in Becken des Atriums aufgefangen und in eine Piscina abgeleitet wurde (Abb. 82). Sobald Pompeji in römischer Zeit durch ein Aquädukt mit von weit hergeholten Wassermassen versorgt wurde, kam den Stadtbrunnen und den privaten Piscinen nur mehr zweitrangige Bedeutung zu.

In römischer Zeit wurde das Haus beträchtlich erweitert und am Beispiel hellenistischer Villen in ein weitverzweigtes Anwesen verwandelt, das höchsten Ansprüchen genügte. Es gelang den Besitzern, die angrenzenden Grundstücke im Lauf der Zeit aufzukaufen und einen zweiten, noch größeren, von Säulen umstandenen Hof (Peristyl) an das alte Atriumhaus anzuschließen (Abb. 81). Der Säulengang umfaßte einen Garten, der die Natur in das Haus hereinholte. Nach Osten öffnet sich der herrschaftliche Raum des ›Tricliniums‹ (18), das mit seinen acht Meter hohen, freskierten Wänden das Speisezimmer der Familie abgab. Das Triclinium war umgeben von der Küche (19) und Vorratsräumen (20) und von den Zimmern der Sklaven (35-38) und des Aufsehers. Von hier gelangte man, durch eine Mauer vom Wohnbereich getrennt, in den rückwärtigen Teil des Hauses (A, B), zu dem Hof mit den Ställen für die Last- und Zugtiere (29), zur Wagenremise und zu den Werkstätten (31) der Handwerker. Ein kleiner Hausgarten lag gegenüber im Westen unmittelbar hinter den luxuriösen Räumen des privaten Bades.

Der herausgehobene Raum an der Rückseite des Peristyls (21, ›Cubiculum‹) war das Studierzimmer des Hausherrn mit Bibliotheksregalen, auf denen die Buchrollen lagen. Zurückgezogen und doch in einer alles überblickenden Position verbrachte hier der Hausherr seine Mußestunden. Die Wohlhabenheit der Familie äußerte sich nicht nur in dem Fund eines großen Silberschatzes, den die Ausgräber ans Tageslicht brachten, sondern auch in der künstlerischen Ausstattung des Hauses, den kannelierten Säulen des Peristyls, den Skulpturen und den Handschriften der Bibliothek.

Der rustikale, auf die landwirtschaftliche Produktion bezogene und weitgehend auf Selbstversorgung eingestellte Hintergrund dieses Familiensitzes wird sichtbar; möglicherweise hat die Familie auch eine ›villa rustica‹ neben ihrem Stadthaus besessen, sichtlich hatte sie Landbesitz zu eigen.

Das Haus, so erkennt man an den vielerlei Räumen unterschiedlicher Funktion, umfaßte den gesamten Lebensbereich, von den herrschaftlichen Wohnräumen bis hin zu den Stallungen, Remisen, Gärten und Bädern. Das Haus als ›Oikos‹ ist eine Welt in sich, eine – wie später L. B. Alberti gesagt hat – Stadt in der Stadt; ein höchstmöglicher Grad an Unabhängigkeit von der Außenwelt sollte erreicht werden, also weitgehende Autarkie.

Solchen und ähnlichen Patrizierhäusern stand die große Masse der Häuser einfacher Leute gegenüber, die zum überwiegenden Teil das Rechteckraster des Stadtareals aufgefüllt haben. Doch auch sie besitzen meist ein Atrium, wenn schon kein Peristyl. Pompeji kannte keine großstädtischen Mietshäuser; auch der ›kleine Mann‹ behielt sein eigenes Dach über dem Kopf.

Der römisch-germanische Kulturbruch

Unsere Wahrnehmung von Umwelt und Landschaft ist heute – kaum daß wir noch ein Bewußtsein davon haben – von der Künstlichkeit der vom Menschen gemachten Lebenswelt geprägt. Auch dort, wo Natur als Grün erhalten ist, sind die Bäume meist in Reihen gepflanzt. Hochgebirge und Heide sind die letzten Restflächen noch unberührter Natur. Während wir Menschen des 20. Jahrhunderts ein Stück ›natürlicher‹ Natur kaum noch finden, waren die Menschen des frühen Mittelalters mit der entgegengesetzten Erfahrung konfrontiert, nach einem Stück vom Menschen geschaffener Umwelt inmitten der weit ausgedehnten Wälder und Heiden erst suchen zu müssen.

Die von Wilhelm Winkelmann 1951 bis 1954 ausgegrabene sächsische Siedlung bei Warendorf in Westfalen war eine solche Insel der Zivilisation (Abb. 84, 85). Sie lag weit jenseits des Limes, jener zuletzt durch Caracalla 213 n. Chr. gezogenen, 259 aufgegebenen Grenzbefestigung der Römer. Im Land der Sachsen, Friesen, Dänen und Thüringer war die Siedlungsform der Römer, die Stadt, unbekannt. Während sich die Franken mit

83 Trier, Porta Nigra, um 300 n. Chr.

84 Warendorf (Westfalen), sächsische Siedlung, um 800, Modell (Ausschnitt)

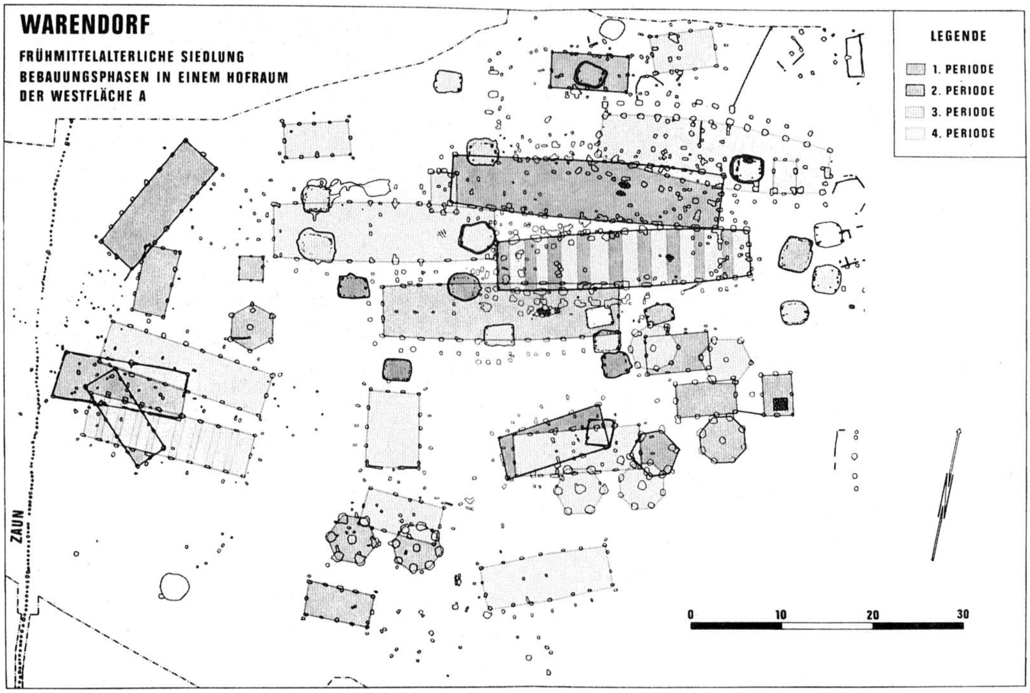

85 Warendorf, sächsische Siedlung, Teil der Ausgrabungsfläche (Westfläche A), vier Schichten

den Galliern und Provinzialrömern vermischt und die römischen, linksrheinischen sowie gallischen Städte in Besitz genommen hatten, entwickelten die anderen germanischen Stämme – sieht man einmal von größeren befestigten Handelsstationen und Fluchtburgen ab – keinen Sinn für die städtische Siedlungsform. Die germanischen Stämme waren von der bäuerlichen Wirtschaft geprägt. Eine von den Römern gegründete Stadt wie Trier oder Köln westlich des Rheins gab es in den Ländern der östlich des Rheins siedelnden Germanen nicht.

Die flache, norddeutsche Landschaft und die Mittelgebirge waren überdeckt mit Heide und Wäldern, die nur sporadisch von kleinen bäuerlichen Anwesen und Rodungen unterbrochen waren. Einige wenige Handelswege führten durch die Flußtäler und über die Höhen hinweg. Für den Fernkaufmann war es ein Ereignis, auf eine größere Niederlassung zu stoßen.

Um so einschneidender war der Eingriff des Bonifatius, der im 8. Jahrhundert die Friesen und Chatten missionarisch durch einen neuen Glauben herausforderte. Die einschiffigen Holzkirchen, die er zunächst auf der Amöneburg und in Fritzlar bauen ließ, wurden 744 durch eine im Format an der frühchristlichen Peterskirche in Rom orientierten, steinernen Basilika übertroffen, der Klosterkirche in Fulda. Was es für die benachbarten bäuerlichen Siedler bedeutet hat, dieser monumentalen Steinarchitektur gegenüberzustehen, ist heute kaum mehr nachvollziehbar. Zwei von gänzlich unterschiedlichen Traditionen gespeiste Kulturen trafen hier aufeinander. Deshalb ist es zwar eine große Vereinfachung, doch nicht weniger erhellend, wenn wir – über lange Zeiträume hinweg – eine römische Stadt wie Pompeji mit den sächsischen Gehöften aus dem 8. Jahrhundert n. Chr. konfrontieren. Darin spiegelt sich in der Essenz jener große Kulturbruch, der von der antiken Zivilisationshöhe Roms in die bäuerliche Welt der germanischen Stämme Mitteleuropas führte.

Der Machtverfall Roms brachte den germanischen Bauernstämmen, den – wie Tacitus sagt – ›Barbaren‹, die Rolle der geschichtsbestimmenden Macht ein. Doch hatten sich bereits seit dem 5. Jahrhundert einige der germanischen Stämme die römische Kultur angeeignet und damit über die Römer gesiegt: die Ostgoten nahmen das oströmische Reich mit Konstantinopel in Besitz, die Franken ganz Gallien und die Langobarden große Teile Italiens. Im 8. Jahrhundert veränderte sich die Machtkonstellation: Nicht Römer und Germanen standen sich gegenüber, sondern jene von Rom bereits geprägten Germanen wie die Franken, und andererseits die von Rom unberührt gebliebenen Stämme Norddeutschlands, die Friesen und die Sachsen.

87 Aachen, Pfalzkapelle Karls des Großen, um 800

86 Lorsch, Torhalle des Benediktinerklosters, spätes 8. Jh.

So auch sollte man den Holzhütten der Warendorfer Siedlung die von römischen und oströmisch-byzantinischen Vorbildern geprägte Pfalzkapelle Karls des Großen in Aachen gegenüberstellen (Abb. 87), die antikisierende Torhalle des Klosters Lorsch (Abb. 86) und die ionische Säulenordnung der Fuldaer Basilika. Dieser kulturelle Kontrast bezeichnet die tatsächliche historische Konfrontation zwischen Sachsen und Franken.

Karl der Große und die ›Renovatio Imperii‹

Wie Bonifatius die irisch-schottische Mönchskirche außer Kraft setzte, indem er sich auf die römische Kirche bezog, berief sich auch Karl der Große (742-814) zur Legitimation seiner weltlichen Macht auf das Rom der Cäsaren. Der imperiale Anspruch Karls ließ sich mit dem Verweis auf das Vorbild des römischen Imperiums absichern. Die Jahrhunderte der Völkerwanderung ignorierend, den tiefen Kulturbruch zwischen Rom und Germanien überbrückend, behauptete Karl die von ihm selbst gesetzte Kontinuität eines fränkisch-römischen Kaisertums und damit eines neuen Imperiums. Die deutschen Erben Karls, die ottonischen, salischen und

88 Aachen, Pfalzkapelle Karls des Großen, Bronzetore, um 800

staufischen Kaiser haben seitdem immer wieder die ›Renovatio Imperii‹ – die Erneuerung des Reiches – beschworen und ihre Politik an der imperialen, völkerübergreifenden Reichsidee ausgerichtet. (Unabhängig von solcher Rom-Tradition dagegen haben sich seit dem 12. Jahrhundert Frankreich und England vorläufig unter Verzicht auf imperiale Nachahmungszwänge als Königreiche zu durchorganisierten Nationalstaaten entwickelt.)

Die Abzeichen der imperialen Macht, wie sie Karl und seine Hofkanzlei erfanden, waren die klassischen römischen Formeln von Kunst und Architektur. Die korinthischen Säulen, mit denen er das Innere der Aachener Pfalzkapelle schmücken ließ (Abb. 87), waren aus Italien importiert. Der Ornat seiner Bauten waren die klassizistischen Elemente der Säulenordnungen und Gebälke, waren die bronzenen Tore mit Perlstab und Palmettenfries (Abb. 88), waren die Halbsäulenordnungen der römischen Architektur (Torhalle Lorsch), war auch die neue Schrift, die klassische Antiqua, die an die Stelle der iro-schottischen Buchschriften trat, waren schließlich die in wehende, antike Gewänder gekleideten Heiligen der karolingischen Buchmalerei. Die Pfalz von Ingelheim war mit ihren Säulengängen und Exedren eine interessante Mischung von römischer Villen- und Thermenarchitektur. Und der Kanzler Karls, Einhart, ließ ein Reliquiar anfertigen, das die Form eines verkleinerten römischen Triumphbogens besaß.

Solche Rückgriffe auf das Vorbild der Antike hat es im Mittelalter immer wieder gegeben. Karl der Große, der die fränkisch-germanischen Traditionen zwar nicht leugnete, gleichzeitig jedoch römisch orientiert war, die römischen Forminsignien übernahm und sein Reich mit den neuen, steinernen Monumenten seiner Macht, mit Kirchen und Pfalzen, besetzte, sah sich von den Sachsen bedroht, die von Norden und Osten die Grenzen des Reiches gefährdeten.

Das Stammland der Sachsen war die norddeutsche Tiefebene bis an die Nordsee heran. Im Laufe des späten 7. und des 8. Jahrhunderts waren sie nach Süden in die fränkischen Länder vorgestoßen und hielten das heutige Westfalen bis an die Lippe, dann weiter bis an die Ruhr und schließlich fast bis zum Rhein besetzt.

Die Siedlung bei Warendorf war eine jener sächsischen Niederlassungen, die in dem von den Franken beanspruchten Gebiet standen. Sie hat seit dem endenden 7. Jahrhundert bis um 800 existiert, war seitdem von Menschen verlassen und verfiel. Der Ausgräber hat vermutet, daß die Bewohner der Siedlung von den Franken nicht nur unterworfen, sondern auch deportiert worden sind.[11] Die Siedlung Warendorf, die von keinem Feuer zerstört wurde, deren Siedlungsgeschichte dennoch plötzlich abbricht, legt womöglich ein historisches Zeugnis für jenen Krieg ab, den Karl der Große mit besonderer Heftigkeit gegen die Sachsen geführt hat und die er schließlich unterwarf, um damit die Reichseinheit auch östlich des Rheins zu sichern.

Die Ausgrabung einer sächsischen Siedlung – Warendorf

Von der frühmittelalterlichen Wohnarchitektur hat man bis heute nur eine vage Vorstellung. Der Grund dafür liegt in der Holzbauweise, die in den nördlichen Ländern jahrhundertelang angewendet wurde und deren Haltbarkeit begrenzt ist.

Auch über frühmittelalterliche Siedlungen lassen sich nur wenige Aussagen machen. Anhaltspunkte können hierzu archäologische Ausgrabungen liefern, die in der Regel jedoch nur eine topographische Fixierung ermöglichen. Um so bedeutender ist es, daß bei Ausgrabungsarbeiten in der Nähe von Warendorf große Teile einer sächsischen Siedlung entdeckt werden konnten. Der Ausgräber Wilhelm Winkelmann wendete ähnlich wie auch später de Lumley bei der Freilegung der vorgeschichtlichen Hütten an der Küste von Nizza eine neuartige Ausgrabungsmethode an: Er suchte nach charakteristischen Erdverfärbungen, die den Grundriß eines Holzhauses markieren, nach den dunklen Verwitterungsspuren der Holzpfosten, die in das Erdreich hineingesenkt worden waren (Abb. 89, 90). Die Grabungskarte besteht einzig aus den Punkten der Pfostenlöcher, die innerhalb von vier Bauperioden entstanden sind. Winkelmann hat sich nicht nur auf die Ausgrabung eines Einzelhauses konzentriert, sondern einen großen Teil der gesamten Siedlungsfläche abgehoben, so daß die Rekonstruktion eines sächsischen Dorfes möglich wurde. Auf einer Fläche von 26 000 Quadratmetern fand er die Bodenspuren von insgesamt 186 Bauten.

Überraschend war die Vielzahl unterschiedlicher Hausgrundrisse (Abb. 90); neben den fünfundzwanzig großen Wohnbauten mit Herdstellen kamen siebzig in die Erde gesenkte Grubenhäuser, vierzig kleinere Rechteckhäuser, fünfundzwanzig sechseckige, drei achteckige und runde oder halbrunde Gehege aus Einzelpfosten zum Vorschein. Die verschiedenen Haustypen entsprachen offenbar verschiedenen Funktionen. Die kleineren Rechteckhäuser sind zumeist als Wirtschaftsgebäude, als Scheunen oder Ställe genutzt worden. Ein großer Teil der Grubenhäuser war zeitweilig Spinn- und Webkammer, da sich im Untergrund Spinnwirtel und Webgewichte fanden. Die aus schweren Pfosten gebildeten Achteck- und Sechseckstrukturen waren offene Holzgerüste, die als Speicherroste für Getreide- oder Heuberge genutzt wurden. In kleineren Bauten mit einfachen Pfostenreihen fand man die Herdstelle der Schmiede.

Die auffälligste Gebäudeform waren die bis zu neunundzwanzig Meter langen und bis zu sieben Meter breiten Wohnhäuser. Ihre Grundrisse zeichnen sich durch eine leichte, schiffrumpfförmige Ausweitung und durch die doppelt gestellten Pfostenreihen aus. Die äußere Pfostenreihe stand schräg und lief als Strebenfolge gegen das Dach auf. Die inneren Pfosten bildeten das Gerüst des Hauses, auf dem der Dachstuhl aufsaß. Das Dach war mit Stroh, Heide oder Schindeln gedeckt. Die Außenwände wurden aus Lehmfüllungen zwischen den Pfosten gebildet. Der Eingang des Hauses befand sich in der Mitte der Längsseite, wo die Pfostenspuren eines Vordachs sichtbar geblieben waren. Dem Eingang gegenüber wiederholte sich der – nun geschlossene – Anbau, eine erkerartige Ausbuchtung, die den Rahmen für einen Ehrensitz abgab.

Die gesamte Ansiedlung bestand aus vier bis fünf Gehöften, zu denen die einzelnen Bauten gehörten. Sie war durch einen Palisadenzaun nach außen abgegrenzt; dieser markierte das Siedlungsgebiet als Rechtsbereich der Anwohner und schützte die Siedlung vor dem eindringenden Wild. Einen Verteidigungscharakter hatte der Zaun jedoch nicht. Nicht jeder einzelne Hof war durch einen eigenen Zaun gegen den Nachbarn abgegrenzt, sondern die Siedlung insgesamt war von einer gemeinsamen Palisade nach außen eingefaßt. Allein am westlichen Rand des Grabungsareals fanden die Ausgräber die Pfostenreste der Eingrenzung. (Unsere Modellrekonstruktion – Abb. 84 – geht nicht in allen Einzelheiten exakt auf die Ausgrabungsergebnisse ein, sondern versucht, an deren Befund eine verkleinerte Variante der Siedlung darzustellen.)

Bäuerliche Siedlungen wie die von Warendorf mit den ringsum liegenden Feldern bildeten die Kulturinseln, die entweder seit der germanischen und keltischen Frühzeit bereits bestanden oder als Rodung den Waldgebieten abgewonnen worden waren: die Dorfnamen, die mit der Silbe ›rod‹ enden, weisen auf derartige Rodungen im Frühmittelalter zurück.

Die Entstehung der Städte

Seit dem 10. Jahrhundert, zunehmend im 12. Jahrhundert sind in Deutschland zahlreiche Stadtgründungen nachweisbar. Vorbedingung für die Entstehung der Städte war die sich entwickelnde Arbeitsteilung, die den Stadtbürger – im Unterschied zum Bauern – zum Spezialisten machte und ihm eine besondere Ausbildung abverlangte. Städtische Kultur basiert seit den ersten Städten Sumers auf Arbeitsteilung, die eine Konzentration der Bevölkerung auf engem Raum möglich und gleicherweise notwendig machte. Der Gütertausch stellte die Grundvoraussetzung für die Versorgung der Stadtbevölkerung dar; den Warenverkehr garantierten die Kaufleute. Die Liaison von Handwerkern und Kaufleuten war die Essenz jener gesellschaftlichen Differenzierung, die den Stadtbürger vom Bauern unterschied.

Kleinere, stadtähnliche Siedlungen waren rechts des Rheins schon im Laufe des 11. Jahrhunderts entstanden. Sie entwickelten sich häufig aus den Burggründungen der Ottonenkaiser, wie etwa Magdeburg unter Otto I., oder sie entstanden vor den Toren der Dynasten- und der Bischofsburgen. Im 11. und 12. Jahrhundert bildeten sich mit wachsender Schubkraft die ersten mittelalterlichen ›Großstädte‹ auch in jenen Ländern, die von der römischen Stadtkultur zunächst unberührt geblieben waren. Goslar,

89 Warendorf, Grabungsfläche mit Pfostenlöchern (Grabungsfläche B, Haus 2)

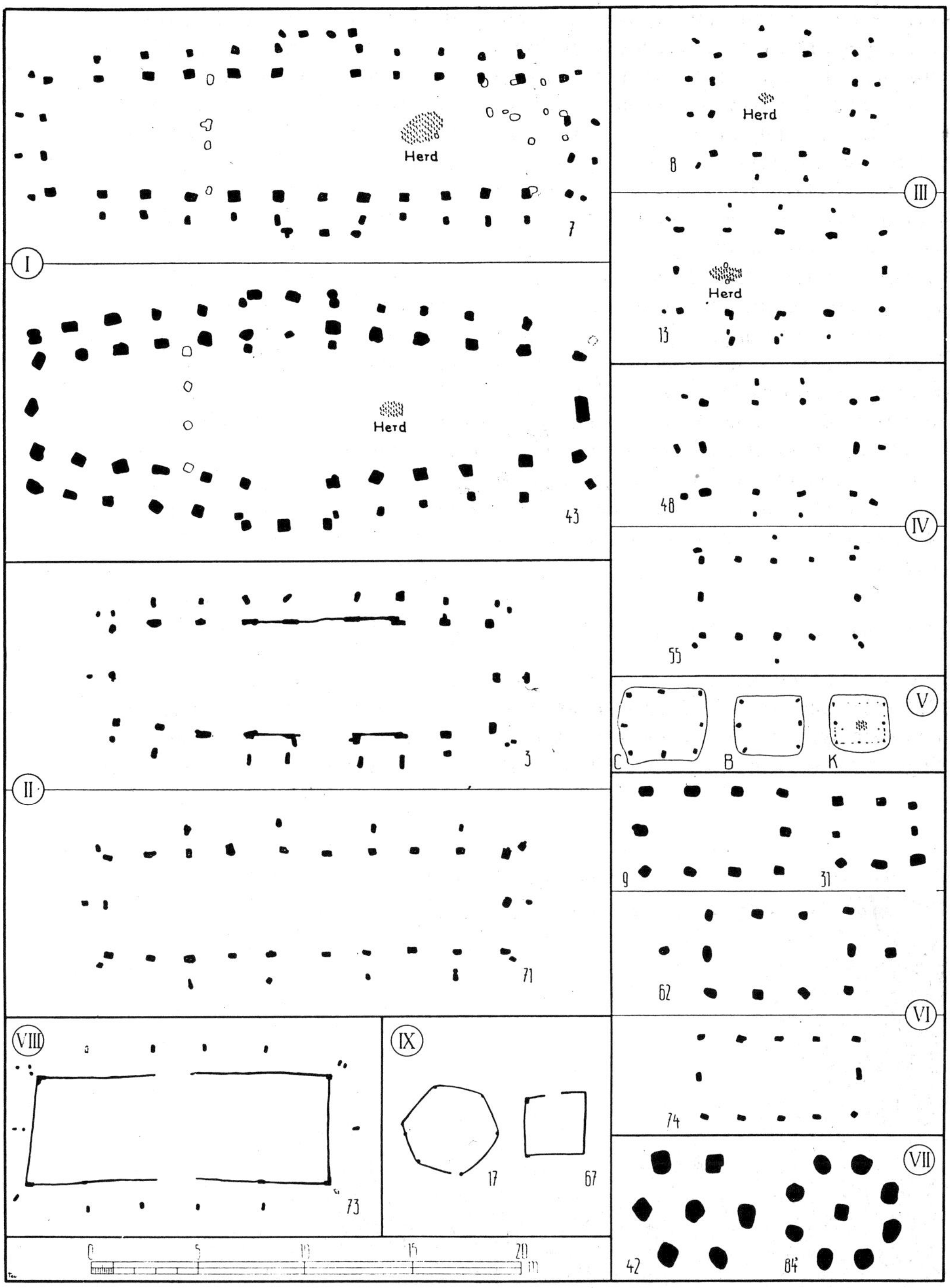

90 Warendorf, sächsische Siedlung, Grundrisse der ergrabenen Haustypen

Magdeburg oder Bremen wuchsen zu befestigten Städten heran, in denen sich die ansehnliche Zahl von bis zu fünftausend Bürgern konzentrierte. Großstädte wie Köln oder Paris hatten um 1200 bereits ca. 25 000 Einwohner.

Mit der aufkommenden Stadtkultur entstanden neuartige Bauaufgaben, die eine Konzentration von vielfältigen städtischen Bautypen zur Folge hatten. Die Befestigungswerke Mauer und Tor wie auch die Brücken, die links des Rheins die römischen Städte bereits besaßen, wurden nun auch zu den Abzeichen städtischen Selbstbewußtseins in den germanischen Ländern. Seit dem ausgehenden 12. Jahrhundert nahm die Vielgestaltigkeit der Bautypen schlagartig zu: neben Wohnhaus und Kirchenbau kamen das Rathaus, die Kaufhalle, die Zunfthäuser, das Hospital und – seit dem Aufkommen der Bettelorden im ersten Drittel des 13. Jahrhunderts – die Stadtklöster und die Bildungsanstalten hinzu. Die Stadt mit ihren verschiedenen Bauten wurde zu einem multifunktionalen Komplex, zur bewußt gestalteten Umwelt. Erste Verordnungen zur Stadtgestaltung sind aus dem beginnenden 13. Jahrhundert überliefert (Siena, Florenz). Die Bürger wurden sich der Schönheit ihrer Stadt bewußt. Die künstlich geschaffene, gebaute Umwelt wurde, nicht anders als zu Zeiten Roms, zum Werk der Stadtbaukunst und sollte – wie die mittelalterlichen Urkunden in vielfältigen Wendungen wiederholen – nicht nur Gott, sondern auch der Kommune zur Ehre gereichen.

Trier

Es wäre verfehlt, die gültige Siedlungsform des Frühmittelalters allein in der altgermanischen Hofansiedlung erkennen zu wollen, wie sie östlich des Rheins üblich war. Die Franken lebten in Gallien und am Rhein auch in Städten, die noch von den Römern gebaut worden waren, in Köln, Worms, Mainz und Trier. Unter Augustus gegründet, war Trier von Diokletian nach dem Germaneneinfall der Jahre 275/276 n. Chr. zu einer der vier Hauptstädte des römischen Weltreiches erhoben worden.

Kaiser Konstantin ließ die noch ungeschützte Stadt durch einen 6418 Meter langen Mauergürtel – mit der Porta Nigra (Abb. 83) – umschließen. Das Stadtareal dehnte sich auf 285 Hektar aus (Abb. 91); Trier wurde in der westlichen Reichshälfte an Größe nur von Rom übertroffen. Die Bevölkerungszahl hat etwa 60 000 Einwohner betragen. Mit seinen Thermen, dem Amphitheater, der Aula und den frühchristlichen Kirchen, seinen siebenundvierzig Mauertürmen und seinen monumentalen Toranlagen, der Moselbrücke und den nahen Speichern, mit seinen Villen vor den Toren der Stadt und seinen Memorialkirchen im Moseltal muß es einen nördlich der Alpen einzigartigen Anblick geboten haben.

Trier war als Kaiserresidenz und als Sitz des Präfekten von ganz Gallien und Britannien, der von Konstantin 317/18 eingesetzt worden war, jene nordalpine Stadt, »wo zum erstenmal von der bodenständischen Bevölkerung, einem keltisch-germanischen Mischvolk, auf römische Veranlassung der für die kulturelle Weiterentwicklung so bedeutsame Schritt von der dörflichen Gemeinschaft zur städtischen Lebensweise getan«[12] wurde. Als ein Kulturzentrum besonderen Ranges bot Trier bis hin zur Auflösung des römischen Weltreiches ein bevorzugtes Angriffsziel für die von jenseits des Rheins eindringenden Germanen. In der ersten Hälfte des 5. Jahrhunderts wurde die Stadt viermal erobert und verwüstet, 451 wurde Trier von Attila eingenommen. Um 475 schließlich wurde Trier in das fränkische Königreich einbezogen. Ausgrabungen zeugen von dem Untergang dieser ersten Stadtblüte: »Eine zwei bis acht Zoll hohe Aschenlage breitet sich überall im Stadtgebiet über der letzten römischen Fundschicht aus.«[13] Diese Aschenschicht, die unter sich die römische Stadt begrub und Grundlage wurde für eine völlig neue Siedlungsform, wurde zum Gleichnis für einen Kulturbruch, der die schachbrett-

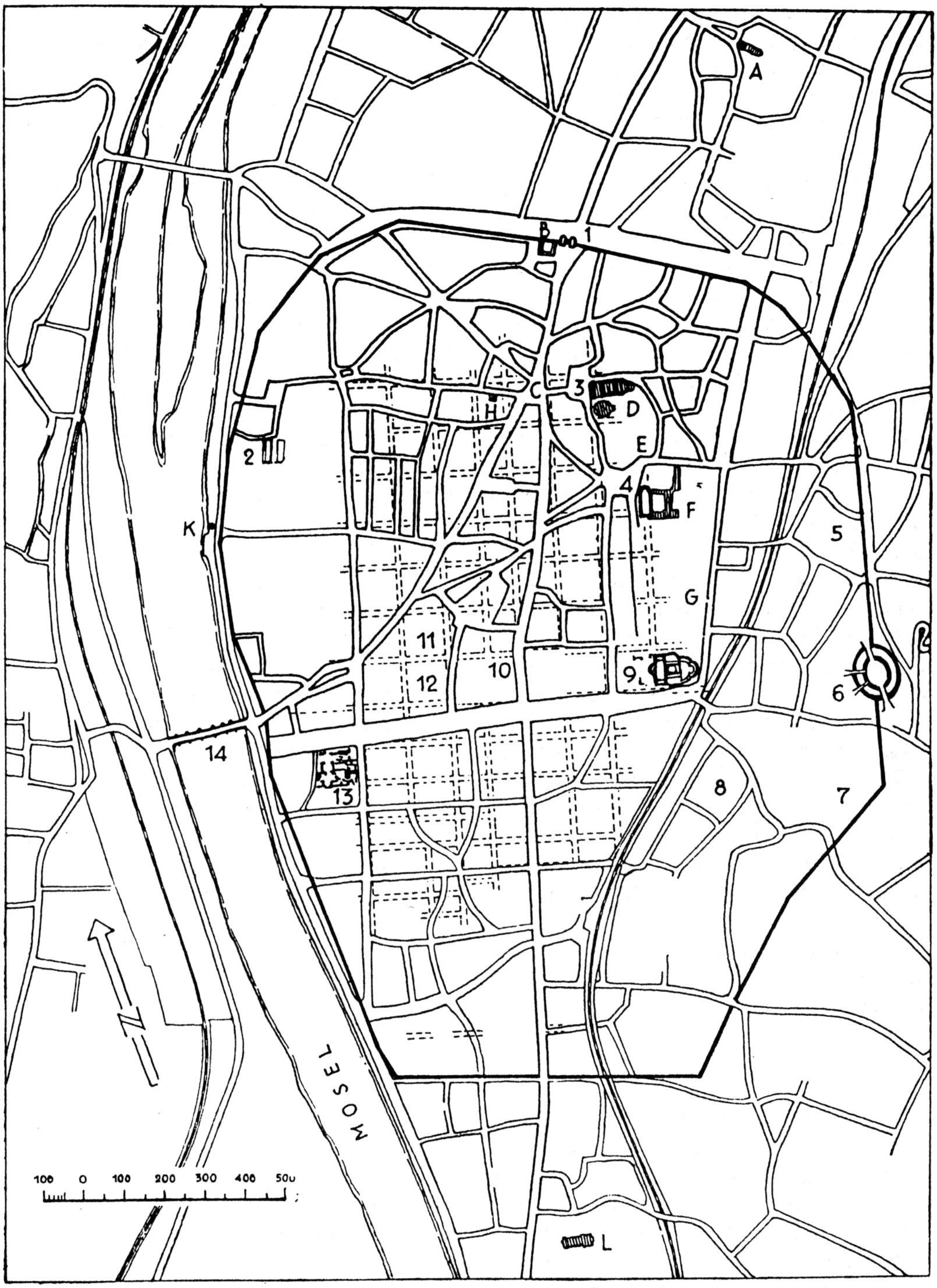

91 Trier, Raster der römischen Stadt (gestrichelt unter dem mittelalterlichen Straßenplan)

mäßige Struktur der römischen Stadt zerfallen ließ. »Das merowingische Trier sah ganz anders aus. An Stelle der geschlossen überbauten Fläche der Römerstadt ist eine Fülle von locker verstreuten Einzelsiedlungen verschiedener Bestimmungen getreten. Die Kultstätten erhoben sich nach und nach wieder auf alter Stelle, weit verstreut über die riesige Fläche der Römerstadt und ihre nächste Umgebung. In den Ruinen der römischen Staatsbauten setzten sich die Vertreter der weltlichen Macht fest. Die gewaltigen Mauerreste wurden zu Pfalzen und festen Häusern umgewandelt als Mittelpunkt ausgedehnter Hofgüter, an die sich fränkische Dörfer anlehnten. Einen großen Teil der einst überbauten Fläche nutzte man nun zu landwirtschaftlichen Zwecken. Wohl stand die römische Stadtmauer zum großen Teil aufrecht, sie wird ausdrücklich noch im 9. Jahrhundert von Alkuin und dem Mettlacher Abt Remigius erwähnt; es fehlte aber eine ausreichende Bevölkerung, um sie im Falle der Gefahr wirkungsvoll zu verteidigen. Der Unterschied zwischen der Stadt und der Kulturlandschaft außerhalb ihrer Mauern ist verwischt. (...)

Aus der architektonisch geschlossenen römischen Flächenstadt ist eine Kirchen- und Klosterlandschaft hervorgegangen, die sich im Moseltal auf einer Länge von über 4 km hinzog.«[14]

Der zu großen Teilen von Bauten entleerte Mauerring verländlichte wieder, wie überhaupt die germanischen Stämme wenig Neigung zeigten, ihre bäuerliche Siedlungsweise aufzugeben. Ein römischer Kommentator, Ammianus Marcellinus, hat von den Germanen gesagt, daß ihnen die Städte wie »vergitterte Gräber« erschienen seien, eine Äußerung, die zumindest auf die Germanen des 4. und 5. Jahrhunderts durchaus zutraf. Der Gegensatz zwischen der bäuerlichen, naturnahen und der städtischen Siedlungsform kann kaum schärfer zum Ausdruck gelangen. Er hat auch das 5. Jahrhundert, das Jahrhundert der merowingischen Reichsgründung, bestimmt.

Einzelne Siedlungsbezirke Triers, wie der spätantike Dombereich, blieben auch unter der Merowingerherrschaft erhalten, wie überhaupt die ihrer politischen Bedeutung weitgehend beraubte Stadt als religiöses Zentrum weiterbestand. Herausragende, bedeutsame Teile der Stadt – der Dombezirk, die Moselbrücke und die Porta Nigra – blieben die Orientierungspunkte, zu denen, quer durch die Stadt, die neu entstehenden Wege führten, die sich als ein lockeres Muster, Trampelpfaden ähnlich, über das strenge Raster des ehemaligen römischen Straßensystems legten (Abb. 91). Das die kürzesten Verbindungen suchende Wegenetz, einem schlecht gewebten Spinnennetz vergleichbar, bereitete bereits die Straßenführung des mittelalterlichen Trier vor. Eine neue Welt entstand, die weitgehend die Kulturhöhe der vergangenen römischen Metropole ignorierte und der römischen Organisation einer Stadt wie auch deren architektonischer und stadtplanerischer Materialisierung keinen Sinn mehr abgewann. Während sich unterschwellig in den Bereichen der Rechtsfindung und der Verwaltung deutliche Spuren einer Kulturkontinuität ausmachen lassen, tritt doch der Kulturbruch im Kontrast zwischen römischen und fränkischen Siedlungsformen deutlich hervor. Das Europa des Mittelalters ist auf den Ruinen Roms erbaut.

Doch ging dieser Ablöseprozeß der Kulturen keineswegs ungehindert und kontinuierlich vonstatten. Eine erneute Herausforderung der sich langsam konsolidierenden Welt des karolingischen Europa ging wiederum von einem germanischen Stamm aus, der nach den Sachsen auf den Plan trat und viele der neu entstandenen Siedlungszentren zerstörte: von den in Dänemark ansässigen Normannen. Trier wurde von ihnen 882, möglicherweise schlimmer als vormals von den Franken, geplündert und zerstört.

Im 10. Jahrhundert hat sich die Stadt schnell erholt (Abb. 92). Doch war es nun nicht mehr eine von Streusiedlungen zerstückte Stadt, die sich zwischen Siedlungssprengseln und Feldern innerhalb der ausge-

92 Trier im 11. Jahrhundert

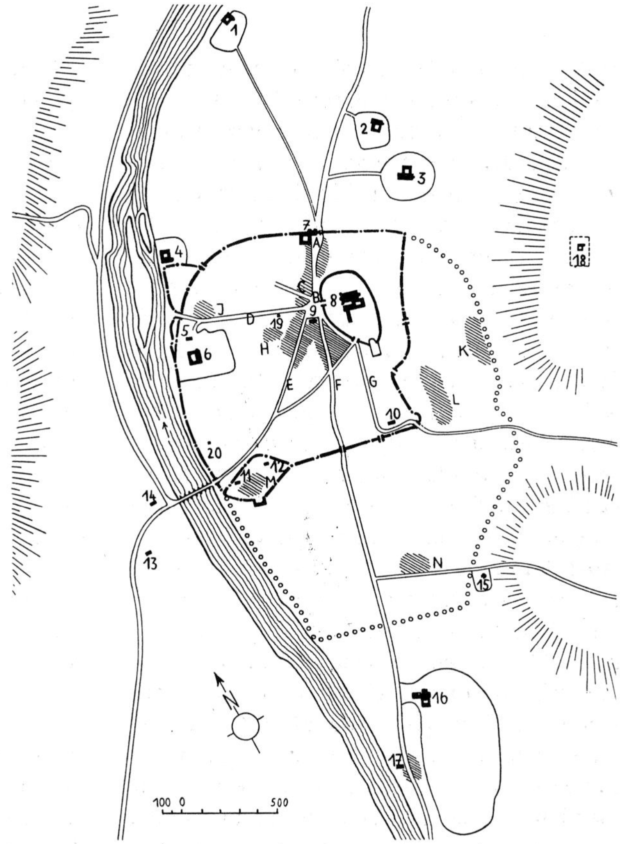

dehnten Mauer aufzulösen drohte, sondern statt dessen konzentrierte sich der nunmehr ottonische Stadtbezirk auf die nordwestliche Fläche des umwallten Areals, wo der Dom und die Liebfrauenkirche das Zentrum bildeten. Der Sitz des Bischofs wurde als kirchlicher Hoheitsbereich (Domimmunität) von Erzbischof Ludolf (994-1008) mit einer eigenen Mauer umgürtet (8). Unmittelbar vor dem Tor der Domimmunität entstand der Hauptmarkt (B) mit den Bürgerhäusern, die bis an die Porta Nigra heranreichten und die vom Markt ausstrahlenden Straßenzüge säumten. Weitere Siedlungsschwerpunkte bildeten der Bereich in und um die römischen Barbarathermen und das aus dem römischen Speicher sich entwickelnde Ören (3) gegenüber den Kirchen St. Paul und St. Irmin. Seit dem beginnenden 12. Jahrhundert ist die Bischofsstadt Trier aus dem römischen Mauerring durch einen neuen Wall ausgegrenzt worden, ohne die Siedlungen Musil (K), Castil (L) und Bergentheim (N) miteinzuschließen. Damit hatte die ottonische Bischofsstadt zu einer konzentrierten Form gefunden, die sich gegenüber der gestreuten Frankensiedlung nach innen hin gefestigt und auch be-festigt hatte. Es scheint, als habe der Außendruck der ganz Europa gefährdenden Normannen zu einer solchen städtischen Konzentration und zu einer Verdichtung der sich neu befestigenden Städte beigetragen. Erst jetzt, mit dem beginnenden 12. Jahrhundert, hat Trier wie viele andere europäische Städte jene urbanen Qualifikationen wiedererlangt, die es doch durch die Römer in großartiger Form bereits besessen hatte: Mauern und Tore. Doch hat die geschrumpfte Bevölkerung die über sechs Kilometer weit gezogene römische Mauer auch im 12. Jahrhundert nicht mehr verteidigen können. Das mittelalterliche Trier hat die Größe der römischen Metropole nicht wieder erreicht (Abb. 91).

Mittelalterlicher Kirchenbau

Der Dom zu Speyer

Der von der salischen Kaiserdynastie erbaute Dom St. Maria und St. Stephan in Speyer ist das größte romanische Bauwerk auf deutschem Boden und war im 11. Jahrhundert die größte Kirche ihrer Zeit. 1030 von Kaiser Konrad II. begonnen und von Kaiser Heinrich III. 1061 eingeweiht, galt der Dom schon im Mittelalter als Symbol des deutschen Kaisertums und diente auch nach dem Erlöschen des salischen Geschlechtes den Staufern und noch den ersten Habsburgern im 12. und 13. Jahrhundert als Grabstätte. Mit einer Deutung der besonderen Eigenschaften dieses am linken Ufer des Rheins gelegenen Doms (Abb. 94) konzentrieren wir den Blick auf ein einzelnes Gebäude, dessen architekturgeschichtlicher Rang die bauanalytische Akzentsetzung verdient (Abb. 93, 95).

Schon der unter Kaiser Heinrich III. nahezu vollendete erste Bau war mit seinen gewölbten Seitenschiffen (Abb. 96) und einem von einer flachen Holzdecke geschlossenen Mittelschiff (Abb. 97) von eindrucksvoller Dimension. In einem zweiten Schritt erhielt der Dom unter Heinrich IV. seine monumentale Einwölbung, ab etwa 1081 wurde das gesamte Querhaus mit seinen Kreuzrippengewölben wie auch die Choranlage völlig neu errichtet; die epochemachende Entwicklung des ›gebundenen Systems‹ entstand ebenfalls in dieser zweiten Bauphase. Als Kaiser Heinrich IV. 1106 starb, war der Bau noch nicht ganz fertiggestellt, doch schon jetzt hatten die Zeitgenossen einen Raum vor Augen, der von allen bisherigen Sehgewohnheiten abwich (Abb. 98). Nicht nur die Größe des Lang- und Querhauses überbot alles Bisherige. Das Gewölbe des Mittelschiffs, ja schon

93 Speyer, Dom, 1030-ca. 1130, Modell
94 Speyer, Dom, Ansicht vom Rhein

95 Speyer, Dom, 1030 - ca. 1130, Modell

die früher fertiggestellten Gewölbe der Seitenschiffe hatten solch ausgreifende Maße, daß die bis dahin üblichen Holzdecken, die nach oben die Kirchenräume abschlossen, als Harmlosigkeit erscheinen mußten. Es waren diese Wölbungen, die den Architekten und Bauleuten nicht nur ein neues technisches Können, sondern auch neue Formideen abverlangten. Am deutlichsten wird das Ausmaß der Neuerung, wenn wir eine Basilika des Frühmittelalters mit dem Speyerer Dom vergleichen. Das karolingisch-ottonische Oberzell auf der Reichenau (um 1000) gleicht im Wandaufbau (Abb. 99) noch immer dem mehrere Jahrhunderte früher entstandenen S. Apollinare Nuovo in Ravenna (um 490) (Abb. 100). Die Mittelschiffe beider Kirchen werden aus einer langen Reihe einfacher Säulen gebildet. Aus der glatten, ungegliederten Fläche der Wand sind die Bogenläufe, die Arkaden, ausgeschnitten. So wurde es möglich, die langgestreckten, relieflosen Wandflächen mit Bildern, einem Teppich gleich, zu überziehen. In Ravenna sind dies ausgedehnte Mosaiken an beiden Seiten des Mittelschiffs, vom Eingang bis zum Chor in einer geschlossenen Reihe hinschreitende Heilige; in Oberzell großformatige Fresken, die sich ungestört aneinander anschließen und die gesamte Wand bis unter die flache Holzdecke, von West nach Ost, bedecken.

In Speyer hingegen ist die Wand gegliedert und in Abschnitte unterteilt. Allein unter den Fenstern sind schmale, von den seitlich aufsteigenden Abstufungen und Halbsäulenvorlagen herausgeschnittene Wandfelder übriggeblieben. Die Wand ist nicht mehr flächig glatt, sondern durch eine Vielzahl von Vorlagen und Gliedern in ein stark rhythmisiertes Relief verwandelt: ein neuer Eindruck! (Abb. 98, 101)

An die Stelle lang hinziehender, horizontal ausgedehnter Wandflächen ist eine Folge steiler Bogenfelder getreten, die den Wandaufriß energievoll vertikalisieren: alle diese Vertikalelemente führen als Vorlagen und Halbsäulen in das Hochschiff hinauf, umrahmen das Fenster des Obergadens oder bilden

96 Speyer, Dom, Seitenschiff, ab 1030

Der Dom zu Speyer

die Stützen für die herabführenden Bögen des Gewölbes. Vom Gewölbe her läßt sich auch der Sinn des komplizierten Wandreliefs ermitteln: die dunklen Bogenläufe des rot herausstechenden Sandsteins steigen aus den Wandvorlagen auf, so daß ein geschlossenes System entsteht zwischen den Gliederungen der senkrechten Wand und den herübergreifenden Gewölben.

Ein zweiter Blick verdeutlicht, daß es die besonders stark hervortretenden, das Mittelschiff überspannenden Jochbögen sind,

97 Speyer, Dom, Langhaus und Chor des ersten Baus, ab 1030, Rekonstruktion

98 Speyer, Dom, Langhaus, 1030, Umbau ab 1082

101 Speyer, Dom, Aufriß des Langhauses, zweiter Bau, ab 1082 (rechts)

denen an der Wand die besonders stark gegliederten, dreiteiligen Vorlagenbündel entsprechen; hier ist es vor allem die hoch ausgezogene, mit einem schweren Schaftring versehene Halbsäule, die sich gegen die schlank gestreckten, dünnen Halbsäulen der Zwischenarkaden dramatisch abhebt. Sie spielt eine herausragende Rolle, weil ihr die besondere Aufgabe zukommt, den quer herüberlaufenden Sandsteinbogen zu tragen. So gliedert sich das gesamte Langhaus, von Bogen zu Bogen und Halbsäulenvorlage zu Halbsäulenvorlage, in herausgehobene Kompartimente auf, die Joche genannt werden. Jedes Joch des Langhauses umfaßt zwei Pfeilerarkaden. Das Vor und Zurück der schweren und der schlankeren Halbsäulenvorlagen bewirkt einen starken Rhythmus, der sich im Gewölbe in den ruhigen Takt der nacheinander ausgespannten Kreuzgratgewölbe verwandelt.

Hier an der Gewölbeteilung ist die Jochgliederung des Langhauses, das einfache Nacheinander der sechs ausgreifenden ›Baldachine‹, leicht ablesbar. Wölbungen solcher Größe – die Gesamtbreite des Langhauses mißt 38 Meter – hatte es seit den Zeiten des alten Rom nicht mehr gegeben.

Den vom Kaiser als Bauverständige zu Rate gezogenen Bischöfen Benno von Osnabrück und Otto von Bamberg wird diese Leistung zugeschrieben.

Früher schon, mit dem Baubeginn im Jahre 1030, datiert die Errichtung der schmaleren Seitenschiffe (Abb. 96). Auch sie unterschieden sich gegenüber älteren Kirchenbauten durch ihre geradezu muskulöse Kraft des Wandaufbaus. Das eigentliche Traggerüst

99 Reichenau, Oberzell, St. Georg, Innenansicht, Langhaus, um 1000

100 Ravenna, S. Apollinare Nuovo, Langhaus, um 490

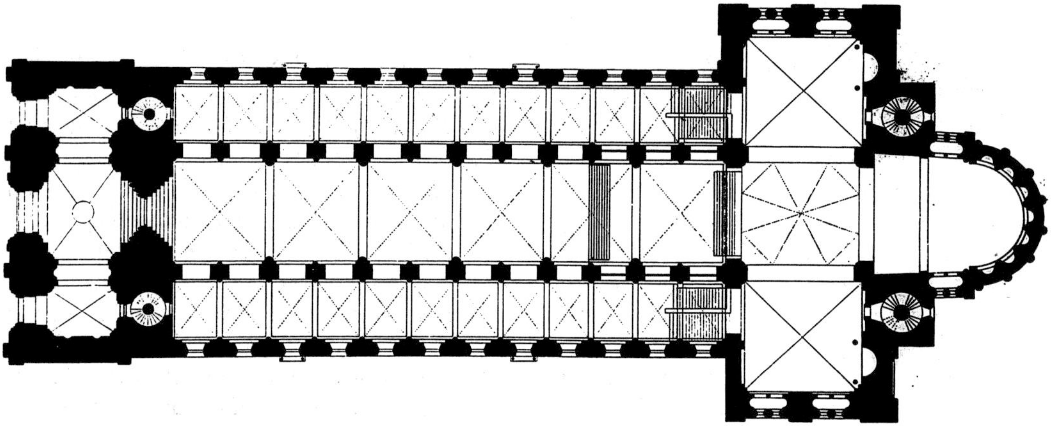

setzt sich als dunkle Quaderkonstruktion gegen die helle, in Kleinquadern gemauerte Wand ab. Wieder sind es – nun auf Seitenschiffmaße reduziert – schwere Pfeilerstellungen als Träger der Wandarkade, und – mit ihnen verbunden – gestreckte Halbsäulen, welche die Jochbogen aufnehmen. Doch im Unterschied zum Hauptschiff kommt es hier nicht zum alternierenden Wechsel der Wandstützen: im schnellen Lauf folgt Halbsäule auf Halbsäule, Jochbogen auf Jochbogen. Je zwölf Gewölbe der Seitenschiffe entsprechen den sechs großen des Mittelschiffs. Deshalb auch mußten im Mittelschiff zwischen den großen Pfeilervorlagen die einfachen zwischengelegt werden, um den Maßen der Seitenschiffjoche zu entsprechen.

Demnach verbinden sich je zwei Seitenschiffjoche mit einem Mittelschiffjoch, d. h. zwei Kreuzgratgewölbe der Seitenschiffe entsprechen einem Gewölbe des Hauptschiffs (Abb. 102). Eine solche Bindung der Joche von Mittel- und Seitenschiff im Verhältnis 1:2 nennen wir ›Gebundenes System‹. Es wurde am Speyerer Dom im Fortgang einer Bauzeit von ca. hundert Jahren in der Auseinandersetzung mit der neuartigen Einwölbung entwickelt und hat fortan die Grundriß- und Aufrißbildung des romanischen und auch des frühgotischen Kirchenbaues bestimmt. In Speyer wurde bereits mit der Errichtung der Seitenschiffe seit 1030 aus einem einheitlichen, von glatten Wandflächen umgebenen Kastenraum – wie wir ihn von Oberzell her kennen – ein durch Joche und Wandvorlagen rhythmisiertes und gegliedertes Langhaus, das erst durch die Artikulation seiner räumlichen Unterteilung zu einem großen Ganzen wird.

103 Speyer, Dom, Krypta, ab 1030

104 Speyer, Dom, Langhaus, korinthisches Kapitell, um 1090

102 Speyer, Dom, Grundriß 1030, Umbau ab 1082

Der entscheidende Gedanke zu einer solchen Gliederung von Grund- und Aufriß war bereits für den ersten Bauteil, die Krypta, gefaßt worden (Abb. 103). Mit der Unterkirche war 1030 der Dombau begonnen worden. Schon hier treffen wir – in den untersetzten Proportionen einer halb in der Erde liegenden Krypta – auf die Kombination von Pfeiler und vorgelegter Halbsäule. Während die im gelb-roten Steinwechsel gemauerten Jochbogen mitten im Raum auf frei stehenden, von ausnehmend schweren Würfelkapitellen bekrönten Säulen aufsitzen, sind die Stützen unter der Vierung wie auch an den Kryptawänden in der schon bekannten Form einer Kombination von Pfeiler und Halbsäule ausgebildet: der Pfeiler trägt die Arkadenbögen, die Halbsäule die Jochbögen der Kreuzgratgewölbe.

Das klassische Vorbild für dieses Aufrißmotiv findet sich überraschenderweise an den Massivbauten des Alten Rom. So sind die Fassaden des Kolosseums als eine Folge von übereinanderstehenden Pfeilerarkaden mit vorgelegten Halbsäulen ausgebildet worden. Es ist das Gliederungsmotiv, das den gesamten Aufriß des Kolosseums bestimmt. Auch an den römischen Bauten Triers, am auffälligsten an der Porta Nigra (Abb. 83), findet sich dieses Gliederungsmotiv wieder; hier treffen wir auch auf die untersetzte Proportionierung der Formen, auf das einfache Blockkapitell (das in Speyer zu einem geometrisch definierten Würfelkapitell geworden ist), wir erkennen auch Einzelformen wie das Schmiegengesims, das aus einer Stufe und einer Schrägen besteht, wieder.

Indessen wurde das ›Kolosseummotiv‹, das an den römischen Bauten senkrecht aufsteigende Fassaden gliedert, in Speyer auf einen Gewölbebau übertragen. Die Halbsäule steigt nicht länger an den Arkadenbögen vorüber zum geschoßteilenden, horizontalen Gesims auf, sondern fängt tiefer unten den herunterkommenden Jochbogen auf.

Dieser wesentliche Unterschied hat wohl auch davon abgehalten, die Beziehung des Speyerer Aufrißsystems zur römischen Architektur zu erkennen.

Der Speyerer Dom und die Antike

Am Speyerer Dom wurde das antike Beispiel aktualisiert und dem Funktionszusammenhang eines Gewölbebaues angepaßt: die Halbsäule ist nicht mehr schmückende Gliederform, sondern optisch ein tragendes Element, das dem Verbund von senkrechter Stütze und abspringendem Bogen zustatten kommt. So entstand aus einem Schmuckmotiv eine in den Gewölbebau eingespannte ›Funktionsform‹, die von den Architekten in rationaler Konsequenz auch dann noch beibehalten wurde, als mit dem Bau der Seitenschiffe die Raumproportionen in die Höhe gestreckt und damit die römisch anmutenden Maßverhältnisse der Krypta auf einen hochsteigenden Raum übertragen wurden. Mit der räumlichen Vertikalisierung strecken sich auch die Pfeiler in die Höhe und – folgerichtig genug – mit ihnen auch die Halbsäulen. Sie werden nun überschlank und dünn, verleugnen die antiken Maßverhältnisse der Säule, obwohl der gelängte Schaft noch immer die Insignien der Säule – Basis und Kapitell – aufweist. Hier erkennen wir den undogmatischen Umgang mittelalterlicher Architekten mit der antiken Säulenordnung. Man fühlte sich nicht mehr an die Heilslehre des römischen Architekturtheoretikers Vitruv gebunden, kannte seine Lehre auch nur mehr in Spuren, ignorierte die festgeschriebenen Maßverhältnisse der Säulenordnung – und errichtete dennoch eine ›Säule‹. Man nahm das antike Beispiel auf und übertrug es frei in einen neuartigen Zusammenhang, in den Gewölbebau der Kathedrale. So entstand – in Speyer von Schritt zu Schritt als Entwicklungsvorgang erkennbar – aus der antiken Säule der mittelalterliche ›Dienst‹. Die überlängte, gestreckte, vertikal aus den Proportionen geratene Säule nennen wir ›Dienst‹. Dieser konnte bald vielerlei Verbindungen eingehen, gab die Individualität der Säule auf und wurde im komplexen Systemzusammenhang eines gotischen Kathedralbaus schließlich zu einem verbackenen Dienstbündel. Damit aber wurde der Abstand zur Antike so groß, daß der Ursprung des Dienstes aus dem Geiste der antiken Halbsäule nicht mehr erkennbar war. Ja, das gotische Dienstsystem erschien als der Punkt der weitesten Entfernung von der Antike, die erst mit der Renaissance wieder an Bedeutung gewann. Um so vielsagender ist die Erkenntnis, daß an der Wurzel der großen Geschichte der gotischen Architektur letztlich doch das Beispiel der Antike stand und daß mit dem Bau des Speyerer Doms nicht nur der durchgefeilte Formenkonnex des ›gebundenen Systems‹, sondern mit diesem auch die Erfindung einer ausdrucksvollen Einzelform, der ›gestreckten Säule‹, des Dienstes, der künftigen Architektur übermittelt wurde. Genetische Prozesse dieser Art durchlöchern die dogmatische Kontrastierung der Baustile: Wie man sieht, haben Antike, Romanik und Gotik weit mehr gemeinsam als in sich geschlossene Stilbegriffe zulassen möchten.

Die keineswegs zufällige Verbindung des Speyerer Doms mit der römischen Antike kann noch durch weitere Beispiele bewiesen werden. Auf die Aufnahme des korinthisierenden Kapitells (Abb. 104) am Speyerer Obergaden ist bereits von Werner Bandmann[15] hingewiesen worden. Ein anderer Kunsthistoriker, Hans Christ, hat die überraschende Ähnlichkeit zwischen der Wandgliederung der Trierer Basilika mit dem Mittelschiff des Speyerer Doms festgestellt.[16] Die übergreifenden, vom Boden her aufsteigenden Bögen der Trierer Basilika (Abb. 105), die als herausgestuftes Relief die untere und obere Fensterreihe umfassen, haben ihre Parallele in den übergreifenden Bögen des ersten Speyerer Mittelschiffs (Abb. 106), welche die Arkaden und die Obergadenfenster rahmen. Die übergroßen Fenster des Speyerer Obergadens erklären sich ebenfalls aus den Fensterproportionen des römischen Vorbildes.

Alle antiken Motive – von der Großform der ›Kolosseumordnung‹ der Porta Nigra und der Fassadengliederung der Trierer Konstantinbasilika bis hin zu der Einzelform des korinthischen Kapitells des II. Speyerer Baus (Abb. 104) – sind in einen neuen Gestaltungszusammenhang eingeflossen.

Doch haben die kaiserlichen Auftraggeber das antike Vorbild nicht in erster Linie aus einem ästhetischen Forminteresse anerkannt. Wie schon bei der Pfalzkapelle Karls des Großen enthielt das korinthische Kapitell als Dekorationselement zugleich auch den Verweis einer ideellen Berufung auf das Rom der Cäsaren. So etwa hat der Chronist Friedrichs I., Otto von Freising, noch im 12. Jahrhundert eine Kaiserliste aufgestellt, die von Cäsar über Augustus, Konstantin und Karl den Großen alle Kaiser der Römer und der Deutschen in einer ununterbrochenen Reihe bis zu Barbarossa aufführt. Die antike Kai-

105 Trier, Aula des Konstantin, 4. Jh.

106 Speyer, Dom, Aufriß des Langhauses, erster Bau, ab 1030, Rekonstruktion

serfolge wurde als eine erstrebte und beschworene Kontinuität bis in die eigene Gegenwart des staufischen Kaisertums fortgesetzt. Kaiser Konrad II., der als erster Kaiser der salischen Dynastie den Grundstein zu dem neuen Dom legte, hat dem Gedanken der imperialen, sich auf das römische Vorbild berufenden Repräsentation zu einem anschaulichen Ausdruck verholfen. Nur so läßt sich die überraschende ›Antikenrezeption‹ des Domes von Speyer erklären. Das epochal schöpferische Bauwerk kann nicht allein als umstürzende Erfindung verstanden werden, sondern muß zugleich auch in seinem Verhältnis zu den antiken Vorbildern gedeutet werden.

Die Umgebung des Doms

Zu seiner Entstehungszeit stand der Speyerer Dom nicht wie heute derart isoliert in der Rheinaue. Frühe Darstellungen der Stadt Speyer, wie die von Matthäus Merian aus dem Jahre 1645 bestätigen, daß der Dom dicht von Bauten umgeben war und sich in deutlichem Kontrast zu der Stadtarchitektur

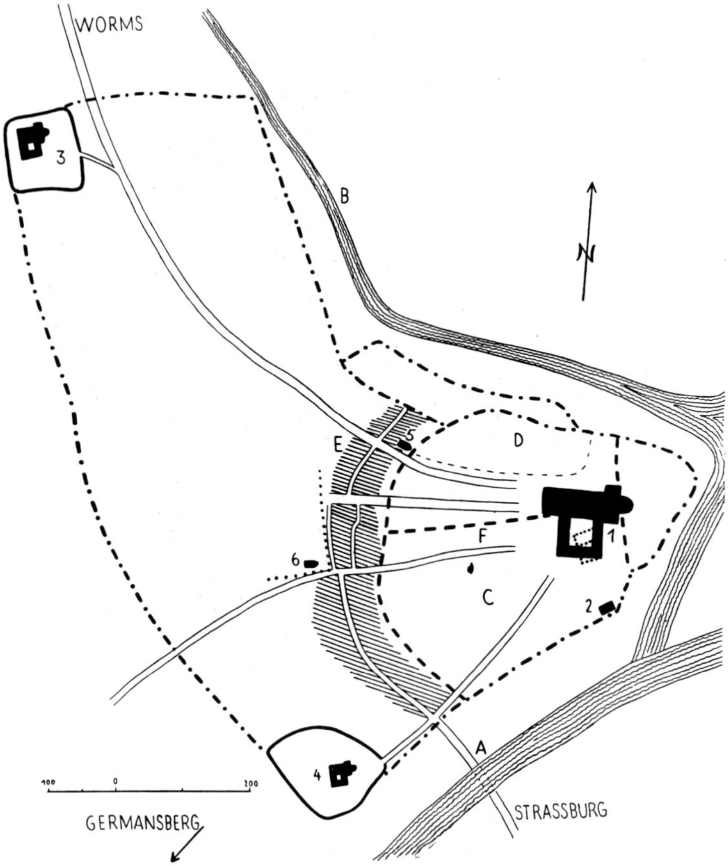

107 Speyer, im 11. Jh.

1 karoling. Dom
2 Stephanskapelle
3 St. Guidostift = Weidenstift
4 Allerheiligenstift
5 St. Georg
6 St. Moritz

A Rheinfähre
B Speyerbach
C Immunität
D Königspfalz
E ottonisches Marktgebiet
F »Howebühel«

Speyers über alle Dächer erhob. Erst im 19. Jahrhundert wurde seine Umgebung zu einer Parklandschaft, so daß er sich in ein ästhetisiertes Baumonument verwandelte, das seinen ursprünglichen Zusammenhang verloren hat. Zur Zeit seiner Erbauung wurde auch eine Stadtmauer angelegt, die sowohl den Bischofs- und Pfalzbezirk als auch die im 10. und 11. Jahrhundert entstandene Kaufmannssiedlung einbezog (Abb. 107). Alte Pläne veranschaulichen, wie dicht der Dom von den Bauten des Bischofshofs, der Probstei, der Dekanei, dem Spital und anderen Bauten umgeben war (Abb. 108). Sie alle wurden schon während des Pfalzkrieges, später im Napoleonischen Krieg und schließlich während der Terrainbereinigung im 19. Jahrhundert zerstört oder abgerissen. Die unterschiedlichen Bauten des Dombereichs haben sich klar gegenüber der Stadt abgehoben. Hier lag der in sich abgeschlossene, zunächst auch von einer eigenen Mauer umgebene Bischofsbezirk, die Domimmunität, die gegenüber der Kaufmannssiedlung ihre eigenen Rechte besaß. Schon seit dem Jahr 614 war Speyer Bischofssitz; ein karolingischer Dom und die Stephanskapelle gehörten zu dieser frühmittelalterlichen Immunität, die dann mit der an die Salier gelangten Krone eine neue Bedeutung erhielt. Konrad II., im Wormsgau ansässig, verwandelte das seit den Römern als Nemetum bekannte Speyer in das Repräsentationszentrum des salischen Königshauses. Unmittelbar an die bischöfliche Immunität grenzte der Pfalzbezirk an, in dem die Salier bereits im 10. Jahrhundert gewisse Rechte besaßen. Von besonderem Interesse ist die Tatsache, daß sich zur Bauzeit des Doms Kaiser und Bischof die Rechte im Pfalzbezirk teilten und daß der Dom wahrscheinlich zu einem Teil auf dem Boden der Pfalz, nicht allein der Bischofsimmunität stand. Kaiser und Bischof hatten damit gemeinsam Anteil an dem Dombau.

108 Speyer, Domimmunität, vor 1800 (nach Molitor)

1 Salischer Dom mit Stiftsgebäuden
2 Ehem. Hof des Dompropstes, später Jesuitenkolleg
3 Bischofshof
4 Dechanei
5 Schlegelhof = Propstei
6 Spital, später Deutschordenskomturei
7 Kreuzhaus
8 Domnapf
9 Nikolauskapelle

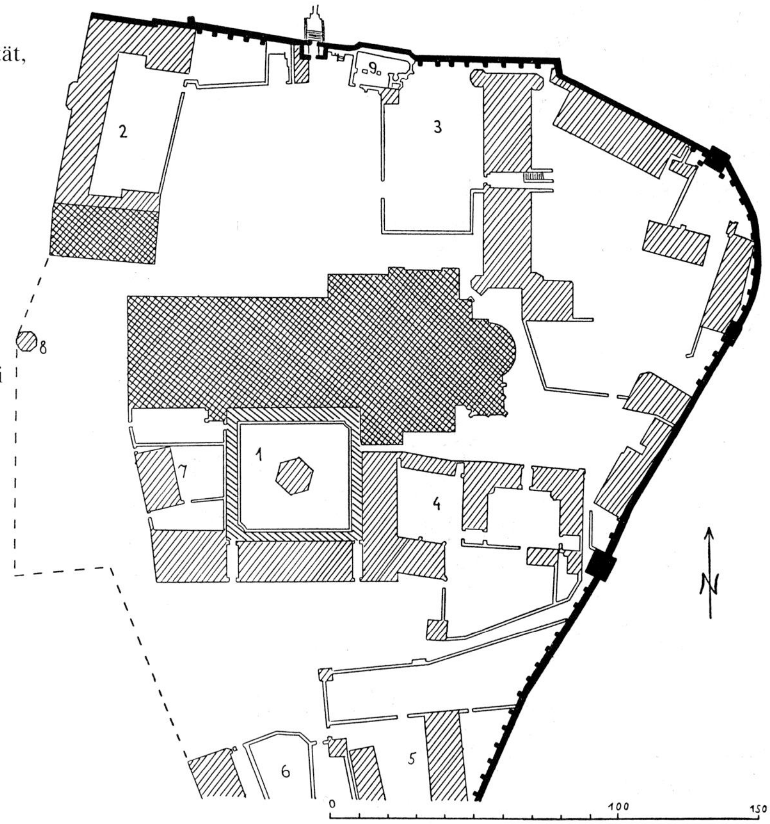

Die Kaufmannsstadt wuchs vor den Mauern der beiden Hoheitsbezirke heran (Abb. 107). Die Siedlung wird noch in den Urkunden des 10. und 11. Jahrhunderts als ›villa‹ (Dorf) bezeichnet, die Bischofsstadt als ›urbs‹; Speyer war zu diesem Zeitpunkt noch zweigeteilt, wobei die Umwallung von Pfalz und Bischofssitz die Bezeichnung ›Stadt‹ rechtfertigte, während die ungeschützte Ansiedlung der Kaufleute ›Dorf‹ genannt wurde. Speyer bestand demnach aus zwei aufeinander bezogenen, doch rechtlich voneinander unabhängigen Bereichen. Wollten die Bewohner der ›villa‹ die ›urbs‹ betreten, so wechselten sie in ein anderes Rechtsgebiet über. So war auch der Dom nicht ›öffentlich‹, stand also nicht für jedermann zu allen Zeiten offen. Die Bürger Speyers hatten ihre eigenen Pfarrkirchen und waren zum bischöflichen Gottesdienst nur zu besonderen Festtagen zugelassen. Der Dualismus zwischen Bischofssitz und Bürgerstadt kam in den mittelalterlichen Städten in der Form der Aufteilung des Siedlungsgebietes mit aller Deutlichkeit zum Ausdruck. Oft beanspruchte der Bischof auch die Rechtshoheit über die Ansiedlung vor den Mauern der Immunität, was vielfach zu Auseinandersetzungen zwischen der Bürgersiedlung und dem Bischof führte, bis hin zu seiner Vertreibung aus der Stadt. So wurde bereits im Jahre 1067 der Bischof von Worms von den Bürgern fortgejagt, erstes Aufbegehren gegen den geistlichen Herrn, der sich gleichzeitig zum Territorialherrn über Stadt und Umland aufschwang. Dies ist auch einer der politischen Hintergründe, weshalb ›freie Reichsstädte‹ entstanden, die sich der bischöflichen oder lehnsherrlichen Territorialmacht entzogen und sich allein dem Kaiser unterstellten. Worms als kaiserliche Stadt wurde dann oft genug Zufluchtsort für den Kaiser, wenn sich die eigenen Lehensvasallen gegen ihn erhoben.

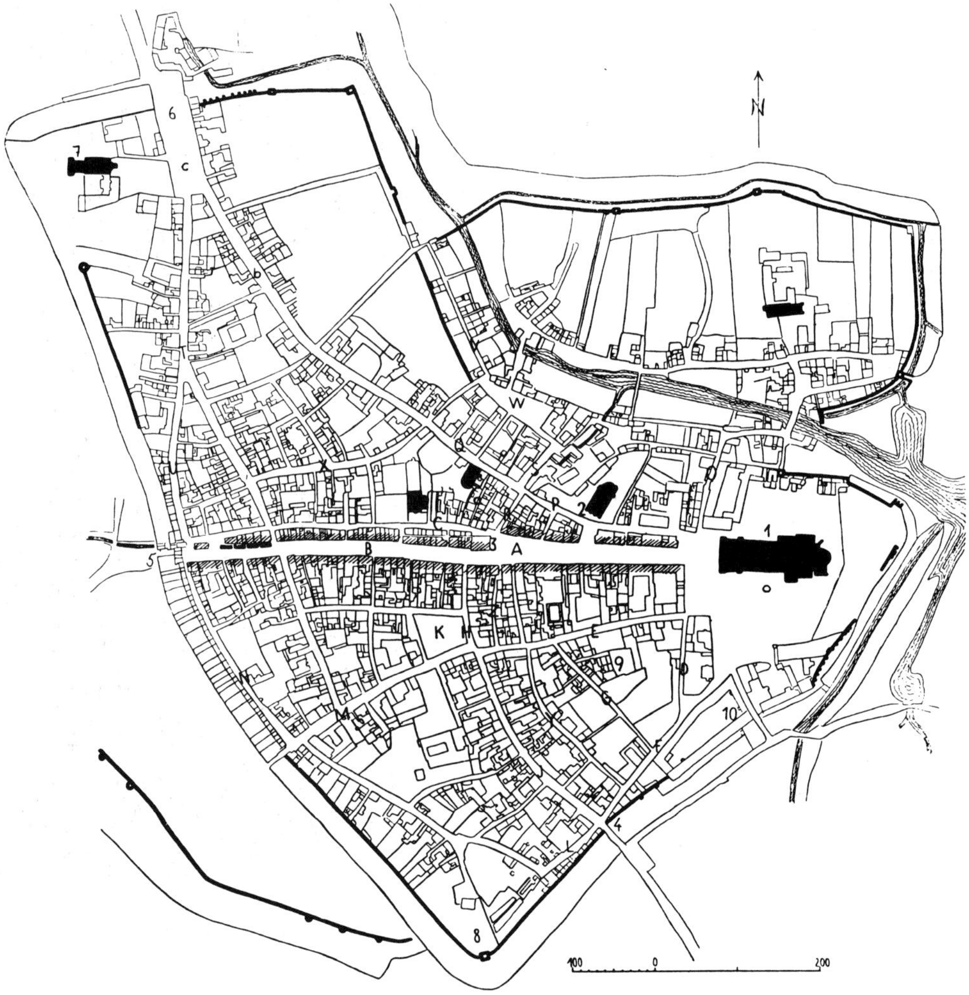
N
1
2
4
5
6
7
8
9
10
A
B
K
W
100
0
200

Der Dom zu Speyer ist mit seinem Westwerk und seinen drei Portalen zur Stadt hin orientiert. Eine breite Straße wurde vom Vorplatz des Doms senkrecht durch die Kaufmannssiedlung hindurchgezogen, so daß eine Sichtachse auf den Dom hin entstand (Abb. 109, 110). Es scheint, wie Erich Herzog dargelegt hat, daß die Hauptstraße – von Interpreten des 19. Jahrhunderts gerne ›via triumphalis‹ genannt –, erst zu späterer Zeit nach der salischen Neuplanung in den Markt verwandelt wurde. Die Künstlichkeit der Straßenziehung, ihre bewußte Neuanlage, läßt sich auch daran erkennen, daß sie keinerlei Verbindung zu den schon vorhandenen Fernstraßen hatte wie die beiden anderen, fächerförmig vom Domplatz ausstrahlenden und zu den Stadttoren führenden Wegverbindungen der Kleinen Pfaffengasse und der Großen Himmelsgasse.

Erst das im Mittelalter errichtete Altpörtel hat einen Bezug der Hauptstraße zur Mauer hergestellt, ohne jedoch zugleich eine Verbindung zum Fernstraßennetz anzuzeigen. So erscheint die heutige Hauptstraße als eine von der Stadt auf den Dom gezogene ›Repräsentationsachse‹, die vielleicht einmal tatsächlich die ›via triumphalis‹ des kaiserlichen Einzugs gewesen war.

Während der Straßenbezug zwischen Stadt und Dom noch heute das Rückgrat des Speyerer Stadtplans bildet, sind alle anderen Bauwerke, die den Dualismus zwischen Bischofssitz und Bürgerstadt angezeigt haben, verschwunden. Als die Domimmunität im 19. Jahrhundert zu einem Park werden konnte, waren seit langem die rechtlichen und politischen Bedingungen einer ›geteilten Stadt‹ überwunden.

109 Speyer, Hauptstraße (›Via Triumphalis‹)

110 Speyer, Katasterplan von 1822

111 Speyer, Dom, Westportal des Langhauses, ab 1030

Die französische Kathedrale

Das durch seine Größe und Massivität auffallende Westportal des Speyerer Doms war zu seiner Zeit beispiellos (Abb. 111).

Während der Außenbau der Vorhalle eine im 19. Jahrhundert veränderte Form zeigt, war es möglich, die innere Laibung des Westportals in originaler Gestalt freizulegen. Was zum Vorschein kam, war ein in sechs Stufen gegliederter Wandeinschnitt, dessen sechs konzentrische Bögen sich nach innen hin zu einem zwei Drittel der Mittelschiffbreite

112 Chartres, Kathedrale, Westportal, um 1150

113 Reims, Kathedrale, Westfassade mit Portalanlage, um 1240

114 Köln, Dom, Dreikönigsschrein, Nikolaus von Verdun, um 1190

einnehmenden Portal öffnen. Entsprechend müssen wir nach außen zur Vorhalle hin abermals sechs konzentrische Bogenläufe ergänzen. Die atemberaubende Massivität der Wand von ca. 6 Metern Mauerstärke verdeutlicht den unglaublichen Materialaufwand, der dem Gewölbedruck entgegengesetzt wurde. Zugleich aber ist mit der einfachen Differenzierung der sich öffnenden Stufenfolge eine überzeugende Grundform entstanden, die in Zukunft als eine festgeprägte Typologie Geltung behalten sollte: das Stufenportal.

Es gehört dem ersten Speyerer Bau an und verdeutlicht, welch eine Monumentalität bereits der erste Baumeister der Zeit um 1030 anstrebte.

Das Portal der Kathedrale von Chartres, etwa hundert Jahre nach dem Speyerer Portal um 1150 entstanden, ist zwar ein Stufenportal geblieben, doch bereichern die in das Gewände eingestellten Figuren das Erscheinungsbild (Abb. 112). Die menschliche Gestalt – lang und schmal wie eine Säule – wurde als monumentale Steinplastik mit der Architektur verbunden. Die gotischen Figurenportale der französischen Kathedralen entstanden in der zweiten Hälfte des 12. Jahrhunderts und im 13. Jahrhundert. Sie stellten in großen Plastikzyklen die biblische Geschichte und Heiligenlegenden dar und wendeten sich nach außen an das städtische Publikum, das zu den Festtagen und aus Anlaß von Pilgerprozessionen zu den bischöflichen Kathedralen zugelassen war. Die großen Trichterportale wie jene von Reims (Abb. 113) scheinen die hereintretenden Gläubigen förmlich aufsaugen zu wollen und in den Kirchenraum hineinzuziehen. Die Kirche hat gegenüber der Öffentlichkeit die introvertierte Haltung früherer Jahrhunderte aufgegeben und richtete sich appellatorisch an die Gläubigen. Das 12. Jahrhundert war das Jahrhundert eines intensiven städtischen Wachstums und der Herausbildung eines Stadtbürgertums, das nun eigene Ansprüche stellte und ausdrücklicher an die Kirche herangezogen werden sollte: die gotische Kathedrale ist das Beispiel einer neuen visuellen Kultur, die dem Gedachten und Geglaubten zu einer größeren Anschaulichkeit verhelfen wollte.

Die Reliquien wurden aus den Krypten unter den Altären hervorgeholt und in kostbaren Reliquienbehältern dem Anblick der Gläubigen dargeboten. Der Gestus des Vorzeigens (›ostentare‹, ›monstrare‹) wurde zu einem Leitmotiv kirchlichen Rituals, das ›Ostensorium‹ oder die ›Monstranz‹ in Gold und Silber gefaßte Reliquienbehälter, wurden zu einer neuen Form des Versprechens

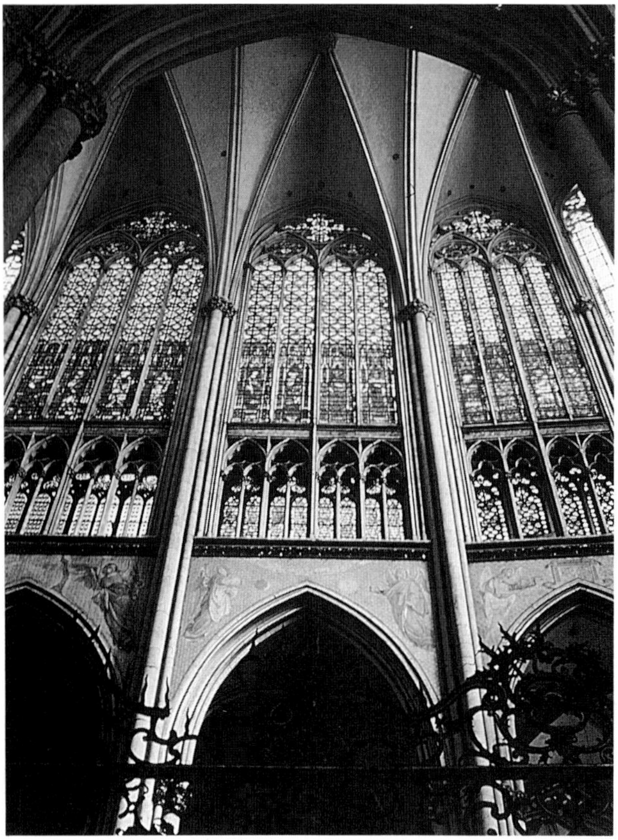

115 Köln, Dom, Chor, ab 1248

auf Seelenheil. Die maasländisch-kölnischen Goldbehältnisse wie der Dreikönigsschrein im Kölner Dom (Abb. 114) sind herausragende Beispiele dieses neuen, durch das Kunstwerk vermittelten Anschauungsunterrichts der Gläubigen.

Sogar der Altar und der Altardienst wurden verändert: Der Priester trat während des Gottesdienstes vor den Altar, stand also nicht mehr wie noch im 11. Jahrhundert hinter dem Altar, mit dem Angesicht zur Gemeinde gewandt. Nun erst wurde möglich, die goldene Tafel, welche die Stirnseite des Altars schmückte, auf den Altartisch zu heben und die hier dargestellten Heilsszenen der Gemeinde zur dauernden Anschauung darzubieten: das Hochaltarbild ist ein Ergebnis dieser neuen visuellen Erfahrungsweisen, die das 12. Jahrhundert mit sich brachte.

So wie das Kirchengebäude, der Dom oder die Kathedrale, mit den Gestalten Christi, Mariens und der Heiligen bereichert wurde und die Architektur über das Bauornament hinaus eine ›Verlebendigung‹ durch das gemeißelte Bildwerk erfuhr, so verwandelte sich der gesamte Kirchenraum in ein visuell ostentatives Gesamt(kunst)werk, das den Gläubigen mit den Glaubensartikeln noch enger verbinden sollte, ja, auch Zweifelnde – im Laufe des 12. Jahrhunderts kamen die Ketzerbewegungen auf – an die Heilige Kirche zurückbinden sollte. Das Kunstwerk gewann noch größeren Anteil an der kirchlichen Predigt und leistete seine ihm eigene Überzeugungsarbeit. Die ästhetische Form wurde kirchlicher Glaubensappell.

Im 12. und 13. Jahrhundert entstanden die monumentalen Glasfensterzyklen der großen Kathedralen. An die Stelle der Fresken und Mosaiken traten die glühenden Farben der Fensterflächen, die immer größer wurden und schließlich die Wandflächen ersetzten. Die gotische Kathedrale erscheint wie ein gläsernes, farbensprühendes Gehäuse, als ein überirdisches Gleichnis des Himmlischen Jerusalem. Das Tageslicht dringt nur noch durch den Filter des farbigen Glases in das Innere und verwandelt den Kirchenraum in ein Versprechen des Himmels. Die Fenster werden zu dem, was vorher die Freskenzyklen waren, zur ›biblia pauperum‹, zur Armenbibel, die jedermann, auch des Lesens Unkundige, die Heilsgeschichte sehen ließen.

Wenn aber die Fenster zu großen Flächen wurden, mußte die Wand zusehends verschwinden. Die kompakten Mauerflächen des Speyerer Doms sind nun Vergangenheit; die Glasteppiche der Ste. Chapelle in Paris oder des Kölner Doms (Abb. 115) reichen von Bündelpfeiler zu Bündelpfeiler und lassen die haltende Wand verschwinden. Das Kirchenhaus wird zu einem Gerüst, zu Pfeilergestänge, zwischen dem sich die Glasfenster ausspannen. Um diesen Raumeffekt zu erreichen, mußten neue Konstruktionsfor-

116 Köln, Dom, Fassade des nördlichen Querhauses (nach E. F. Zwirner)

men gefunden werden: außen greifen auf steilen Strebepfeilern weitgeschwungene Strebebögen an das Kirchenschiff heran und halten den Bau aufrecht (Abb. 116). Das ›gotische‹ Strebegerüst war die statische Antwort auf die Reduzierung der Wand, wodurch die Wunderwelt der Glasfensterzyklen möglich wurde.

Das Gesamtkunstwerk der gotischen Kathedrale integrierte alle zeitgenössischen Gattungen der Kunst. Die Architektur verband sich mit der Skulptur, der Glasmalerei, der Goldschmiedekunst, auch noch mit den traditionellen Gattungen der Wandmalerei, dem Fresko und dem Mosaik. Erste Beispiele der Glasmalerei stammen aus dem 11. Jahrhundert (Weißenburg im Elsaß, Augsburger Dom). Doch erst im Zusammenhang der gotischen Kathedrale gelangte sie zur vollen Entfaltung.

Die optische Versinnlichung der gotischen Kathedrale war die Antwort auf das neue Bedürfnis, die messianische Botschaft nicht nur glauben zu wollen, sondern auch zu ›erleben‹. Die Kathedrale ist Ausdruck einer neuen kirchlichen Didaktik und wurde zum sinnenhaft erfahrbaren Ort religiöser Glaubensbestätigung.

Das mittelalterliche Kloster

Das Kloster Bebenhausen bei Tübingen

Kathedrale und Kloster sind die herausragenden sakralen Bauaufgaben des Mittelalters, beide Bautypen stellen den Inbegriff einer vom christlichen Glauben geprägten Architektur dar. Die Kathedralen waren als Bischofssitz die Repräsentationszentren der Kirche und sichtbare Zeichen geistlicher Macht; die Klöster dagegen bildeten sich als Enklaven christlicher Abgeschiedenheit und gläubiger Askese heraus. Die Orden waren aber nicht nur Betgemeinschaften, letztlich bildeten die Klöster selbständige Wirtschaftseinheiten und Kulturinseln. Sie waren eigenständige wirtschaftliche Produktionsstätten, selbständige Territorien, die weitgehend unabhängig von ökonomischen Außeneinflüssen waren. Große Klöster wie das Zisterzienserkloster Bebenhausen waren sogar stark genug, über städtische Niederlassungen, sogenannte Klosterhöfe, auch nach außen einen umfangreichen Absatzmarkt zu entwickeln.

Das Kloster Bebenhausen bezeugt seine politische Unabhängigkeit durch seine Umwallung (Abb. 118). Wie eine kleine Stadt liegt es in seinem Mauergürtel und behauptet damit nicht nur Wehrhaftigkeit, sondern auch den Anspruch auf eigene Hoheits-

117 Bebenhausen (Württemberg), Zisterzienserkloster, Vierungsturm (Dachreiter), Architekt: Georg von Salem, 1406

118 Bebenhausen, Zisterzienserkloster, ab 1183/84 bis um 1500, Modell

rechte. Zwar war es von einem Landesherrn, dem Pfalzgrafen Rudolf I. von Tübingen, als Prämonstratenserkloster 1183/84 gegründet worden, doch mit der Stiftung an den Orden der Zisterzienser wurde es bald schon von landesfürstlicher Abhängigkeit frei; im Jahre 1204 wurde es dem unmittelbaren Schutz Papst Innozenz III. unterstellt.

Bebenhausen liegt noch heute wie eine geschlossene Stadt mit eigener Mauer und eigenen Toren vor uns. Das große Südwesttor mit seinem Kreuzigungsrelief, der Darstellung Marias und des Hl. Josef und den Wappenschilden würde einem monumentalen Stadttor alle Ehre machen (Abb. 119). Deutlicher kann die Autarkie des Klosters nicht zum Ausdruck gelangen. Als ein geistliches, aber auch wirtschaftliches Kleinuniversum enthält die Klosteranlage alle Einrichtungen, die zur Eigenversorgung der Mönche wie auch zur Erfüllung ihrer geistlichen Aufgaben nötig sind.

Neben dem inneren Mauergürtel wurden im Laufe der Zeit die Wirtschaftsgebäude mit umfangreichen Stallungen, Scheunen und ähnlichen Einrichtungen errichtet. Doch stellt das Kloster selbst mit allen seinen Bauten nur einen kleinen Teil des gesamten klösterlichen Besitzes dar; durch Kauf und vor allem Schenkungen wurde dieser ständig erweitert. Dem Kloster gehörten schon im Jahre 1204 elf ›Grangien‹, also Außenhöfe; der Landbesitz reichte bis in die Gegend Stuttgarts und Ludwigsburgs, und städtische Niederlassungen Bebenhausens fanden sich nicht nur in Tübingen, Echterdingen, Stuttgart, Zuffenhausen und anderswo, sondern auch weit entfernt in der Reichsstadt Ulm, wo der Bebenhausener Stadthof zur Hauptniederlassung für den Transport des vom Kloster erzeugten Weines wurde.

Die körperliche Arbeit verrichteten vor allem die Konversen, Laienbrüder, die keine priesterlichen Weihen empfangen hatten, jedoch ebenfalls im Kloster lebten und sich einer ehelichen Familienbindung enthielten. ›Ora et labora‹ – ›Bete und arbeite‹ – hatte der Gründer des ersten Mönchsordens, Be-

nedikt von Nursia, in seinen Regeln gefordert. Die Benediktinermönche verstanden das Arbeitsgebot auch im Sinne des Verfertigens von Textabschriften, also der Übertragung und Vervielfältigung von Handschriften. So wurden die Schreibstuben der Klöster zu Zentren des Kultur- und Bildungserhalts, wo – vor der Erfindung des Buchdrucks – die überlieferten Texte kirchlichen und weltlichen Inhalts kopiert und damit der Nachwelt überliefert wurden.

Das Zisterzienserkloster und die Ordensregel

Das Kloster Bebenhausen wurde 1190, wenige Jahre nach seiner Gründung, dem Zister-

119 Bebenhausen, Zisterzienserkloster, Südwesttor

120 Bebenhausen, Zisterzienserkloster, Mönchskirche, Blick in Langhaus und nördliches Querhaus, um 1200

zienserorden übergeben, der sich seit etwa 1090 mit einem Netz von Niederlassungen über ganz Europa ausgebreitet hatte und bereits hundert Jahre später zu einer neuen geistigen und politischen Macht geworden war. Die Zisterzienser waren nach den Clunyazensern der wirksamste Reformorden, der dem Verfall der Klosterdisziplin und der Verweltlichung des Ordenslebens entgegenwirkte und damit auch weltliches Ansehen und Einfluß gewann.

Die Zisterzienser luden sich selbst große Entbehrungen auf; anders als die Benediktiner im 12. Jahrhundert wurden sie zu Kolonisatoren der Wildnis; sie machten Land urbar und legten Sümpfe trocken. Ihre Klöster bauten sie weitab von jeglicher Zivilisation, bevorzugtermaßen in engen Waldtälern. Bebenhausen liegt – am Hang leicht erhöht – über der langgestreckten Talniederung des Goldersbachs. Noch heute läßt sich erkennen, daß die Anfänge des Klosters Bebenhausen mit der Trockenlegung dieser Flußniederung verbunden waren.

Wenn sich auch das Bebenhausener Kloster als ansehnlicher Baukomplex darbietet, so sollte es dennoch von den zisterziensischen Tugenden – der Armut und der Einfachheit – Zeugnis ablegen. Die vom Generalkapitel 1145 für alle Zisterzienserklöster aufgestellten Statuten regelten das Leben der Mönche bis in Einzelheiten und waren von den Geboten der Beschränkung charakterisiert: »Die Kleidung sei einfach und wohlfeil, ohne Putz und Unterkleidung… Das Brot sei grob gesiebt… Die Gerichte im Kloster seien immer und überall ohne Fleisch und Fett zubereitet… Uns und unseren Konversen ist das Wohnen mit Frauen unter einem Dach verboten.«

Diesen Lebensregeln entsprechend waren auch die Regeln für den Bau des Klosters von den Vorstellungen des Verzichts und der Einfachheit bestimmt. Der Ordensgründer Bernhard von Clairvaux (1090-1153) hatte bereits gegen prächtige Kirchenbauten polemisiert und mit scharfem Blick jene Säulenkapitelle angegriffen, deren überreicher, grotesker Figurenschmuck vom Gottesdienst ablenke. Auch hinsichtlich des Architekturdetails verlangten die Regeln Zurückhaltung; Bernhard hatte sogar gefordert, die Bauform auf die ›utilitas‹, die Nützlichkeit, zu beschränken und alles Phantastische fortzulassen. Die zisterziensische Dogmatik hatte also im Namen der ›utilitas‹ die Ornamentgegnerschaft gefordert, ein Programmargument, dem wir in der europäischen Kulturgeschichte im Namen eines asketischen und redukti-

ven Elementarismus immer wieder begegnen. Für den Bau des Klosters Bebenhausen hieß das um 1200: Verzicht auf ornamentale Vielfalt, Verzicht auch auf repräsentative Monumentalarchitektur wie etwa aufwendige Glockentürme. Allein Dachreiter, kleine Türmchen auf dem First der Kirche, waren erlaubt. Der herrschaftliche Anspruch, wie ihn etwa das kaiserliche Speyer (dem übrigens vor der Klostergründung von Bebenhausen ein hier gelegener Weiler gehörte) mit seinen Chortürmen, Westtürmen und sei-

121 Bebenhausen, Zisterzienserkloster, Chorfenster der Klosterkirche, um 1325

122 Bebenhausen, Zisterzienserkloster, Chorfenster mit Farbverglasung, um 1325

nem Vierungsturm stellte, war das krasse Gegenteil von dem, was sich die Zisterzienser für ihre eigenen Klöster gestatteten. Kaiserliche und bischöfliche Repräsentation einerseits und klösterliche Askese andererseits waren die gegensätzlichen Positionen, die beide einen Platz unter dem Dach der Kirche beanspruchten.

Die zisterziensische Vorschrift führte in letzter Konsequenz zur Bilderfeindlichkeit, wie es die Regel XXVI der Statuten verdeutlicht: »Bildwerke dulden wir nirgends, Malereien nur auf Kreuzen, die aber nur aus Holz ausgeführt seien.« Nur der gekreuzigte Christus war als Bild erlaubt.

Die äußerst nüchternen, vom Ornament nahezu gereinigten zisterziensischen Kirchenräume des 12. Jahrhunderts mit kahlen Stützen und schmucklosen Gewölben entsprechen diesem Askeseideal auf vollkommene Weise (Abb. 120). Auch das Langhaus und der Chor von Bebenhausen (zwischen 1190 und 1228 erbaut) folgen den Ordensregeln (die Gewölbe gehören nicht zum Ursprungsbau). Und auch die durch schwere Kreuzrippengewölbe überdeckten Gemeinschaftsräume des Klosters stehen in der Tradition der zisterziensischen Forderung nach Ornament- und Bildabstinenz.

Einige Jahrzehnte lang ließ sich diese Askese durchhalten; solange der Orden im Aufbruch war und – während des 12. Jahrhunderts – seine Forderungen nach außen wie nach innen demonstrativ durchsetzen wollte, blieb das Mönchsleben wie auch die Architektur von diesem Ideal bestimmt.

Ein Säkulum lang blieben die Zisterzienser ihren strengen Regeln treu, danach fällt der Orden der Sinnenfreude und dem Selbstdarstellungsbegehren schrittweise wieder anheim: der nachträgliche Einbau eines großen, figural eindrucksvollen Maßwerkfensters in den Rechteckchor der Mönchskirche ist der architektonische Beweis für den Bewußtseinswandel (Abb. 121). Überraschenderweise rotieren um das Zentrum der Maßwerkrosette vier Wappen; das hier noch erhaltene farbige Glasfenster zeigt vor, was um 1325, als man das Fenster vergrößerte, allgemein üblich wurde: den Hinweis auf Stifterfamilien und Besitzer. Farbige Wappenzeichen verweisen auf die Namensträger und verkünden laut den Ruhmesanspruch (Abb. 122). Wir finden hier die Wappen der Württemberger, der Tübinger Landgrafen, der Mömpelgard und auch des Klosters Bebenhausen, das Mönchswappen selbst! Der Forderung der Klosterregel, sich nicht hervorzutun und das Gebot der Demut zu befolgen, war hier überdeutlich widersprochen. Doch auch die

123 Bebenhausen, Zisterzienserkloster, Sommerrefektorium, um 1330

aufwendige, phantasievolle Form des Maßwerks als raumbestimmende, leuchtende Figuration hat die Nüchternheit des Heiligen Bernhard ignoriert.

Vom selben Architekten, der das Chorfenster geschaffen hat, stammt auch der um 1330 entstandene Neubau des Sommerrefektoriums (Abb. 123). In dem zweischiffigen Raum, dem Speisesaal der Mönche, wurde das Ornament zwar sehr zurückgenommen – die Säulen blieben ohne Kapitelle, und die in die Wand hineinlaufenden Gewölberippen blieben ohne Konsolen –, doch der Raum besitzt mit seinen reichen Fächergewölben eine besondere Eleganz, die auch höfischen Ansprüchen hätte genügen können. Als schließlich im Jahre 1406 der Abt Peter von Gomaringen den Laienbruder Georg von Salem aus dem benachbarten Zisterzienserkloster Salem am Bodensee nach Bebenhausen holte, um einen Dachreiter auf den First der Kirche zu setzen, hielt man sich zwar an die Ordensregel und baute keinen großartigen Glockenturm – doch welch einen großartigen Dachreiter! Nach allen Regeln gotischer Münstertürme, eindrucksvoll leicht und durchsichtig, baute Georg von Salem den größten Dachreiter, den die Zisterzienser und alle Welt je gesehen hatten! (Abb. 117)

Was aber alle Gebote der humilitas, der Bescheidenheit und Gottesfurcht vollends verletzte, war die Tat des Auftraggebers Peter von Gomaringen, der sich von einem Freskomaler am Triumphbogenpfeiler des Chors als Stifter verewigen ließ, um seinen Dachreiter der Madonna darzureichen und darunter, gleich zweifach, das geflügelte Wappen des Abts anbringen ließ – Ruhmesanspruch eines, wenn auch vor Maria knieenden, einzelnen Menschen (Abb. 124).

Um 1500 wurde der Kreuzgang mit dem Brunnenhaus neu errichtet (Abb. 125). Das ornamentreiche Netzgewölbe mit den eindrucksvollen Rippenläufen und den vielgestaltigen, figuralen Schlußsteinen widerspricht vollends jedem Askesegebot. Die Ordensregeln des Generalkapitels von 1145 liegen weit zurück in der Vergangenheit. Der

Zisterzienserorden hat aufgehört ein Reformorden zu sein: die Ästhetik der Form hat die Absolutheit des Ideals eingeholt.

Das Kloster als Stadt

Im inneren Bezirk des Klosters Bebenhausen drängen sich die wichtigsten Bauten der Anlage zusammen (Abb. 126): Dem Kreuzgang (8), der als leicht gestrecktes Rechteck das Zentrum des Klosters beherrscht, schließt sich eine lange Reihe großer Räume an, die den wichtigsten Funktionen des Ordenslebens Genüge leisten. Mit dem Nordflügel des Kreuzganges verbindet sich die Kirche

124 Bebenhausen, Zisterzienserkloster, Fresko am Triumphbogen der Klosterkirche, Abt Peter von Gomaringen, Stifter des Dachreiters, Stifterwappen, um 1406

125 Bebenhausen, Zisterzienserkloster, Kreuzgang mit Brunnenhaus (um 1500)

(1), an der Ostseite liegt der Kapitelsaal (9), wo die Beschlüsse der Mönchsgemeinschaft gefaßt werden; es folgt das Parlatorium (10), der einzige Raum, wo das Schweigegebot aufgehoben war, und die Fraterie (12), wo die Mönche ihrer Arbeit nachgingen. Alle diese Säle sind mit schweren gotischen Rippengewölben der Zeit um 1200-1220 überspannt. Auf der Südseite liegt das Sommerrefektorium, der Speisesaal (13) mit seinen eleganten, hochgotischen Fächergewölben, unmittelbar daneben liegt die Klosterküche (14). Die Konversen hatten ihr eigenes Refektorium (16), das sich unmittelbar neben dem Winterrefektorium (15) an der Westseite des Kreuzgangs befindet. Nebengebäude (17) dienen der Beherbergung der Gäste. Abgesetzt vom Kreuzgang liegt auch das Latrinenhaus (21) und die Wärmestube, das Kalefaktorium (20), der einzige warme Ort des Klosters. Im Obergeschoß der Flügelbauten waren vorwiegend die Dormitorien, die Schlafsäle, der Laienbrüder und Mönche untergebracht. Auch das Abtshaus (23) mit der Abtsküche (18) und die Infirmerie, das Krankenhaus (19), liegen im innersten Klosterbezirk, während die wichtigsten Wirtschaftsgebäude im äußeren Klosterbereich plaziert sind. Bebenhausen entspricht mit allen diesen Bauten einer seit Jahrhunderten gefestigten

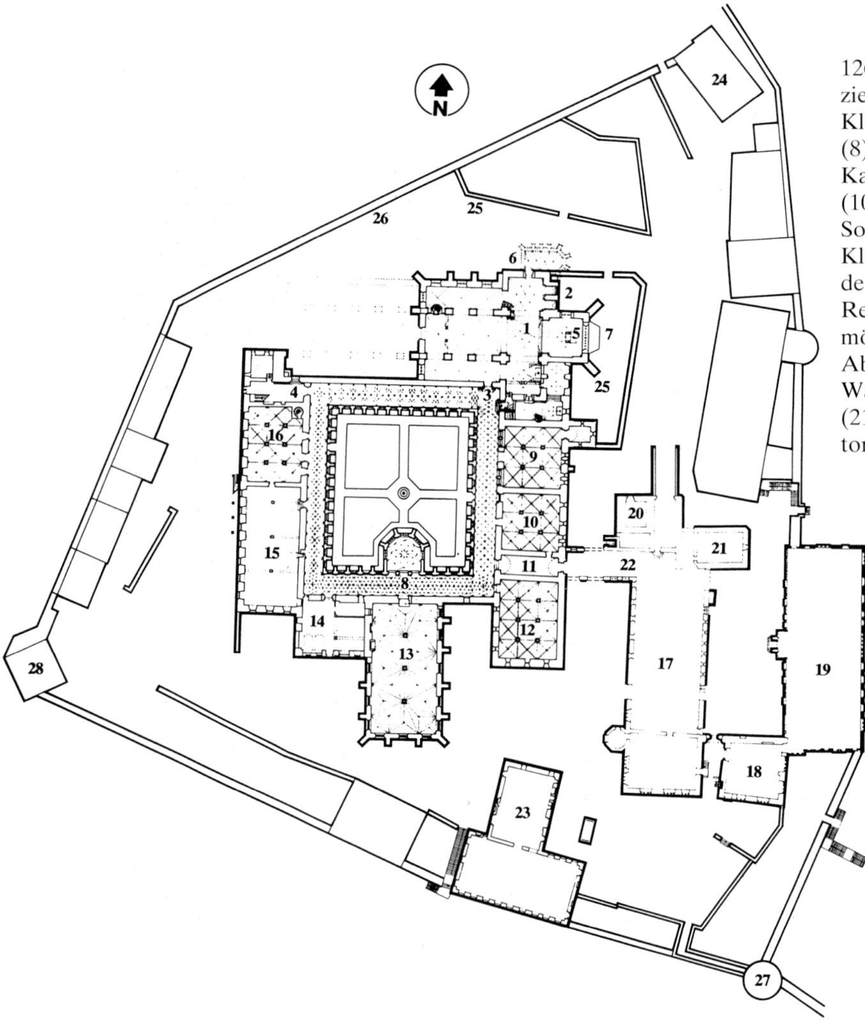

126 Bebenhausen, Zisterzienserkloster, Grundriß: Klosterkirche (1), Kreuzgang (8), Klostermauer (26), Kapitelsaal (9), Parlatorium (10), Fraterie der Laien (12), Sommerrefektorium (13), Klosterküche (14), Speisesaal der Laienmönche (15), Refektorium der Laienmönche (16), Gästehaus (17), Abtsküche (18), Hospital (19), Wärmestube (20), Latrine (21), Abtshaus (23), Südwesttor (28)

Klostertypologie, welche die Lebensorganisation eines Mönchsordens in konzentrierter Form zum Ausdruck brachte.

Noch klarer gelangt die klösterliche Lebensform im St. Gallener Plan zur Anschauung (Abb. 127). Dieser erste Riß der europäischen Architektur, ein Pergamentplan aus karolingischer Zeit (um 820 n. Chr.), gibt einen vollen Überblick über alle Einrichtungen eines Benediktinerklosters und umfaßt auch die Wirtschaftsgebäude im dichten Gefüge der Bauten dieses ›Mönchsstaates‹: Stallungen und Werkstätten, Brauhaus, Mühle und Kelter, Färberei und Gerberei, Schmiede und Küferei; die Gehege für Gänse, Enten und Hühner fehlen nicht, und auch an die Gartenanlagen und den Friedhof ist gedacht: eine Stadt im Kleinen, wirtschaftlich unabhängig, politisch autark, eingegliedert allein in die Ordensstruktur und die Kirchenhierarchie.

Die Bebenhausener Klosteranlage ist gestört durch den Abbruch eines Teiles des Langhauses der Kirche; die sechs westlichen Joche und damit die Laienkirche sind in der Reformationszeit um 1537 niedergerissen worden. Damit wurde der aus einfachen Pfeilerarkaden und flacher Holzdecke bestehende Kirchenbau zu einem Fragment. Erhalten ist jedoch die gesamte Ostanlage mit Querhaus und Chor, die im 16. Jahrhundert ein Rippengewölbe erhalten hat (Abb. 120).

127 St. Gallen, Klosterplan, 9. Jh.

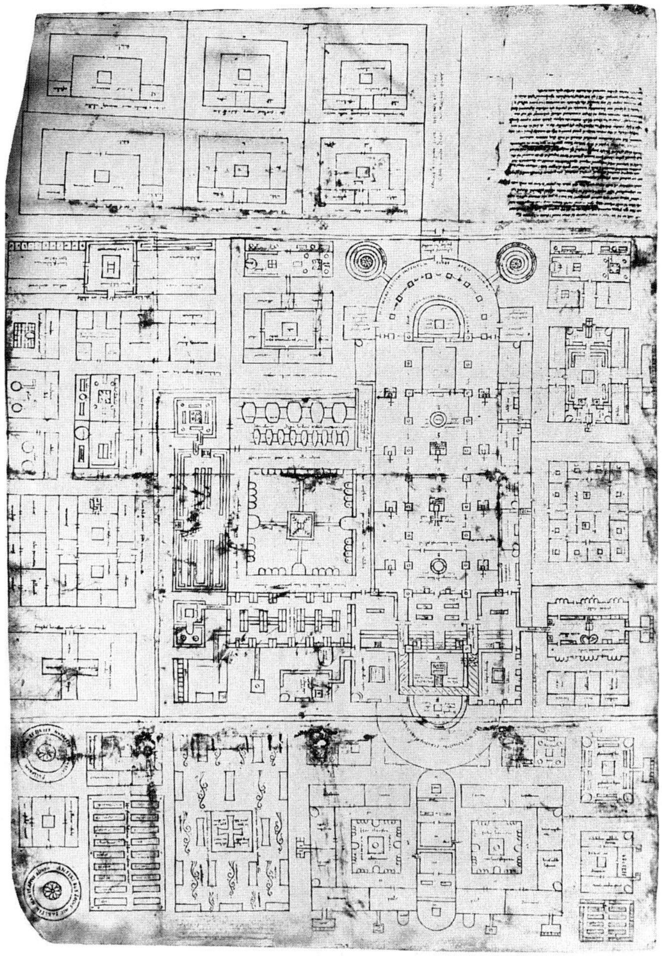

Die Besonderheit der Zisterzienserkirchen besteht in der Anlage des Chores (Abb. 126). Das Chorhaus schließt flach ab, ohne daß es zur Ausbildung einer Apsis gekommen ist. Seitlich neben dem Chor schließen sich an der Ostseite der Querhausarme je zwei Nebenkapellen an. Sie sind niedrig und klein. Bei größeren Klosterkirchen kann die Zahl der Seitenkapellen anwachsen, so daß flachschließende Kapellenreihen entstehen, die als Chorhaupt die mittlere Kapelle zwischen sich haben. In Bebenhausen fällt die Einfachheit der Kapellenstruktur auf; ein fast schmuckloses, von einem rohen Riefelblatt geziertes Kapitell bildet die einzige Bereicherung. Die Seitenkapellen der Kirche dienten den einzelnen Mönchen zum Zelebrieren der Meßfeier, hier wurde in Seelenmessen für das Heil der Stifter gebetet oder in ›privater‹ Andacht persönlich-individuelle Religiosität praktiziert.

Mit Bernhard von Clairvaux hatte die Marienverehrung im Zisterzienserorden und damit verbunden die Spiritualität christlicher Mystik ihre besondere Aufwertung erfahren. Der dem einzelnen Mönch vorbehaltene Andachtsraum der Nebenkapelle ist auch der architektonische Ort einer ersten Individualisierung mystischer Glaubenskonzentration, die letztlich dem neuzeitlichen Ich-Bewußtsein auf den Weg half.

›Zisterziensergotik‹

Die ersten Zisterzienserkirchen in Deutschland gehören – wie beispielsweise Eberbach – der Romanik an. In Bebenhausen und gleichzeitig im benachbarten Maulbronn sind die Versammlungsräume der Mönche schon im Stil der burgundischen Frühgotik errichtet worden. Die Zisterzienser haben die neuen Errungenschaften der Gotik seit etwa 1180 in ganz Europa verbreitet. Bebenhausen gehört zu denjenigen Orten in Deutschland, wo die ›Zisterziensergotik‹ am frühesten Eingang gefunden hat: Erblickt man die schweren Rippengewölbe des Kapitelsaals und der Bruderhalle, so fällt die Massivität der einzelnen Bauglieder auf (Abb. 128). Hundert Jahre später haben sich die Stilformen mit dem Bau des Sommerrefektoriums (Abb. 123) völlig verändert: Die Stützen wie

auch die Gewölberippen sind elegant und geradezu zart geworden, so auch die schlanken, mit dünnen Maßwerkfiguren gegliederten Fenster. Es ist ein wesentliches Merkmal gotischer Architektur, die Massivität des Steins und seine offensichtliche Schwere mehr und mehr schwinden zu lassen. Die europäischen Architekten des 14. und 15. Jahrhunderts haben von unterschiedlichen Ausgangssituationen her an dem ästhetischen Problem gearbeitet, die steinerne Architektur leicht und durchsichtig zu machen. Nicht allein die Vertikalisierung, die mit dem Spitzbogen zunehmend zur Geltung gelangte, erscheint als die wesentliche Aufgabenstellung dieser Baumeister, sondern eben diese Entmaterialisierung der Wand.

Ein luzides Gehäuse ist auch jener ›Dachreiter‹, der in den Jahren 1406/07 auf die Vierung des Bebenhausener Kirchbaus gesetzt wurde (Abb. 117). So ist der Turmhelm nicht mehr eine geschlossene Form und als Dach gegen das Wetter fest eingedeckt, sondern die Rippen des Polygons stehen als dünne Stäbe vor dem Himmel: zwischen diesen spannt sich ein zartes Filigranwerk aus. Die Flächen sind durchlichtet, die Schwere des Steins ist verwandelt in eine geometrische Lineatur. Das gilt auch für den Turmkörper selbst, der gänzlich auf die freistehenden Stabelemente, Fialen und Maßwerkwimperge konzentriert ist. Die amorphe Masse des Steins ist in geschliffene Form verwandelt: das Gehäuse der Architektur wird zu einem Stabgerüst, einem feinen Gestänge, das die Masse und Solidität der Mauern vergessen läßt. Die Architektur hat hier eine nie gekannte Leichtigkeit und Durchsichtigkeit erreicht.

Vorläufer für die gestängehafte Präzisierung des Stabwerkgerüsts waren die Westfassade des Straßburger Münsters und der Turm des Freiburger Münsters (Abb. 129). Mit beiden, bereits um 1300 errichteten Bauwerken, die im Einflußbereich eines der bedeutendsten europäischen Architekten der Gotik, des Erwin von Steinbach, entstanden sind, hat die Gotik die höchste Verfeinerung erfahren. Der Freiburger Münsterturm mit seinem Maßwerkhelm ist architektonisch reine Poesie, durchsichtig und scheinbar materielos. Seit diesen beiden oberrheinischen Bauwerken mußte jeder mit der Kirchenbaukunst befaßte Architekt als sein höchstes Ziel die Entmaterialisierung des Steins anstreben und das gesamte Bauwerk in dünne Stäbe und durchsichtige Maßwerkflächen verwandeln. Die spätgotische Architektur – auch Georg von Salems Dachreiter – ist von diesem Streben bestimmt.

128 Bebenhausen, Zisterzienserkloster, Kapitelsaal, um 1200

129 Freiburg i. Br., Münsterturm, um 1310/20

Eine Stadt des Mittelalters – Büdingen

Das hessische Büdingen, das nahe an der bedeutenden Fernstraße Frankfurt-Leipzig lag, gehört zu den besonders schönen Beispielen einer kleinen mittelalterlichen Stadtanlage (Abb. 130, 132). Die Fachwerkstadt unweit der einst bedeutenden Reichsstadt Gelnhausen läßt sich gleichsam mit einem Blick überschauen und weist dennoch die Komplexität einer aus unterschiedlichen Bautypen, Funktionen und Beziehungen bestehenden mittelalterlichen Stadt auf.

Eine in großen Teilen heute noch erhaltene Mauer grenzt das Stadtgebiet scharf gegen das Umland ab. Die Stadtbefestigung war Voraussetzung zur Erlangung des Stadtrechts. Außerhalb steht die Burg der Stadtherren. Sie ist im Kern gegen Ende des 12. Jahrhunderts errichtet worden und liegt vor der Stadt, die sich aus einer Burgmannensiedlung entwickelte. Diese staufische Herrenburg setzt sich mit ihrer eigenen lehnsherrlichen Rechtshoheit gegen die Stadt ab, war jedoch die Bedingung und Voraussetzung der vor ihren Mauern heranwachsenden Siedlung. Dieses Bild einer doppelpoligen Beziehung zwischen Burg und Bürgersiedlung hat viele europäische Städte des Mittelalters geprägt.

Der Stadtkörper selbst wird aus den im Straßennetz stehenden Bürgerhäusern gebildet. Mitten in der Altstadt befindet sich die Pfarrkirche, ›Stadtkirche‹ genannt, und gleich dahinter, mit der Fassade zur Hauptstraße gerichtet, das steinerne Rathaus (Abb. 131), mit dessen Bau erst Mitte des 15. Jahrhunderts begonnen wurde.

Steinerne Häuser waren in den mittelalterlichen Städten Hessens selten. In Marburg, Fritzlar und auch Büdingen gibt es in der Altstadt *das* ›Steinerne Haus‹; es war der Wohnsitz besonders wohlhabender Bürger, die es sich leisten konnten, auf das weniger kostspielige Fachwerk zu verzichten und damit auch vor Feuergefahr geschützt zu sein. Das Material selbst war bereits Ausweis des Reichtums der Besitzer. Im 16. Jahrhundert

130 Büdingen (Hessen), Stadtmodell, Ausschnitt

131 Büdingen, Rathaus, 1458

kamen dann eine Reihe opulent geschmückter Steinhäuser hinzu; die Stadt des 14. Jahrhunderts bestand dagegen allein aus Fachwerkhäusern.

Die Vervielfältigung der Bauaufgaben – und damit der Bautypen – war selbst ein geschichtlicher Prozeß. So hat es Rathäuser als Sitz der bürgerlichen Stadtregierung erst dann gegeben, als es eine politische Repräsentation der Bürgerschaft gab; dies ist erst im Laufe des 13. Jahrhunderts geschehen. Das erste erhaltene Rathaus in Deutschland steht im benachbarten Gelnhausen und wurde wohl zunächst als Sitz des kaiserlichen Vicarius um 1200 errichtet. Büdingen hat erst im 15. Jahrhundert mit dem ›Steinernen Rathaus‹ das Abzeichen eines kommunalen Selbstverständnisses erhalten.

Deshalb besitzen die Häuser der Stadt des 14. Jahrhunderts auch einen recht gleichartigen Charakter: größere oder kleinere Fachwerkhäuser reihen sich an den Straßen auf und bestimmen das relativ einheitliche Bild der Bürgersiedlung (Abb. 132). Die Stadt besaß nicht einmal eine eigene Pfarrkirche; zum Gottesdienst mußten die Bewohner nach St. Remigius im naheliegenden Großendorf, das seit dem 11. Jahrhundert als Pfarrkirche ausgewiesen war. Erst im 14. Jahrhundert wurde die zunächst hölzerne Liebfrauenkapelle in der Altstadt als Steinbau neu errichtet, und im 15. Jahrhundert erwirkten die Büdinger Stadtherren schließlich vom Mainzer Erzbischof das Recht, eine neue, mit einem ansehnlichen Rippengewölbe ausgestattete Stadtkirche neu zu bauen.

Mit den hinzugewonnenen Rechten und Funktionen bereicherte sich auch das anfangs recht einheitliche Stadtbild: eine Schule wurde gebaut, ansehnliche, repräsentative Bürgerhäuser begannen sich von den Altbauten der Fachwerkhäuser zu unterscheiden. Die Stadttore wurden erneuert, und mit den zwei untersetzten, mit spätgotischem Maßwerk geschmückten Türmen des Jerusalemer Tors (Abb. 133) begann Büdingen um 1500 auch nach außen hin einen keineswegs durchschnittlichen Anspruch zu stellen.

132 Büdingen (Hessen), Stadtanlage, 13.-16. Jh., Ringburg um 1200, Modell

133 Büdingen, Stadttor (›Jerusalemer Tor‹), 1503

Zunächst sind es also nur wenige Elemente, aus denen sich die Stadt aufbaut: Mauer, Stadttor, Straße, Platz und Fachwerkhaus. Die Welt der Stadt Büdingen ist – gemessen an ihren Bauaufgaben und Bautypen – eine leicht überblickbare, anschaulich begreifbare Welt.

Mit der zunehmenden Spezialisierung und Aufgliederung der gesellschaftlichen Aufgabenstellungen hat sich auch die Stadt in eine zunehmend reichhaltigere und komplizierter werdende Architekturtypologie zergliedert – bis im 20. Jahrhundert mit der modernen Großstadt die bildhafte Sprache der Architektur nicht mehr hinreichte, um die komplexen Funktionen und Inhalte überhaupt noch signalisieren zu können. Eine moderne Metropole gibt ihre vielfältigen

Funktionen nicht mehr dem Auge preis. Die Undurchschaubarkeit ist an die Stelle der visuellen Erkennbarkeit getreten.

Mauer und Grenzen

Bis heute hat Büdingen eine Gestalt behalten, die zwei für eine mittelalterliche Stadt besonders kennzeichnende Bezüge konkret vermittelt: das Verhältnis der Stadt zum Umland und das Verhältnis der Bürgerstadt zur Burg des Stadtherrn.

Die Stadtmauer konzentriert das Siedlungsgebiet auf den engen Raum der Eingrenzung (Abb. 132). Die Bürger schützten sich vor alledem, was draußen lag: Feinde, wilde Tiere, jegliche ungebändigte Natur. Mit dem Mauerring endet abrupt das Siedlungsgebiet. Stadt und Umland, Zivilisation und Natur, Ordnung und Gefährdung der Ordnung, bekannte Welt und unbekannte Welt standen sich scharf gegenüber. Erst im 19. und 20. Jahrhundert ist das Bild dieser abrupten Unterscheidung zwischen der von einer Mauer umgürteten Stadt und dem Umland durch die Hinzufügung von Neubauten vor der Mauer verunklärt worden. Doch an manchen Stellen blickt man noch heute auf die Büdinger Mauer wie im Mittelalter: als die große kommunale Leistung der Stadtbürger steht die Mauer als eine steile Schutzwand gegen die Außenwelt. Sie auch garantiert die Rechte der Stadtbürger gegen die Mächte draußen.

Bürgerliche ›Stadtfreiheit‹ war nur im Schutze der Mauern möglich. Eine Ansiedlung ohne Mauern, mochte sie auch noch so groß sein, war keine Stadt (›urbs‹, ›oppidum‹), sondern, wie die bereits erwähnte Situation in Speyer gezeigt hat, ein Dorf (›villa‹). Wie auch hätte etwa eine große mittelalterliche Stadt wie Straßburg oder Köln zu einer freien Reichsstadt werden können, wenn sie sich nicht durch ihre Wehrhaftigkeit gegen den Territorialfürsten hätte behaupten können?

Büdingen jedoch wurde nicht freie Stadt, sondern blieb in der Abhängigkeit der in der Burg ansässigen Lehnsbesitzer, der Herren von Büdingen (seit 1131 als wahrscheinliche Schirmherren des Büdinger Reichsforstes nachgewiesen). Diese verlangten von den Bürgern ihrer Stadt den Bau und Unterhalt der Mauer. Sie verfügten weiter, daß »unser burger... ewicliche zwene wechter uffe der muren der stat Budingen und zwene ewige Portener, die allewege solle sitzzin uffe den Portenbrucken...« stellen mußten[17]. Das ›ewige‹ Wächteramt war die Voraussetzung dafür, der täglich zu erwartenden herandringenden Gefahr begegnen zu können und die Stadt gegebenenfalls in eine Verteidigungssituation zu versetzen.

Der Schutz einer Ansiedlung war solange nötig, als es keine Territorialherrschaft über das gesamte Land gab. Erst im 17. Jahrhundert mit der weiterentwickelten Waffentechnik und dem aufkommenden Absolutismus, dessen Militär- und Polizeigewalt den Staat durchdrang, begannen die Mauern überflüssig zu werden. Die kontrollierte und notfalls verteidigte Grenze war nun die Landesgrenze des Nationalstaates (England, Frankreich) oder wie in Deutschland oder Italien die Grenze des Fürstentums. Städte, Schlösser und Herrensitze wurden im 18. Jahrhundert unbefestigt ins Land gesetzt. Die Unmittelbarverteidigung der kleinsten Zivilisationseinheit, der Burg und der Ansiedlung, war obsolet geworden.

Allein die Festungsstädte, die an strategisch wichtigen Orten lagen, wurden zu Bollwerken gegen den äußeren Feind ausgebaut. Der Westwall im Ersten und Zweiten Weltkrieg oder die Maginotlinie sind Beispiele dafür, welch großer Verteidigungsaufwand getrieben wurde, wenn sich im 20. Jahrhundert eine ganze Nation gegen den Nachbarn wappnete. In unserer Zeit war der ›Eiserne Vorhang‹, die Berliner Mauer mit dem Minengürtel der DDR-Grenze, das antiquierte Zeugnis dafür, welch absurder Anstrengungen es bedurfte, wenn ein Staat sich nach außen völlig abschotten wollte. Die moderne Staatsgrenze wurde in den Status einer mittelalterlichen Stadtmauer zurückversetzt.

Im Verlauf des 18. Jahrhunderts wurden mit den Mauern auch die Stadttore als befestigter Eingang in die Stadt überflüssig. Sie wurden nun als freistehende Bauten an die Stadtgrenze gesetzt und behielten eine symbolische Bedeutung des Überschreitens eines Hoheitsbereichs. Doch die Zollbarrieren wie die Pariser Barrieren des Ledoux waren noch immer Hindernis genug. Gegen einige dieser Barrieren richtete sich denn auch der Volkszorn während der Französischen Revolution. Das Staatsgefängnis, die Bastille, und einige der neuen Zolltore wurden zuerst gestürmt. Man begriff das Tor nicht mehr als Schutz der Stadt, sondern als antiquierte Behinderung der Freiheit von Handel und Wandel.

Stadt und Burg

Unmittelbar anschaulich wird in Büdingen auch das Verhältnis von Stadtbürgerschaft und Stadtherren (Abb. 132). Einbezogen und doch abgesetzt von der Stadt, erhebt sich der als Talburg Ende des 12. Jahrhunderts errichtete staufische Lehnsherrensitz als Gegenpol zur Fachwerksiedlung. Ein Wassergraben ist als Schloßgraben auch gegenüber der Stadt erhalten geblieben (Abb. 134). Ein Turm überragt die mit wehrhaften Buckelquadermauern versehene Ringburg.

Im Schatten der Burg ist Büdingen als kleine, unbefestigte Ansiedlung entstanden. Dies ist die klassische Situation einer Stadt-

134 Büdingen, Wasserburg, Grundriß

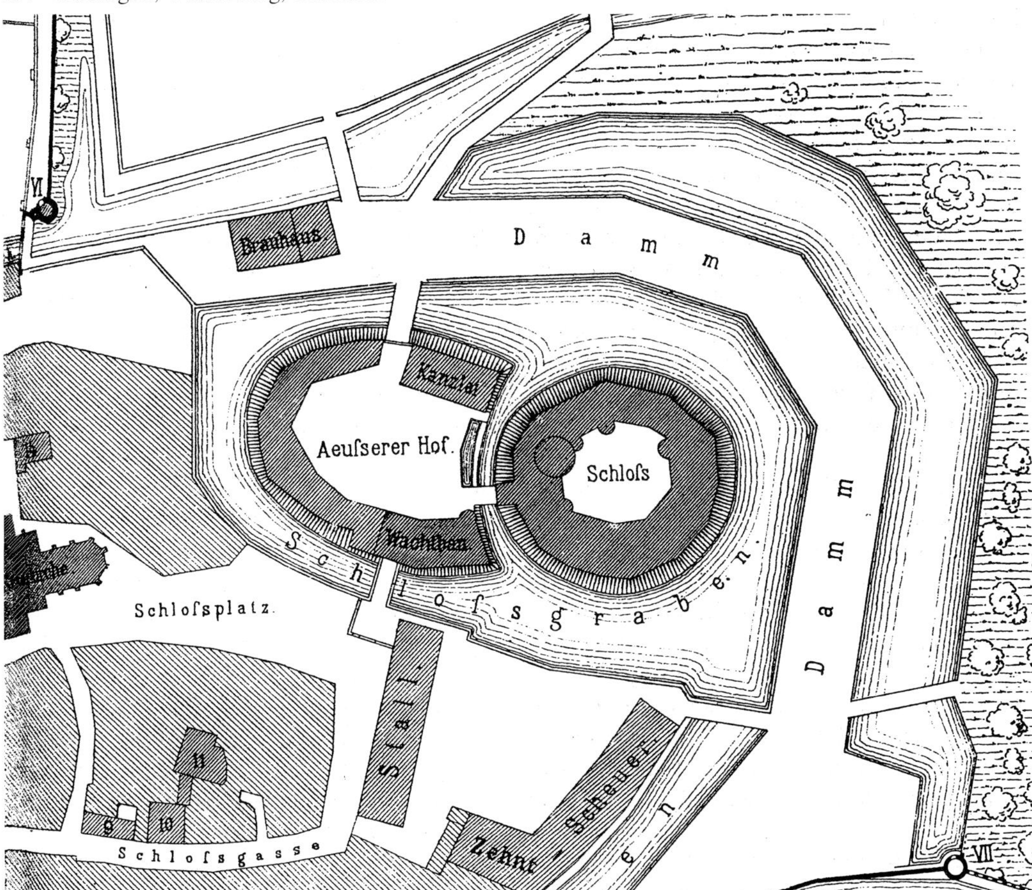

135 Büdingen, Wasserburg, Ringmauer aus Buckelquadern, um 1200

entstehung: vor den Toren des Herren- oder Bischofssitzes sind die Städte des Mittelalters aus unbedeutenden Ansiedlungen herangewachsen. Es waren Handwerker und Kaufleute, die mit der Burg Handel trieben und vom Bedarf des Burgherrn lebten. Daneben gab es den unabhängigen Wiek der Kaufleute, der sich manchmal auch zu einem Messeort entwickeln konnte. Doch der übliche Fall war die Ansiedlung vor den Toren einer Burg, eines Klosters, einer Bischofsimmunität wie in Speyer (Abb. 107) oder auch einer Pfalz wie in Goslar. Der Begriff Bürger oder Burger, wie noch in den Urkunden der Büdinger Lehnsherren zu lesen, leitet sich von dem vor der Burg ansässig gewordenen Kaufmann oder Handwerker ab. Wenn auch heute die Beziehung zwischen Burg und Stadt meist nicht mehr in gleicher Weise sichtbar geblieben ist wie in Büdingen, so gehen doch viele der mittelalterlichen Stadtgründungen, vor allem die bedeutenden Gründungen der Ottonen im 10. Jahrhundert, auf den Bezug zur Burg zurück. Der Dualismus zwischen Burg und Bürgersiedlung war die Wurzel der mittelalterlichen Stadtentstehung.

Als voneinander abhängig und doch auch als ein – in der Architektur – zum Ausdruck gelangender Gegensatz standen sich in Büdingen Burg und Stadt gegenüber. Dieser Gegensatz ist in Büdingen politisch nur unterschwellig zum Tragen gekommen, da die Burgherren auch Stadtherren blieben. Anderswo, wie in Worms, Köln und Straßburg oder in Como, Mailand und Florenz, ist der Interessenkonflikt bis hin zu kriegerischen Auseinandersetzungen zwischen den Bürgern einerseits und dem Bischof oder dem weltlichen Herrn andererseits voll entbrannt. Dieser Konflikt löste sich entweder zugunsten der Burgherren oder, in den großen Städten, zugunsten der Bürgerschaft. In Köln und Straßburg wurde der Bischof als Stadtherr vertrieben, damit er als geistlicher Herr wieder aufgenommen und geduldet werden konnte. In Florenz zwang man die Grafen der Toskana, in die Stadt zu ziehen (13. Jh.), damit sie als Feudalherren von den Bürgern kontrolliert werden konnten. Sie mußten ihre Burg verlassen.

Der politische Dualismus zwischen Bürgerschaft und Burgherr erklärt auch, weshalb die Stadtburgen befestigt wurden. Sie richteten ihre Abwehrkraft nicht nur gegen eine fremde Macht von außen, sondern wandten sich auch gegen die eigenen Bürger. In Florenz wurde noch im 16. Jahrhundert die Fortezza der Medici gebaut, die Schutz gegen mögliche Bürgeraufstände bot.

Buckelquader

Mit den Burg- und Pfalzbauten Friedrichs I. Barbarossa wurde seit dem letzten Drittel des 12. Jahrhunderts wieder eine Mauertechnik eingeführt (Abb. 135), die in der römischen Antike eine große Rolle gespielt hatte: die Wand aus bossierten oder rustizierten Quadern, aus ›Buckelquadern‹ (Abb. 136). Anders als die glatt gemauerte Wand ruft sie den Eindruck großer Schwere und Mächtigkeit hervor, als sei sie aus nacktem Fels gehauen. Die Wirkung des roten oder gelben Sandsteins, dessen Stirn sich kissenförmig hervorwölbt, ist einkalkuliert worden, wenn es darum ging, abschreckend wehrhafte oder repräsentativ mächtige Mauern zu errichten. In Rom steht bis in die Gegenwart die Buckelquaderwand des Augustus-Forums aufrecht, dessen eindrucksvolle Maße den mittelalterlichen Bauten des Kaisers ein Vorbild abgeben konnten (Abb. 137). Friedrich II. hat für seine Kastelle in Unteritalien wiederum das Vorbild Barbarossas aufgegriffen.

136 Trifels (Rheinland-Pfalz), Höhenburg, um 1200

137 Rom, Augustus-Forum, rückwärtige Quaderwand

Schließlich haben die italienischen Städte der kaiserlichen Architektur das Vorrecht streitig gemacht. In der Toskana wurde der Buckelquader als Zurüstung der Rathäuser übernommen; Florenz hat mit dem Palazzo Vecchio (Abb. 138), dem Regierungssitz der Stadt, einen völlig in gelben Buckelquader eingekleideten Monumentalbau errichtet, der schließlich auch die großen Familien der Stadt zur Konkurrenz herausforderte, als es um die Selbstdarstellung dieser Großbürger ging, die mit dem Beginn der Renaissance, Anfang des 15. Jahrhunderts, die Stadtherrschaft usurpiert hatten. Der Palazzo Medici (Abb. 139) und der Palazzo Strozzi sind späte Nachkommen der Buckelquader-Architektur, noch immer von der martialischen Gewalt des bossierten Felsgesteins bestimmt.

Doch ist der staufische Quader keineswegs ein roher Stein geblieben. Die Stirnseite ist an den Kanten fein bearbeitet worden, so daß flache Randleisten entstanden, eine Art Rahmen, aus dem sich die schwere Wölbung heraushebt (Abb. 136). Der ›Buckel‹ selbst ist mit dem Schlageisen bearbeitet worden, so daß große Stücke absprangen, die eine unregelmäßig rauhe Oberfläche übrig ließen. Die scheinbar natürliche Rohheit des Steins ist Ergebnis eines ästhetischen Kalküls, ist die bewußt und mit Finesse hervorgerufene Künstlichkeit des Urtümlichen. Die Burgen der Staufer wie auch die Büdinger Burg haben den besonderen Ausdruck elementarer Kraft durch die Kunst einer im 12. Jahrhundert wieder eingeführten Steinbearbeitung gewonnen.

138 Florenz,
Palazzo Vecchio,
um 1300

139 Florenz,
Palazzo Medici,
Architekt: Michelozzo
de Bartolomeo,
um 1440/45

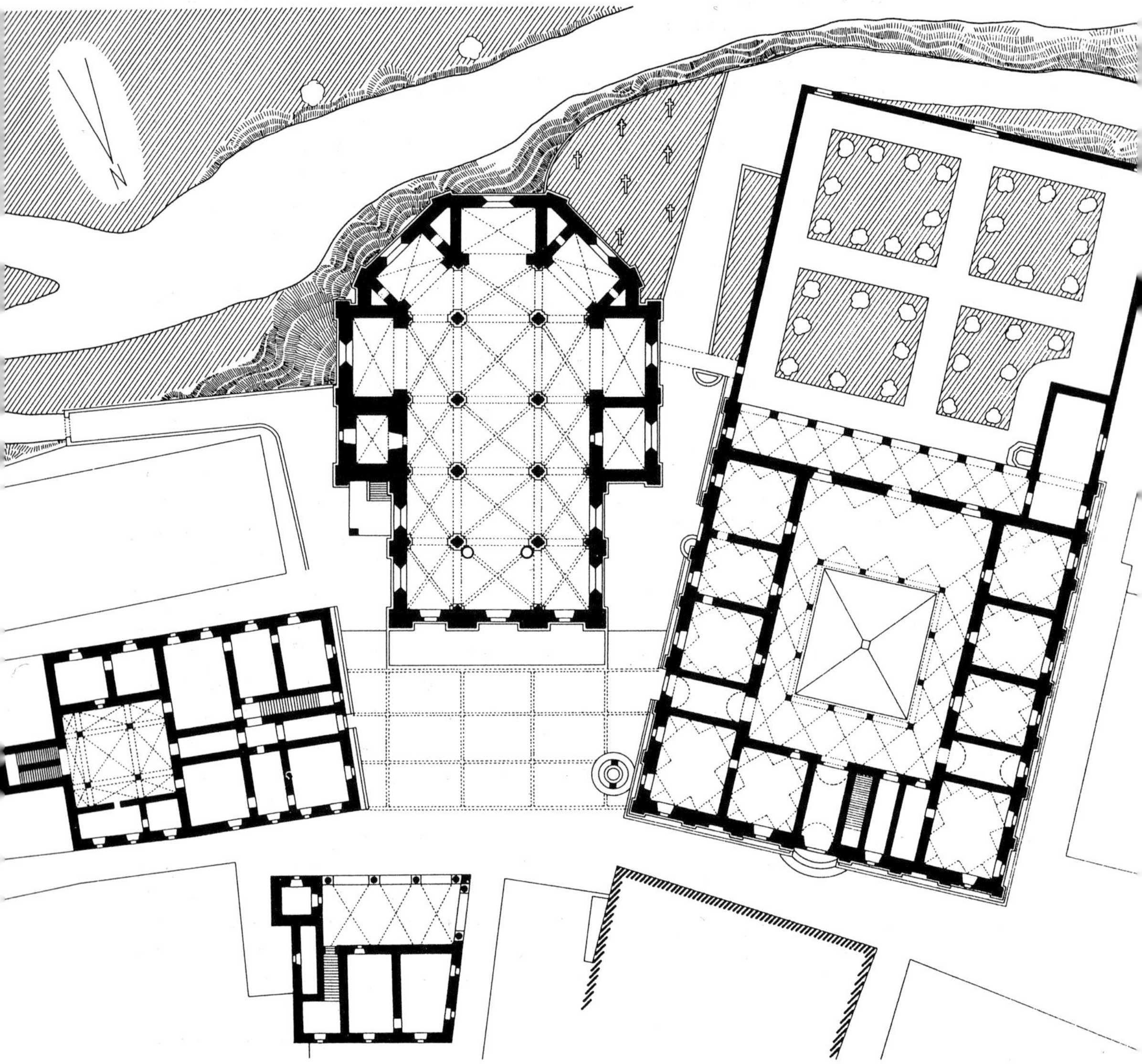
N
0
10
20
30
40
50M

Die geplante Stadt der Renaissance – Pienza

Als erste geplante Stadt der Renaissance nimmt Pienza eine Schlüsselstellung in der Architekturgeschichte ein. Papst Pius II. Piccolomini hatte seinen provinziellen Geburtsort Corsignano, der in seinen wesentlichen Teilen aus Bauten des 13. und 14. Jahrhunderts bestand, nach einem Entwurf des Florentiner Architekten Bernardo Rossellino zur ›Piusstadt‹ umwandeln lassen. Innerhalb von nur drei Jahren gelang es, eine im 15. Jahrhundert von italienischen Architekten wie Leon B. Alberti, Filarete, Francesco di Giorgio, Biagio Rossetti und anderen in Traktaten, Plänen und Zeichnungen gehegte Wunschvorstellung zum ersten Mal zu verwirklichen: die Errichtung einer geplanten und nahezu achsensymmetrisch ausgelegten Stadt (Abb. 140, 141). Es war das Ziel aller dieser Baumeister, einen Stadtgrundriß als künstliches Gebilde in allen seinen Teilen rational zu bestimmen und sowohl die Zuordnung der einzelnen Funktionen als auch die ›ästhetische‹ Gestalt der Stadt nicht dem Zufall zu überlassen, sondern ihre Entwicklung mit einem einmal gefaßten Beschluß vorwegzunehmen und festzulegen. Mit dem Zirkel auf dem Pergament die Form der Stadt zu finden und sie als geometrische Komposition in allen ihren Teilen zu definieren, war die besondere Leidenschaft der Architekten und Auftraggeber seit der Renaissance. Man hat diese Planungen ›Idealstadt‹ genannt, obwohl sie weitgehend von der Ästhetik und der Form her bestimmt waren und meist nicht den Rahmen einer ›idealen Gesellschaft‹ abgeben sollten. Ihre Utopie war nicht, wie bei Thomas Morus oder Campanella, ein neuer Staat, sondern eine neue und eher bestätigende architektonische Fassung der existierenden Gesellschaft, wie später auch im Barock mit den neu errichteten Schloßanlagen und Residenzstädten die Form für vorgegebene Ansprüche und Repräsentationswünsche gesucht wurde.

Pius II. aber hatte nicht einmal die Genugtuung, eine Planstadt in allen ihren Teilen neu zu gründen; er begnügte sich mit dem Bau ihres Zentrums: eines Platzes, einer Kirche, des Rathauses und seines eigenen Palastes (Abb. 141).

Wie in späterer Zeit für derartige Gründungsakte üblich, warb der Papst mit Aufrufen und Privilegienversprechen Siedler und Neubürger an; Pius wandte sich an seine Kardinäle und forderte sie auf, in seiner Stadt Paläste zu bauen. Rodrigo Borgia, der nachmalige Papst Alexander VI., tat ihm den Gefallen und setzte seinen Palast dem der Piccolomini entgegen, womit immerhin eine der Platzflanken geschlossen war. Doch damit hatte es auch sein Bewenden, nach dem Tod Pius II. versank Pienza wieder in seine ländliche Bedeutungslosigkeit zurück. Doch jene Keimzelle städtebaulicher Ambitionen, die mit dem Bau des Platzes 1459 begonnen hatte und schon 1462 wieder abgeschlossen war, wurde zu einer der reinsten Verwirklichungen neuzeitlicher Stadtplanung.

140 Pienza (Toskana), Stadtzentrum, 1459-1462, Architekt: Bernardo Rossellino, Modell

141 Pienza, Stadtzentrum, Grundriß, Dom (Mitte), Palazzo Piccolomini (rechts), Palast des Rodrigo Borgia oder Bischofspalast (links), Kommunalpalast (links unten)

142 Pienza, Palazzo Piccolomini. Fassade, Architekt: Bernardo Rossellino, um 1460

In gut christlichem Geiste ließ der Bauherr die Kirche in das Zentrum der Platzanlage rücken; mit der durch Säulen, Pilaster, Bogen und Nischen ausgezeichneten Fassade findet der Platz seine rückwärtige Begrenzung, eine ideale Renaissancekulisse für das alltägliche und festliche Geschehen, das sich vor ihr abspielte (Abb. 143). Die beiden Paläste bilden die seitlichen Platzwände. Der Palazzo Piccolomini läuft als langgestreckter Block an der Flanke der Kirche vorbei bis hin zur Hügelkante, wo das Terrain steil ins Tal abfällt (Abb. 140, 142). Der Kirche gegenüber, aus der Achse versetzt, steht der Palazzo Comunale, das Rathaus, mit seinem an die Ecke gerückten Turm (Abb. 144), so daß am Kopfende des Platzes neben dem Kommunalpalast eine Lücke bleibt (Abb. 141). Doch setzt der an den Palazzo Piccolomini herangerückte Renaissancebrunnen ein Gegengewicht (Abb. 142), als habe gegenüber dem Rathausturm ein optischer Ausgleich geschaffen werden müssen.

Der Blick auf das im Fischgrätmuster gefügte Ziegelpflaster des Platzes mit dem regelmäßigen Raster seiner hellen Travertinstreifen bestätigt den unterschwelligen Ein-

143 Pienza, Domfassade, Architekt: Bernardo Rossellino, Modell

druck, den der Besucher nach längerem Verweilen gewinnen muß: die beiden flankierenden Paläste stehen überraschenderweise schräg zur Achse, so daß nicht – wie zunächst erwartet – ein rechteckiger, sondern ein trapezförmiger Platzumriß vorhanden ist. Blickt man in einigem Abstand, in der Achse des Platzes stehend, auf die Kirchenfassade als Mitte der Raumkomposition, so wird man gewahr, daß die seitlichen Fassadenflanken der beiden Paläste parallel zur Achse zu stehen scheinen. Doch dies ist eine optische Täuschung. Der Architekt hat die Wirkung der Perspektive miteinkalkuliert, hat also die tatsächliche Parallelstellung der seitlichen Platzwände bewußt vermieden, um eine durch das perspektivische Sehen zustande kommende ungebührliche Ausweitung der kleinen Platzanlage zu verhindern. Die Architektur ist dem perspektivischen Kalkül unterworfen worden; sie wird zu einer Funktion der von einem Augenpunkt ausgehenden Fluchtlinien. Die neue Errungenschaft des perspektivischen Bildaufbaus, welcher der Malerei der Renaissance eine Grundlage gegeben hat, wurde von Rossellino auf die Raumkomposition der gebauten Architektur übertragen. Der Florentiner Architekt Filippo Brunelleschi hatte einige Jahrzehnte zuvor das mathematische Experiment der Perspektivkonstruktion zum ersten Mal zur Darstellung einer perspektivischen Illusion angewendet, um die reale Architektur – das Baptisterium von Florenz – als räumliches Scheingebilde erfassen zu können.

Noch Michelangelo hat im 16. Jahrhundert bei der Planung des Kapitols in Rom von Rossellinos geistreicher Disposition der Gebäudekörper profitiert und auf gleiche Weise die Flankenbauten schräg zum Kapitolspalast gestellt.

Der Renaissancepalast: Palazzo Piccolomini und Palazzo Comunale

Der von Rossellino erbaute Palast, an den Ecken zur Straße hin durch zwei auffällige große Familienwappen als Haus der Piccolomini ausgewiesen, besitzt alle Merkmale des Renaissancepalastes (Abb. 142). Die Großform des Baukörpers wird durch die Typologie einer Vierflügelanlage bestimmt: die vier Seiten des Gebäudes umrahmen einen zum Himmel offenen Innenhof, wie von den römischen Atriumhäusern bekannt. Deshalb hat man den Renaissancepalast auch von dem römischen Vorbild abgeleitet, obwohl in den Schriftquellen häufig von ›chiostro‹, also Klosterhof (Kreuzgang), die Rede ist. (Der

144 Pienza, Palazzo Comunale, Turm, um 1460

145 Florenz, Palazzo Rucellai. Architekt: Leon Battista Alberti, begonnen um 1457

Bezug des Palazzo Medici zum gotischen Kommunalpalast von Florenz, dem Palazzo Vecchio, ist nachgewiesen. Auch hier wird der Hof als ›chiostro‹ bezeichnet.) Vielleicht ist also weit mehr die mittelalterliche Tradition als die Antike für die Herausbildung der Palasttypologie der Renaissance maßgebend gewesen.

Die Palastfassaden kommen dem Vorbild antiker Architektur näher. Das dreifache Übereinander der Wandpilaster, sozusagen plan der Fläche angeglichene Säulen, und die fein gegliederten Gesimse entsprechen dem klassischen Ordnungsgedanken. Nach dem unmittelbaren Vorbild des von L. B. Alberti erbauten Palazzo Rucellai in Florenz (Abb. 145) hat auch Rossellino die Pilasterordnung mit einer geflächten (glatten) Rustika verbunden, so daß die regelmäßig geschnittenen Keilsteine der Fensterbogen als sorgfältig berechnete Steinfolge vorgezeigt werden konnten. Mit Albertis Palazzo Rucellai und Rossellinos Palazzo Piccolomini ist der Renaissancepalast in der Tat zu einem klassizistisch antikisierenden Bauwerk geworden, was man von den schweren Bossenquaderwänden des Palazzo Medici (Abb. 139) und Palazzo Strozzi in Florenz kaum sagen kann.

Und doch ist in Rossellinos Aufriß ein gotisches Element hineingelangt: die doppelten Rundbögen (Biforien) der Fenster

146 Pienza, Dom, Fassade, Tympanon mit Papstinsignien und dem Wappen der Piccolomini

147 Pienza, Dom, Fassade, um 1460

mit einem zwischengefügten Maßwerkkreis (Paß). Trotz Pilaster, Rustika und Kranzgesims hat sich Rossellino nicht völlig freigemacht vom mittelalterlichen Beispiel, was in noch stärkerem Maße für den Palazzo Comunale gilt. Neben den Maßwerkfenstern des Rathauses ist es vor allem der Turm mit seinem doppelten Zinnenkranz, der einen mittelalterlichen Charakter behalten hat (Abb. 144). Auch andere Rathaustürme der Frührenaissance, wie etwa Michelozzos Turm in Montepulciano, sehen ähnlich aus. Der fest geprägte Typus des zum Rathaus gehörenden Turms mit den Zinnen ist mittelalterlicher Herkunft und wurde in der Renaissance nicht sogleich aufgegeben. So mischten sich die Ausdrucksweisen unterschiedlicher Formen, weil eben auch unterschiedliche Symbolisierungsabsichten beibehalten wurden.

Der Dom

Der antikisierend-klassische Stil der Domfassade steht in spannungsvoller Beziehung zur Turmgotik des Rathauses (Abb. 147).

Wie ein römischer Triumphbogen erheben sich die drei von Säulen getragenen Bogenfelder, den weltlichen Triumph römischer Kaiser in den Triumph Christi umdenkend. Auch der – ein wenig zu steil geratene – Giebel mit dem Wappenschmuck des Tympanon und den Rahmengesimsen aus Eierstab und Zahnfries bestätigt die Beziehung zur Antike (Abb. 146). Um so schärfer tritt der Gegensatz zum Inneren hervor: denn Rossellino hat sich nicht etwa am Vorbild der Florentiner Säulenbasiliken der Frührenaissance orientiert, wie sie Brunelleschi mit San Lorenzo als nachahmenswertes Beispiel vor Augen gestellt hatte, sondern Rossellino hat auf ausdrücklichen Wunsch des Papstes eine gotische Hallenkirche mit Rippengewölben und Maßwerkfenstern errichtet (Abb. 149). Wenn auch die Bündelpfeiler klassische Kapitelle und Kämpferpodeste tragen, so überwiegt dennoch der Eindruck, sich in einem gotischen Raum zu befinden. Auch die vierfach um einen Pfeiler gelegten Halbsäulen sind letztlich gotische Dienstbündel, wie sie Pius II. bereits im mittelalterlichen Dom von Siena, dem Familiensitz der Piccolomini, hat antreffen können. Der Typus der Hallenkirche mit drei gleich hohen Schiffen war von Enea Silvio Piccolomini ausdrücklich gewünscht worden. Er verwies seinen Architekten auf das Beispiel der gotischen Hallenkirchen in Deutschland.

So wird die Renaissancefassade nach modernstem Geschmack vor einen gotischen Hallenraum gesetzt, ohne daß der Stifter darin einen unüberwindlichen Widerspruch gesehen hätte; Gotik und frühe Renaissance verbinden sich zu einer Einheit, die jeglicher Stildogmatik widerspricht.

148 Pienza, Dom, Chorhaupt mit Wappen der Piccolomini (Mondsichel) und dem Papst- und Familienwappen der Piccolomini, Fresko des Triumphbogens, um 1470 (oben)

149 Pienza, Dom, Langhaus, Blick vom linken Seitenschiff in das Mittelschiff und Chorhaus

150 Pius II. (Enea Silvio Piccolomini), Tondo, um 1460/70, Palazzo Piccolomini, Pienza

Ähnlich wie der Stadtturm des Palazzo Comunale seine gotische (trecenteske) Charakteristik behalten hat, so auch der Kirchenraum, der auf die klassischen Formen der Palast- und Domfassaden antwortet. Möglicherweise hat Pius II. die Gotik als die für einen Kirchenraum angemessene Stilhaltung angesehen. Jedenfalls ist trotz der Antikenbegeisterung im Kirchenbau der nachfolgenden Jahrhunderte die Gotik nie ganz vergessen worden.

Der Campanile des Rathauses wie auch der rippengewölbte Chor des Doms (Abb. 148) lassen die Vermutung zu, daß dem jeweiligen Stil auch eine ganz bestimmte Bedeutung zugekommen ist und daß der Auftraggeber die traditionellen Formen bewußt beibehalten hat, um mit ihrer Hilfe die Typik von Turm und Kirchenraum inmitten eines klassizistischen Ensembles zum Ausdruck zu

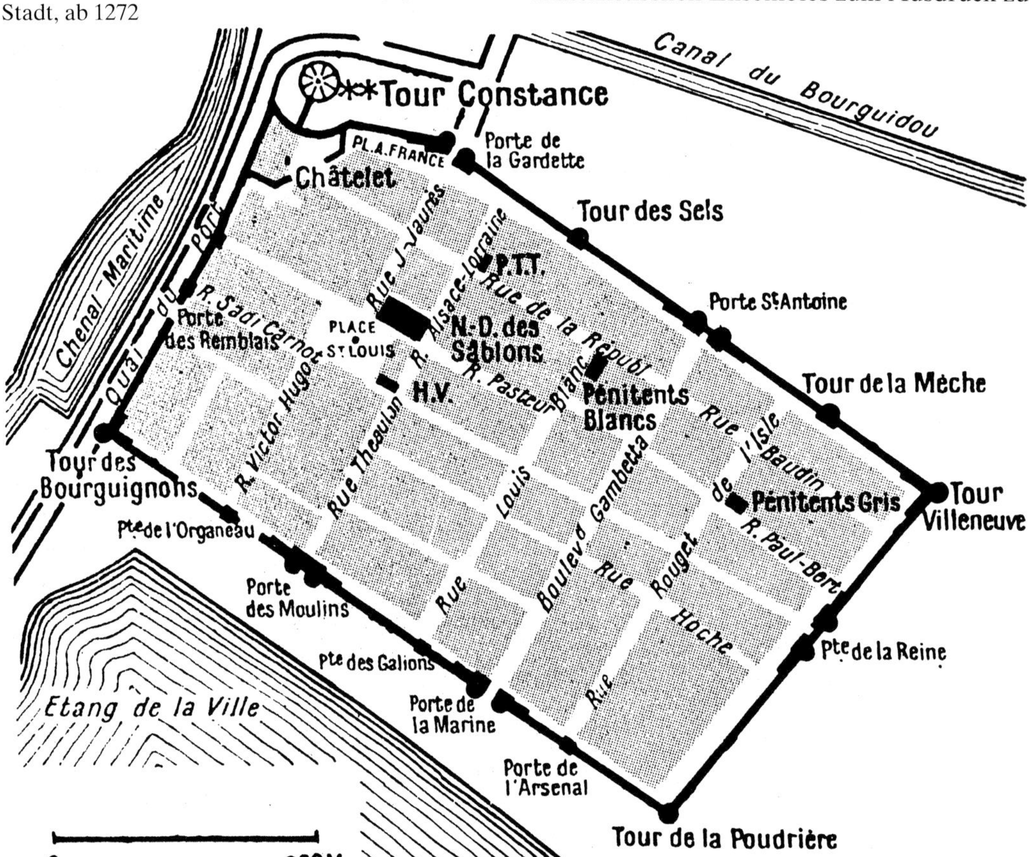

151 Aigues-Mortes (Südfrankreich), geplante Stadt, ab 1272

bringen. Die Stile werden zu einer Sprache (›maniera‹), die jenseits rein ästhetischer Anschauung bestimmte Inhalte vermitteln und bestimmte Assoziationen ermöglichen sollen.

Ruhmbegehren und Wappenmanie

Wenn wir den klassizistischen Aufbau der Domfassade (Abb. 147) als eine Übertragung des heidnisch-antiken Triumphbogens auf den christlichen Sakralbau deuten, so ist das eine Interpretation, die durch Parallelfälle und Schriftzeugnisse belegt wird. Was aber ist mit den der Fassade hinzugefügten bildlichen Darstellungen gemeint?

Es fällt auf, daß die an mittelalterlichen Kirchenfassaden üblichen Figurenzyklen und Bildreliefs am Pientiner Dom fehlen, daß also das erzählerische Element der Skulpturenzyklen, das wir an den großen mittelalterlichen Fassadenbauten der Toskana (z. B. Dome von Siena und Orvieto, ehemalige Domfassade von Florenz etc.) finden, hier fortgelassen ist, mit einer Ausnahme: an mehreren Stellen der Domfassade von Pienza wird der Herantretende mit Emblemen konfrontiert, den Wappenzeichen der Piccolomini und den Papstinsignien. Das in den Türsturz des Hauptportals gesetzte Relief bildet die Tiara und die Petrusschlüssel ab – die Zeichen päpstlicher Würde. Über den Muschelnischen der Seitenfelder erkennt man die Wappen der Piccolomini, und im Tympanon der Fassade tritt, von einem Kranz gerahmt, das Wappenkreuz mit den Halbmonden der Piccolomini und den aufsitzenden Papstinsignien in beeindruckender Größe hervor (Abb. 146). Das Wappentondo bildet das Zentrum des breiten Giebelfeldes, steht an oberster Stelle und krönt die gesamte Fassade. Allein das schmiedeeiserne Kreuz auf der Giebelspitze nimmt eine höhere Position ein. Damit war der Forderung Genüge geleistet, das Kreuz Christi über den persönlichen Ruhm zu stellen. Auftraggeber, Architekten und Künstler der Renaissance haben sich keineswegs demütig der Anonymität unterworfen, sofern sie den Worten des Hl. Paulus folgten: »Mir sei ferne, mich zu rühmen, denn allein im Kreuze unseres Herrn Jesu Christi« (Galaterbrief 6,14). Enea Silvio Piccolomini ließ also ein kleines Kreuz auf den Giebel der Domfassade setzen, damit sein Wappen um so größer im prominenten Giebelfeld darunter prangen konnte.

Solch eine monumentale Selbstdarstellung des einzelnen Menschen – und sei es der Papst – kennzeichnet die besondere Anfälligkeit der Menschen des 15. Jahrhunderts, als Individuum mit einem besonderen Ruhmesanspruch hervorzutreten (Abb. 150). Alle Skrupel christlicher Humilitas sind abgeworfen, so als habe man sich von einem moralischen Stau befreien müssen. Die Forderung des Paulus wurde beiläufig erfüllt, um sich selbst voll in Szene zu setzen, bis sie schließlich ganz vergessen wurde.

Betritt man den Innenraum der Kirche, so werden dem Besucher von allen Seiten die Embleme der Piccolomini entgegengehalten (Abb. 148). An den auffälligsten Stellen, auf den Kapitellen der Säulen, in den Bogenläufen der Chorkapellen, auf den Gewölberippen, am Triumphbogen des Chors und an der Innenfassade sind als einzige ›Bilder‹ die Wappen der Piccolomini angebracht, das Kreuz mit der Mondsichel oder auch nur die Sichel allein. Ein derartiges Überborden der Selbstinszenierung war zur großen Leidenschaft der Zeit geworden. Bereits im 14. Jahrhundert hatte sich die Tendenz angedeutet, das Familienwappen in den Vordergrund zu rücken; im 15. Jahrhundert gab es in Italien kaum ein Bild, einen Altar, ein Reliquiengefäß oder einen Bau, die nicht von der modischen Wappenmanie in Besitz genommen worden wären. Der Mönch Savonarola hatte versucht, die alte Moral christlicher Demut wieder zur Geltung zu bringen und in seinen Predigten zornentbrannt ausgerufen: »Wo immer ich erwarte, das Kreuz Christi zu sehen – dort prangen Wappen, Wappen, Wappen überall.« Doch Savonarola wurde als Ketzer auf der Piazza Signoria von Florenz verbrannt.

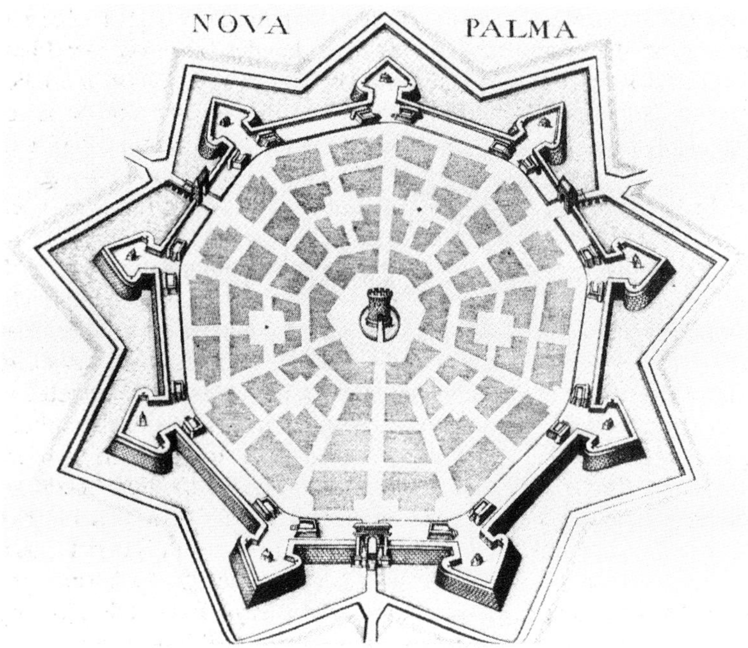

152 Palma Nova (Italien), 16. Jahrhundert

Die Platzanlage von Pienza – schon dem Namen nach eine Erinnerung an Papst Pius II. (›Piusstadt‹) – ist nicht nur als herausragendes Beispiel der Stadtplanung in die Geschichte eingegangen, sondern auch als Denkmal seines Ruhmes. Wenn Jacob Burckhardt als ein wesentliches Merkmal der Renaissance das neue Ruhmesbegehren hervorhob (›Geburt des Individuums‹), so ist dies mit dem Kirchenbau und der Platzanlage des Enea Silvio Piccolomini auf deutliche Weise bestätigt.

Stadtplanung

Die kleine toskanische Stadt Pienza steht am Anfang einer langen Reihe von Stadtplanungsunternehmungen, welche die Architektur der Neuzeit bestimmen sollten. Zwar waren schon im Mittelalter Neustädte gegründet worden, wie etwa die Hafenstadt Aigues Mortes in Südfrankreich, die auf Beschluß Karls des Kühnen 1272 aus dem Nichts heraus entstand (Abb. 151), oder auch wie Gründungsstädte des Deutschen Ritterordens in

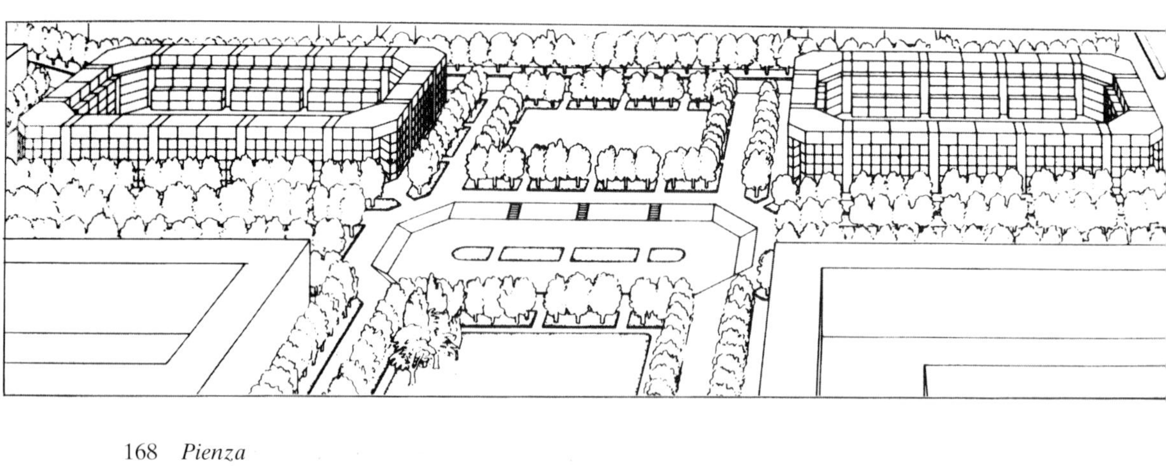

Ostpreußen. Doch blieb es meist bei einem einfachen Rechteckschema der Straßenzüge und der Ummauerung. Die Stadtplanung der Renaissance setzte hingegen auf komplexere geometrische Figuren. Die Straßen wurden mit dem Lineal gezogen, und die Stadtgrundrisse verwandelten sich in Hochseilakte zentralisierender Figuren. Die italienischen Planstädte des 16. Jahrhunderts wie Palma Nova (Abb. 152) oder Alexandria hatten sternförmige, von Radialstraßen durchzogene Grundrisse.

Den absolutistischen Planstädten des 17. und 18. Jahrhunderts waren strenge Rechteckraster oder Strahlenfiguren unterlegt, wie überhaupt die barocke Stadt den Inbegriff der geplanten, geometrisch angelegten Stadt abgegeben hat (Abb. 167). Versailles ist dafür das klassische Beispiel (Abb. 173). Schließlich haben auch die Stadterweiterungen des 19. Jahrhunderts, das Paris des Baron Haussmann oder das Wien der Ringstraßenzeit, von den Vorstellungen barocker Plangeometrie profitiert.

Erst mit dem beginnenden 20. Jahrhundert, mit dem Siedlungsbau und den Stadterweiterungen der Moderne, ist die bis auf Pienza zurückgehende Tradition der Planstadt aufgelöst worden. Die hierarchiebewußte Geometrie der Achsen und Symmetrien mußte einer freien Planung weichen (Abb. 224). Die von Randbauten streng gefaßten Straßenkorridore wurden zugunsten des Zeilenbaus aufgelöst. Die niederländischen und deutschen Siedlungen des staatlich subventionierten Wohnungsbaus waren nicht mehr von einer fürstlichen Hierarchie bestimmt, die sich die gesamte Stadt mit Hilfe geometrischer Dominanten unterordnete.

Erst in der Gegenwart sind die Architekten der Postmoderne zu einer strengeren, von geometrischen Grundfiguren bestimmten Stadtplanung zurückgekehrt, nicht aber um erneut die Autorität von Herrschaft zu zelebrieren, sondern um der Auflösung der Stadträume entgegenzuwirken. Die Planung von Leon Krier und Josef Paul Kleihues für den Vineta-Platz in Berlin (Abb. 153) wird zwar bestimmt von den Grundformen geometrischer Rechtecke, doch fehlt ein dominierender Kopfbau, auf den die Straßenachsen hinführen.

153 Berlin-Wedding, Vineta-Platz,
Architekten: Leon Krier und Josef Paul Kleihues,
1971-1977

Leben auf dem Lande – Die Villa Badoer des Andrea Palladio

Die Villa, ein vor den Stadtmauern gelegenes Landhaus, gehörte neben dem als Palazzo bezeichneten Stadthaus zu den großen Bauaufgaben der Renaissance (Abb. 155).

Das in Fratta Polesine nahe der Stadt Rovigo für den venezianischen Adeligen Francesco Badoer errichtete Haus ist das Werk des Andrea Palladio (1508-1580). Die Villa und das dazugehörige Landgut wurden unmittelbar am Ufer des Scortico, der Wasserverbindung nach Venedig, in den Jahren 1556-63 errichtet; die heutige Situation ist durch die später erfolgte Flußregulierung verunklärt: nur ein schmaler Kanal vor den Toren der Villa ist übriggeblieben. Auch rückten die Bauten des Dorfes Fratta Polesine in späterer Zeit näher an den Familiensitz der Badoer heran, so daß der ehemals allein in der weiten Landschaft stehende Bau konkurrierende Nachbarschaft erhalten hat.

Die Villa Badoer ist einer der vielen Privatbauten venezianischer Adeliger, die sich im Hinterland der Republik Venedig, auf der Terra Ferma, niedergelassen haben. Mit dem fortschreitenden 16. Jahrhundert war die Seemacht Venedig zunehmend in Frage gestellt worden; mit der Einnahme vieler venezianischer Niederlassungen im östlichen Mittelmeerraum durch die Türken hatte auch der Seehandel abgenommen. Die venezianischen Kaufleute begannen sich umzuorientieren und der Landwirtschaft zuzuwenden.

154/155 Villa Badoer, Fratta Polesine (Italien), Architekt: Andrea Palladio, 1556-63, Teilansicht und Modell

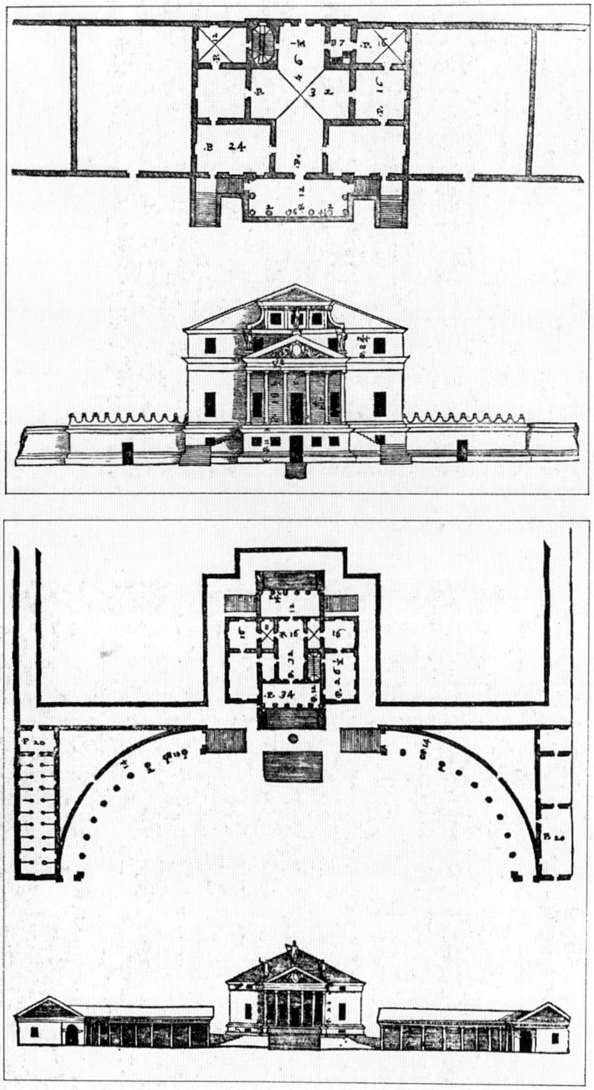

156 Villa Badoer, Grundriß, Palladio, ›Vier Bücher der Baukunst‹

Durch ein Netz von Kanälen wurde die Po-Ebene entwässert und urbar gemacht. Die Familie Badoer-Loredan nahm an der Besiedlung des venezianischen Hinterlandes teil und errichtete inmitten der weiten, den Sümpfen abgerungenen Ländereien das neue Haus.

Daß es nicht irgendein mittelalterlicher Bauernhof mit zinnenbestückten Wehrtürmen oder auch eine Villa suburbana war, wie sie etwa vor den Toren der Stadt Thiene bis heute erhalten geblieben ist, sondern eine aus der Tradition des norditalienischen Villenbaus herausführende, ungewohnte Verbindung von Gebäudekörpern und Architekturmotiven, beweist der Blick auf die Frontseite der Villa Badoer (Abb. 154).

Auf hohem Podest ragt das Haus über der Mauerumgrenzung hervor und gibt sich weithin als ein Wohnsitz zu erkennen, der Anspruch auf Besonderheit stellt. Denn Palladio hat zu dem denkbar edelsten Architekturmotiv gegriffen, das ihm nach Kenntnis der Bauten des Alten Rom zur Verfügung stand: der Tempelfront. Es scheint, als habe der Architekt Tympanon und ionische Säulenordnung eines antiken Tempels in den geschlossenen Baukörper eines sonst recht zurückhaltenden Landhauses hineingesetzt.

Wie zur Front eines Tempels führt das weit ausholende, in drei Absätzen feierlich gestufte Treppenpodest hinauf. So kommt es zu dem einzigartigen Kontrast zwischen einem rustikalen Gebäudekörper, der zu beiden Seiten bescheiden von je einem mit Klappläden versehenen Fenster gegliedert wird, und dem außergewöhnlich bedeutungsvollen und monumentalen Zentralmotiv der Tempelfront. Welch eine Sprengung des ländlichen Rahmens stattgefunden hat, erkennt man am deutlichsten an dem weit über das Röhrenziegeldach aufsteigenden Tympanon mit dem Wappen der Badoer. Doch nicht genug damit: ein kleines Mezzaninfenster zu jeder Seite gleich unter dem von einem Konsolfries getragenen Dach betont die intimen, anspruchslosen Proportionen des geschlossenen Seitenfeldes, nur um die Öffnung des Säulenportikus in der Mitte um so größer und feierlicher erscheinen zu lassen. Palladio hat in seiner kurzen Beschreibung der Villa Badoer in den ›Quattro libri‹ (›Vier Bücher der Baukunst‹, Abb. 156) neben der Angabe der unterschiedlichen Raumfunktionen und der Aufzählung einiger evidenter Tatsachen nur einen beschreibenden Satz gebraucht: »Perchè rende la parte di mezzo più eminen-

157 Villa Emo, Fanzolo (Italien), Architekt: Andrea Palladio, 1560

te de i fianchi« (»weil der Mittelteil [des Hauses] gegenüber den Flanken hervorragt«).

Kein anderer Architekt unter den Baumeistern der Renaissance hat es wie Palladio verstanden, einem Privathaus eine solch erhabene Größe zu verleihen. Die herausgehobene Tempelfront war Palladios Antwort auf die weit gedehnte Ebene, auf den wie ein Strich die Landschaft durchschneidenden Horizont und auf einen die Felder überwölbenden Himmel, in dem sich alle Formen der Architektur atmosphärisch aufzulösen drohen.

Palladio hatte bereits aus Anlaß früherer Villenbauten mit dem Tempelmotiv experimentiert, hatte dreigeteilte Pfeilerportici mit aufsitzendem Tympanon oder Tempelfronten mit zweigeschossiger Säulenordnung verwendet. Doch hier mit dem Bau der Villa Badoer (sieht man von der ungeklärten Baugeschichte der Villa Chiericati-Rigo ab) tat er den großen Schritt, vielleicht angesichts der landschaftlichen Situation, die Tempelfront lapidar als Großmotiv zu gebrauchen. Es fällt auf, daß er von nun an bei seinen bedeutenden Villenbauten – der Villa Emo (Abb. 157), der Rotonda, der Villa Foscari und der nicht ausgeführten Villa Trissino-Facchini – auf gleiche Weise verfahren ist und eine große Säulenordnung mit Tympanon als das zentrale Aufrißmotiv eingesetzt hat.

158 Villa Badoer, Seitenflügel, Säulenordnung

Das ›Gehöft‹

Der Wohntrakt ist umgeben von seitlich in Viertelkreisen ausgreifenden Flankenbauten, die tief unterhalb der Tempelfront der Villa auf ebener Erde stehen und durch die dorisch-tuskische Ordnung als nachgeordnete Bauteile charakterisiert sind (Abb. 158). Die offenen untersetzten Säulenhallen führen bis an die vordere Mauerbegrenzung heran und enden mit zwei kleinen, später veränderten Tympanonfronten (Abb. 159). Das Haus erhält einen Rahmen und wird durch die Flügel in den größeren, ausgreifenden Zusammenhang eines Gebäudekomplexes gestellt: eine sorgsam aufgeteilte, geometrische Figur, die nichts dem Zufall überläßt. Die Villa erhält ein Umfeld, sozusagen eine ›Aura‹. Mit geöffneten Armen wendet sie sich dem Ankommenden zu (Abb. 156). So wie die Umfassungsmauer mit ihren freundlich ausgerundeten Zinnen und aufsitzenden Kugeln nur mehr als ein das Anwesen abgrenzender Schmuck angesehen werden kann, so ist insgesamt der Gestus einer Abwehr signalisierenden, von wehrhafter Introvertiertheit bestimmten Charakteristik aufgegeben; Palladios Villa nimmt beinahe schon die Offenheit der barocken Schloßanlage mit ihren ausgebreiteten Flügeln vorweg. Die dorisch-tuskischen Säulengänge der Flügel führen zu den Stallungen, der Scheune und den Werkstätten, die sich in den äußeren Flankenbauten der Anlage befinden. Wenn auch die Säulenhallen kaum erahnen lassen, daß sie zu den landwirtschaftlich genutzten Teilen des Gehöftes hinleiten, so ist doch dafür Sorge getragen, daß die ideale Form der Villa den Erfordernissen eines landwirtschaftlichen Betriebes entspricht. Das Haus ist nicht nur Repräsentationsort einer Adelsfamilie, sondern erfüllt die Anforderungen, die ein kompletter ländlicher Haushalt stellt. Im Untergeschoß – auf Höhe des Treppenpodestes – findet man die Küche, die Weinkelter, die Vorratskammern usw.; im Haupt-

159 Villa Badoer, Seitenflügel

160 Villa Emo,
Saal der Künste,
Fresken von G. B. Zelotti,
um 1560/70

geschoß liegen die herrschaftlichen, reich mit Fresken ausgeschmückten Wohnräume, und unter dem Dach im Mezzanin war der Getreidespeicher, wo die Säcke mit Korn und Mais gelagert und häufig auch bei offenem Kaminfeuer trocken gehalten wurden. Noch heute findet man im Dachgeschoß Ritzzeichen, welche die Anzahl der gespeicherten Getreidesäcke dokumentieren. Hinter einer festlichen Fassade, die das Landgut in einen herrschaftlichen Adelssitz verwandelt, ist dennoch der Alltag präsent. Die Sphären der Repräsentation und der landwirtschaftlichen Produktion mischten sich, obwohl die Außenerscheinung der Villa dieses Verhältnis zugunsten der ästhetischen Erscheinung idealisiert.

Freskenzyklen

In vielen von Palladios Villen ist die Freskenausstattung erhalten geblieben. Auch die Villa Badoer besitzt noch ihren Freskenschmuck, wenn auch der Zyklus nicht mehr vollständig ist wie in der Villa Rotonda, der Villa Emo und der Villa Maser, für die einer der bedeutendsten Maler Venedigs – Veronese – einige seiner schönsten Werke geschaffen hat. Die Ausmalung nahezu aller Palladianischen Villen zeichnet sich durch die besonders edle Scheinarchitektur aus, deren kannelierte Säulen und von feinsten Ornamenten durchzogene Architrave und Rahmengesimse einen kühlen und klassisch ausgewogenen Eindruck hervorrufen (Abb.

160). Der strenge Ton wird durch Blumengebinde und Girlanden, durch Putten und bukolische Masken, durch Grotesken und Weintraubenranken aufgeheitert (Abb. 161). So entsteht eine freundlich festliche Atmosphäre, die nur selten, in den Eingangshallen und Speisesalons, durch kriegerische Trophäen kontrastiert wird. Während in den Stadtpalästen die Waffentaten und die herkulische Kraft männlicher Repräsentation im Vordergrund stehen, kommt hier in den Villen die weiblich-anmutige Seite der Mythologie zur Geltung (Abb. 160). Die Darstellungen der Jahreszeiten, der Künste (artes liberales) und der Tugenden als weibliche Allegorien waren besonders beliebt und erhielten Gesellschaft durch Putten und Nymphen, Bacchus und Diana.

Bukolische und rustikale Stimmung vereinen sich und bilden den ständigen Bezugshintergrund, vor dem sich das Leben in der Villa (›villeggiatura‹) abspielt. Die antike Mythologie gab den Orientierungsmaßstab, indem das alltägliche Dasein ständig auf die ringsum ansichtigen Beispiele einer höheren Existenz bezogen wurde.

Wie sehr die Frau und die weibliche Welt als Kontrastprogramm zur städtischen Repräsentationssphäre mit männlichen Trophäen und muskulöser Kraftstrotzerei fungiert, belegen auch jene Darstellungen, die ausdrücklich männliche Themen der Mythologie aufgreifen, etwa das Herkulesmotiv: die Fresken zeigen nicht die triumphalen Taten des griechischen Halbgottes, sondern seine Niederlagen und schließlich sogar seinen Untergang (Abb. 162). Doch werden solch deutliche Absagen an die Überlegenheit der Männertaten nur selten auf einen erzählerischen Begriff gebracht. Überwiegend trifft man auf die stille Anwesenheit weiblicher Grazie und auf eine ausgelassene, von strengeren Auflagen befreite Welt der Puttenkinder, die in den Girlanden, Festons und den Weinlauben zusammen mit dem allanwesenden Amor ein naturnahes Dasein führen. Das Leben auf dem Lande erlaubte eine andere Haltung als das Stadtleben und befreite von der maskulinen Form der Selbstvergewisserung, die nach den kriegerischen Attributen des Mars und nach dem Löwenfell des Herkules greift.

161 Villa Barbaro, Maser, Weinlaube, Fresko von P. Veronese (links oben)

162 Villa Emo, Verbrennung des Herkules, Fresko von P. Veronese (oben)

Schlösser des Barock – Versailles und Arolsen

Das wenig bekannte Arolsen im nordhessischen Waldecker Land gehört zu den vielen deutschen Schloßanlagen, mit denen die Kleinfürsten des Reiches das große Vorbild der europäischen Höfe, Schloß und Stadt des Königs von Frankreich, zu imitieren suchten (Abb. 163, 164). Ludwig XIV. hat mit Versailles und dem dort gepflogenen höfischen Leben die Maßstäbe gesetzt, die im 18. Jahrhundert für jeden deutschen Fürsten, und war er auch noch so unbedeutend, verbindlich werden sollten (Abb. 165, 166). Mit dem ausgehenden 17. Jahrhundert, als Versailles zu einem Teil fertig stand, begann diese fürstliche Repräsentationswelle, etwa mit dem zum Teil in Holz ausgeführten Schloß der Welfen in Salzdahlungen, dem Preußenschloß in Berlin, dem Schloß Schönbrunn in Wien, dem Schloß Nymphenburg in München u.v.a.

Die Bauversessenheit der Fürsten, der ›Bauwurm‹, wie die Grafen Schönborn diese Leidenschaft nannten, machte nicht davor halt, auch noch die Lusthäuser auf dem Lande in Schlösser zu verwandeln: So besaßen die Württemberger am Ausgang des 18. Jahr-

163 Arolsen (Hessen), Gesamtanlage des Schlosses mit ›Rondell‹ und Marstall

164 Versailles, Ansicht um 1668 von P. Patell

165 Arolsen, Schloß, Gesamtansicht, Architekt: Julius Ludwig Rothweil

hunderts nicht nur das Neue sowie das Alte Schloß mit dem Lusthaus in Stuttgart selbst, sondern nahebei das Schloß Solitude und die große Anlage von Ludwigsburg. Oder es entstanden unmittelbar nebeneinander und fast gleichzeitig das Rastatter und Karlsruher Schloß (Abb. 167) der beiden Linien des badischen Fürstenhauses. Sogar die Bischöfe wie die von Trier, Münster oder Salzburg bauten sich ihre barocken Lustschlösser mit großen Gartenanlagen. Mit einem der größten Schlösser überhaupt prunkten die Pfälzer in Mannheim. Überall in deutschen Landen entstanden an herausragenden oder auch unbedeutenden Orten Schlösser, die oft genug die fürstliche Schatulle leerten.

Eine durchaus andersartige Szene entwickelte sich in England, wo der Hof von Frankreich nur bedingt als maßstabsetzend anerkannt wurde und wo die königliche Zentralgewalt dem Landadeligen gar nicht erst die Illusion erlaubte, wie in Deutschland Herr eines selbständigen Staatswesens zu sein.

Nachdem noch im ausgehenden 17. und frühen 18. Jahrhundert Großbauten wie das Schloß Blenheim der Marlboroughs entstanden waren, veränderte der englische Adel sehr bald seine Haltung und richtete seine Wohnsitze nach dem italienischen Ideal des palladianischen Villenbaues aus. Weitausgedehnte Flügelanlagen wie in Deutschland

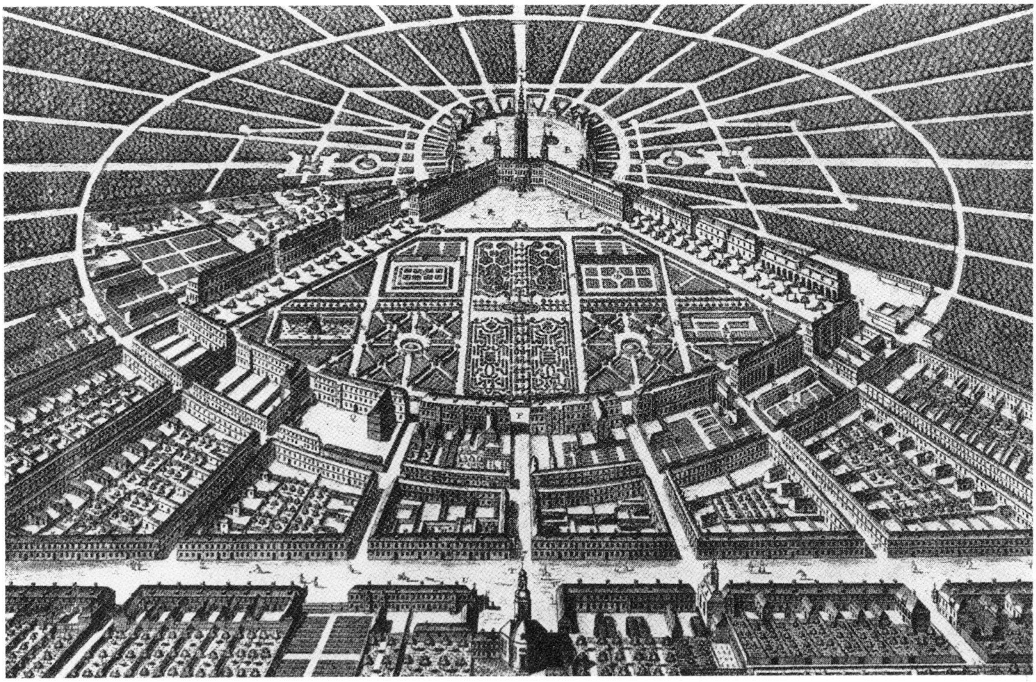

167 Karlsruhe, Stadtanlage mit Schloß, 1739, Stich von Christian Thran

wurden sehr bald der Kritik unterzogen und wohl auch wegen ihrer pompösen Gebärde belächelt. Die Frühaufklärung machte dem ausgreifenden Repräsentationsbedürfnis einen Strich durch die Rechnung. Schon zu Anfang des 18. Jahrhunderts spottete Alexander Pope über Schlösser wie Blenheim; sarkastisch bemerkte er, daß das aus dem Küchentrakt in den Speisesalon getragene Essen kalt geworden sei, bis es wegen der weiten Wege auf den Tisch gelangt sei. Der englische ›common sense‹ mit seinem praktischen Verstand widersprach schon hier der barocken Großartigkeit. Die Geschichte des englischen Schloßbaus im 18. Jahrhundert ist deshalb die Geschichte der Landhausarchitektur geworden, die in der feinsinnigen Detaillierung, der geschmackvollen Innenausstattung und der palladianischen Eleganz ihre Erfüllung fand. ›Parva sed pulchra‹ – ›klein aber fein‹ – steht auf dem Architrav der ›Petite Maison‹, des ›Kleinen Hauses‹ im Garten von Versailles, in das sich dann auch der französische König kurz nach Mitte des 18. Jahrhunderts zurückzog (Abb. 168). Während es für Ludwig XIV. noch kein

166 Arolsen, ab 1713, Zustand von 1719, Modell (links)

168 Versailles, Petit Trianon, Architekt: Jacques-Ange Gabriel, 1762-68 (rechts)

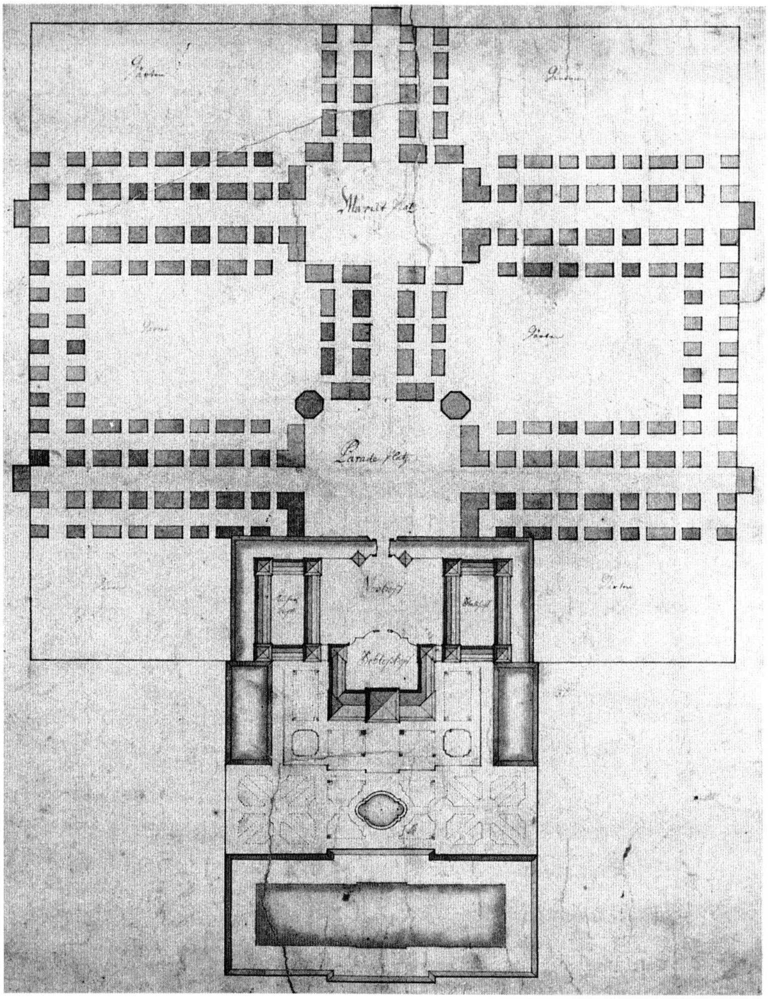

169 Arolsen, Stadtplan, Architekt: Julius Ludwig Rothweil, 1717

›privates Leben‹ gab, sondern staatliche Repräsentation und persönliches Dasein identisch waren, das Schlafzimmer des Königs im Zentrum des Schlosses gleichzeitig dem Empfang der Würdenträger und Gesandten diente, hat sich im Zeitalter der Aufklärung die private Existenz zunehmend von der öffentlichen Funktion abgesetzt.

In den meisten deutschen Ländern waren die Fürsten hingegen noch im späten 18. Jahrhundert mit ihrer barocken Selbstdarstellung befaßt, die gegenüber der englischen Lebensart altmodisch erscheinen mußte. Dennoch hat der barocke Schloßbau in Deutschland trotz seiner seit ca. 1730 bemerkbar werdenden typologischen Antiquiertheit eine Reihe von herausragenden Leistungen erbracht, die das Gesamtbild des europäischen Barock bereichert haben. Die Treppenhäuser eines Balthasar Neumann in Bruchsal, Würzburg und Brühl, oder das Treppenhaus von Johann Dientzenhofer in Pommersfelden sind die schönsten Lösungen einer in Frankreich nur im Ansatz angedeuteten Bauaufgabe, in welcher sich das barocke Repräsentationszeremoniell architektonisch am nachdrücklichsten manifestiert hat. Ohne diese Bauten wäre das Spektrum der Möglichkeiten barocker Architektur sehr viel schmaler geblieben.

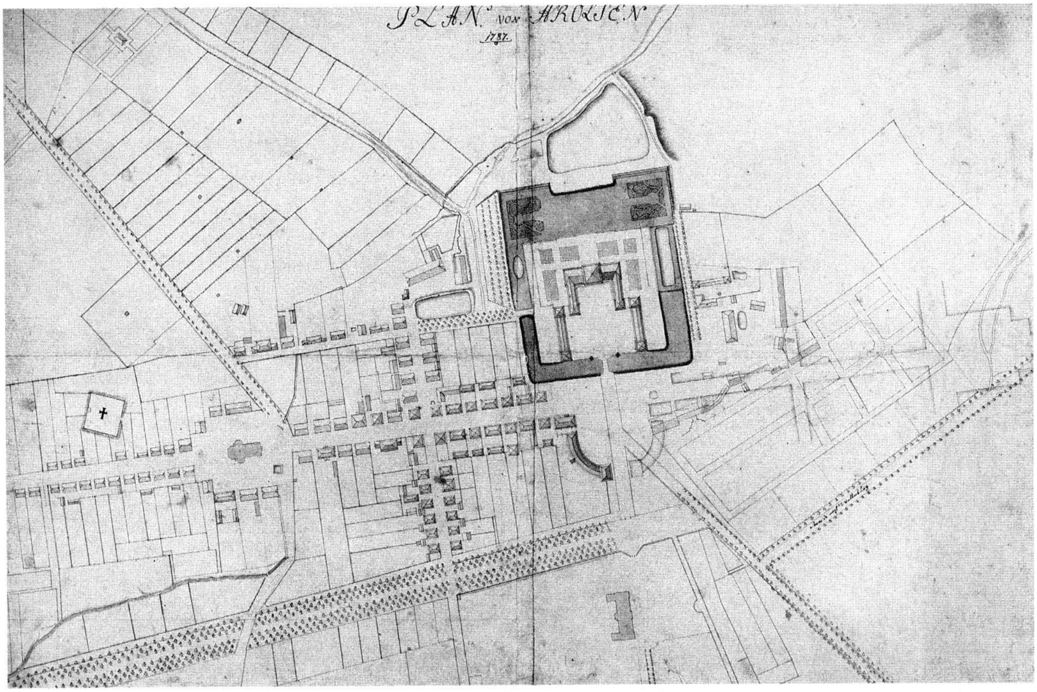

170 Arolsen, Stadtplan der ausgeführten Anlage, 1787

Das Schloß Arolsen ist hingegen barocke Provinzarchitektur. Dennoch besticht das Bemühen, in einer denkbar ungeeigneten Gegend auf schwierigem Terrain die groß ausholende und dennoch klein gebliebene Stadtanlage beinahe aus dem Nichts heraus gegründet und wenigstens zu einem Teil realisiert zu haben (Abb. 169, 170). Das gewisse Manko, zwar einen vielflügeligen Schloßbau geschaffen, doch den nur zur Hälfte vollendeten Bogenschlag des Marstalls (Abb. 171) und die zur anderen Seite des Schlosses gegen Osten geplante Stadthälfte nicht mehr ausgeführt zu haben, wirft ein eher milde stimmendes Schlaglicht auf die auch ökonomisch überdimensionale Problematik, in der sich ein kleiner deutscher Fürst, der Reichsfürst sein wollte, befand. Im Jahre 1711 hatte der Waldecker Graf Friedrich Anton Ulrich erreicht, was seinem Geschlecht bisher verwehrt geblieben war: Er gewann für sich und sein Haus den Fürstentitel und wurde damit stimmberechtigt im Regensburger Reichstag. Damit war er aber zugleich mit der Aufgabe belastet, ein Schloß zu errichten, das der neu-

171 Arolsen, Ehrenhof des Schlosses mit Wachhäuschen und Marstallflügel

172 Arolsen, Schloß, Mittelrisalit

en Würde entsprach. Bereits im Jahre 1710 war der Beschluß gefaßt worden, ein neues, den zeitgemäßen Anforderungen entsprechendes Schloß zu bauen, das den Waldecker Grafen in den Stand setzte, mit der erblichen Fürstenwürde ausgestattet zu werden. So ist es auch bezeichnend, daß Friedrich erst im Jahre 1717, sechs Jahre nach Verleihung des Fürstendiploms, als der Hauptbau des Schlosses, das ›Corps de logis‹, und der innere Hof fertig waren und die Familie in das neue Schloß einziehen konnte, sich auch wirklich Fürst nannte. Nun, im Jahre 1719, konnte das monumentale Doppelwappen im Tympanon des Mittelrisalits, vom bedeutungsvollen Attribut des Fürstenhutes bekrönt, der Fassade eingefügt und der Welt vorgezeigt werden (Abb. 172).

Der Bau eines solchen Schlosses war nicht nur ein außerordentlicher Luxus, sondern – zumindest in deutschen Landen – eine politische Notwendigkeit.

Idealplan und Wirklichkeit

Friedrich Anton Ulrich war in jungen Jahren nach Paris gekommen und hatte dort die neuesten Errungenschaften der Architektur kennengelernt. Als er nach Waldeck zurückgekehrt war, schritt er zur Gründung einer planmäßigen, als spiegelsymmetrische Gesamtanlage entworfenen Stadt, deren Zentrum das Schloß mit seinem ausgedehnten Ehrenhof (›Cour d'honneur‹) sein sollte. Baumeister war wahrscheinlich der ebenfalls in Paris ausgebildete Architekt Julius Ludwig Rothweil, der das Weilburger Schloß durch eine Orangerie, die jener von Versailles bis in Einzelheiten nachgebildet war, erweitert hatte. 1701-1703 hatte er Philippsruh in Hanau und 1707-1712 das Residenzschloß von Neuwied errichtet. Rothweil galt als Spezialist für die neu importierte Schloßbaukunst deutscher Kleinfürsten. Die Barockresidenz von Arolsen wies alle nötigen Merkmale auf, wie sie vom Schloß in Versailles vorgegeben waren: einen Cour d'honneur mit den Akzenten des Mittelrisalits und der Seitenpavillons sowie den nach außen versetzten vorderen Flügeln, die wiederum mit Pavillonbauten enden (Abb. 163).

Eine Reihe von Plänen, die erhalten geblieben sind, belegen die ursprüngliche Absicht, auf der Stadtseite mit einer großen Platzanlage auf den Cour d'honneur zu antworten (Abb. 169). Doppelt gestellte Häuserreihen bilden das gestreckte Rechteck des Stadtareals, das durch einen zweiten Platz in der Mittelachse einen weiteren Akzent erhalten sollte. Später ist dieser großzügig gedachte Plan vereinfacht worden: eine schon von Friedrichs Vorgänger gepflanzte, 1,6 Kilometer lange Eichenallee wurde nun in die Planung einbezogen, die Stadtanlage jedoch halbiert (Abb. 170). Auf der Rückseite des Schlosses sollte der Park mit Wasserbecken und ›Fontaines‹, wie es in den Urkunden heißt, angelegt werden. Die Realität und die schmale Kasse des Fürsten hat von all der auf dem Reißbrett ausgedachten Pracht noch einmal den gesamten linken Teil, die west-

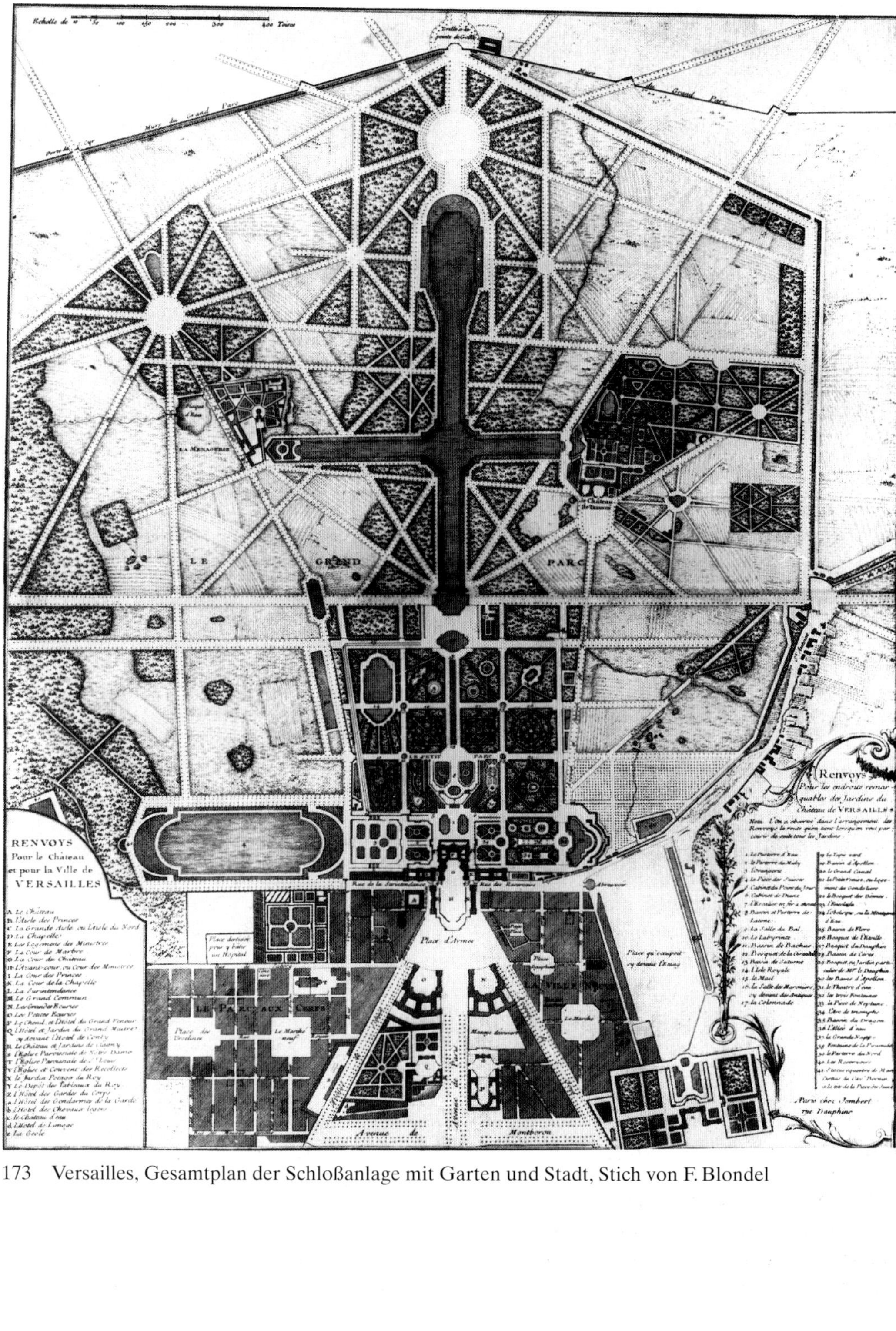

173 Versailles, Gesamtplan der Schloßanlage mit Garten und Stadt, Stich von F. Blondel

liche Stadt, fortgenommen, so daß allein die gegen Osten anschließende Straße mit einer Querstraße übriggeblieben ist. Auch das hügelige Terrain hat der Verwirklichung der auf einer vorgestellten Idealfläche entworfenen Stadt mit ihrer geometrisch-rationalen Strenge entgegengestanden. Man gelangt aus einer Hügelkurve heraus unvermittelt in die Achse der Schloßanlage; auf der Rückseite des Schlosses, gleich hinter dem Corps de logis, fällt der säuberlich in Bosketten geteilte französische Park mit großem Schwung in ein holpriges Tal hinab. Ludwig XIV. hatte unvergleichliche Anstrengungen unternommen, für Versailles ein völlig ebenes Terrain zu gewinnen, um die weit in das Land hineinführende Gartenanlage getreu der Planung verwirklichen zu können. Am Fuße der Anhöhe, die den Schloßbau aus der Ebene heraushebt, dehnten sich zuvor Sümpfe aus, die der König eigens trockenlegen ließ. Tausende von Arbeitern erkrankten, und viele starben am Gelbfieber, damit das königliche Projekt in die Tat umgesetzt werden konnte.

In Arolsen blieb die Landschaft, was sie immer schon war; man fand sich mit den Gegebenheiten ab. Während Ludwig den gesamten Staatsapparat und mit ihm die Staatsfinanzen Frankreichs für seinen Schloßbau beanspruchen konnte, haben die Fürsten von Waldeck nicht einmal die Landeskasse angreifen dürfen; ihre eigene Schatulle mußte herhalten. Ihre Bauern mußten Fronarbeit leisten, Spanndienste für den Transport der Baumaterialien. Auch borgten die Fürsten bei ihren Verwandten, und der Landgraf von Hessen-Kassel half mit einer beträchtlichen Summe aus, wofür er angestammte Rechte der Waldecker beanspruchen durfte. Alles das half jedoch nichts: die Kasse war bald wieder leer, die Staatsbeamten erhielten über Jahre keinen Lohn. Und auch der aus Italien geholte Stukkateur, der das Schloß ausschmückte, ging nach fünf Jahren unter Hinterlassung eines guten Teils seines Lohnes wieder fort. Der Schloßbau zog sich hin, und schließlich mußten die Waldecker Fürsten Anfang des 19. Jahrhunderts wegen der Kosten der Hofhaltung, unbeglichener Bauschulden und hoher Zinsen beim Kaiser in Wien den Konkurs anmelden.

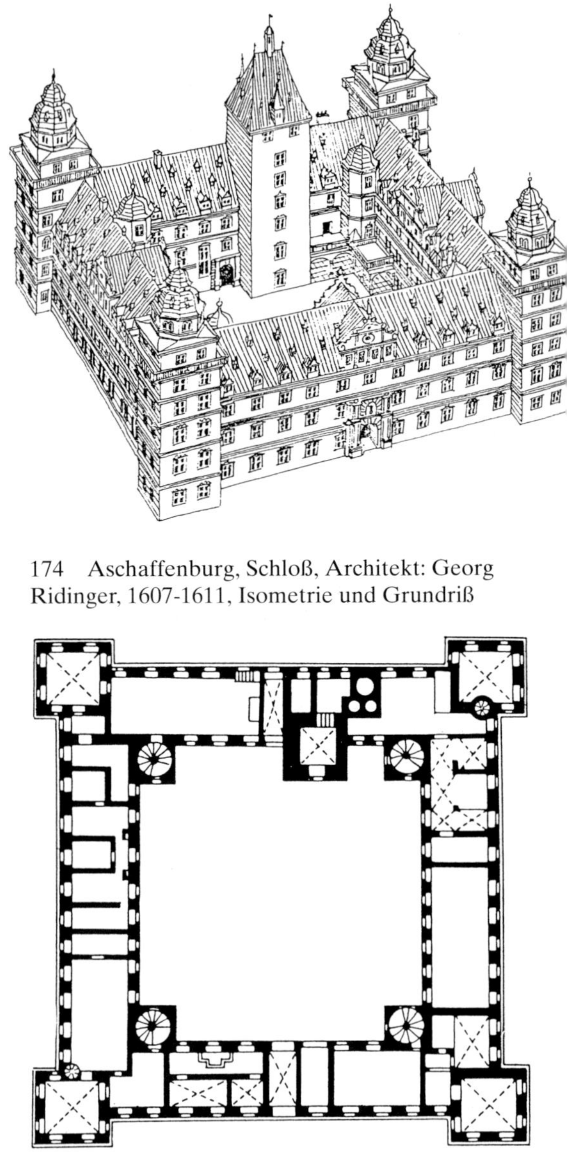

174 Aschaffenburg, Schloß, Architekt: Georg Ridinger, 1607-1611, Isometrie und Grundriß

Der Stadtgründungsakt war verknüpft mit der Anwerbung von Bürgern, die bereit waren, getreu der Planung ihr Haus in den vorgegebenen Raster hineinzusetzen. Wie üblich, wurde ihnen dafür fünfzehn Jahre Befreiung von der Zinspflicht gewährt und, mit aufklärerischer Toleranz, Religionsfreiheit. Doch die Stadt wuchs beängstigend langsam.

Im Jahre 1748 hatte Arolsen 780 Einwohner, 1753 waren sechs hinzugekommen, ein Sechstel der Einwohner waren Hofbedienstete. 1760 zählte man 728, 1785 1059 Einwohner. Die Fürstenstadt war ein Landflecken geblieben.

›Offene Stadt‹

Die barocke Stadt behielt zwar an den Einfallstraßen ›Barrieren‹, Zollhäuser, doch sie war meist nicht mehr befestigt. Mit ihren strahlenförmig ausgerichteten oder parallel laufenden Straßenachsen wies sie weit hinaus in die Landschaft. In Versailles führen die Wegstrahlen des Schloßparks in die unbegrenzte Ferne, in den Wald und – zumindest gedanklich – über das gesamte Land hinweg (Abb. 173). Sie können als eine symbolische Geometrie verstanden werden, die alle Hindernisse überwindet und als rationales Liniengefüge Natur, Mensch und Land auf einen einzigen Punkt bezieht, auf das Zentrum des Schlosses und zugleich den Mittelpunkt des Staates: das Schlaf- und Empfangszimmer des Königs, wo allmorgendlich das Aufwachen und Aufstehen der Majestät als Aufgang der Sonne zelebriert wurde. Dem ›Sonnenkönig‹ wird der Ausspruch zugeschrieben »l'état c'est moi« – »der Staat bin ich!« Das radiale Liniengefüge der Wege und Straßen in Stadt und Park konkretisiert die Zentrierung des staatlichen Ganzen auf den König. Ein solch offenes Ausgreifen der Schloß- und Stadtanlage in die Landschaft hinein geht einher mit dem nahezu vollständigen Verzicht nicht nur auf die eingrenzenden Mauern der Stadt, sondern auch auf die Befestigung des Schlosses selbst. Es streckt die Arme seiner Flügel weit aus, öffnet sich mit dem Cour d'honneur dem Ankommenden und verweigert allenfalls durch ein freundlich mit Ranken und Rosetten verschnörkeltes Eisengitter den allzu direkten Zutritt.

Auch das introvertierte Karree, das nach allen vier Seiten abgeschiedene Schloßviereck, so wie es noch um 1600 beispielhaft in Aschaffenburg (Abb. 174) als Bischofssitz verwirklicht worden war, ist nunmehr abgeschafft. Statt dessen wurde eine Seite der Vierflügelanlage zu einem U geöffnet. Das Schloß von Versailles und später das Schloß von Arolsen haben dieses Thema einer ursprünglich einfachen Drei-Flügel-Anlage variiert und ästhetisch umspielt, wie der erste Grundriß von Arolsen belegt (Abb. 169). Das ideal gedachte Ausgreifen der Plangeometrie über das Land und damit einhergehend die Umwandlung des Schlosses zum Drei-Flügel-Bau setzte voraus, daß es keinen inneren Feind mehr gab, daß also das Land wirklich beherrscht wurde. Der Absolutismus Ludwig XIV., die völlige Konzentration der Macht in der Person des Königs, hat die ›offene Stadt‹ und das augenscheinlich ›offene Schloß‹ möglich gemacht. Seitdem der gesamte französische Adel zum Hofadel wurde, also im Schloß von Versailles Anwesenheitspflicht hatte, war auch die Gefahr des Adelsaufstandes, einer ›fronde‹, wie sie Ludwig XIV. in seiner Jugend noch erlebt hatte, abgewendet. Der absolutistische Staat des Sonnenkönigs bedurfte des Schutzes und der Abwehr, wie sie Mauern, Gräben und Zugbrücken gewähren, nicht mehr.

In Arolsen sind Relikte des alten Sicherheitsbegehrens noch übriggeblieben – ein recht breiter Wassergraben, der sich vor den Cour d'honneur legt und im ersten Plan auch die Flügel des Schlosses umgeben sollte. Doch ist er während der Bauausführung in ein bloßes Symbol eines Hindernisses verwandelt worden. Und auch die kleine Brücke ist keine gefährliche Zugbrücke mehr, sondern wird am Hofeingang allein von zwei zierlich zurechtgerückten Wachhäuschen flankiert (Abb. 171). Zwar legten die Arolser Fürsten noch Wert auf einen gewissen Abstand gegenüber der Stadt, auf einen zurückweisenden Wassergraben; dieser konnte jedoch leicht überschritten werden. Von der martialischen Abwehrhaltung früherer Herrschaft – man denke an die staufische Wasserburg von Büdingen – sind am Barockschloß von Arolsen nur noch ästhetische Formsignale übriggeblieben. Die Stadt gehört nun

175 Mannheim, Stadtanlage mit Zitadelle, um 1650

176 Mannheim, Stadtanlage, Kupferstich von J. A. Baerthels, 1758

zum Schloß, ist der ergänzende bürgerliche Teil eines größeren Ganzen, dessen sich der Landesherr sicher weiß. Der mittelalterliche Dualismus zwischen Herrensitz und Stadt ist im Absolutismus fürstlicher Herrschaft aufgegangen.

Frühbarocke Planstädte wie etwa Mannheim waren zu Anfang des 17. Jahrhunderts von einem Bastionenring umgeben (Abb. 175). Bezeichnenderweise war auch die Friedrichsburg schwer gewappnet und in einem eigenen Mauerstern am Kopf der Stadtanlage gegen die Bürgersiedlung abgesetzt. Ein Jahrhundert später verschwand die Zitadelle, wie auch der mögliche innere Feind, die Stadtbürger, keine ernstliche Gefahr mehr darstellten. Das Schloß stand nun frei der Stadt gegenüber (Abb. 176). Als die Badener Fürsten im Jahr 1715 die Stadt Karlsruhe gründeten, legten sie vom Schloß aus die Straßen der Stadt strahlenförmig im Radius von 90° über die flach bis zum Schwarzwald ausgestreckte Rheinebene (Abb. 167). Der Baukörper des Schlosses wurde selbst zu einem Reflektor des Straßengefüges und öffnete die Flügel schräg fächerförmig zu beiden Seiten weit auf. Der freundliche Gestus solcher Offenheit wirkt dem Machtanspruch der Zentrierung auf den Schloßturm sichtbar entgegen und scheint die Haltung eines libe-

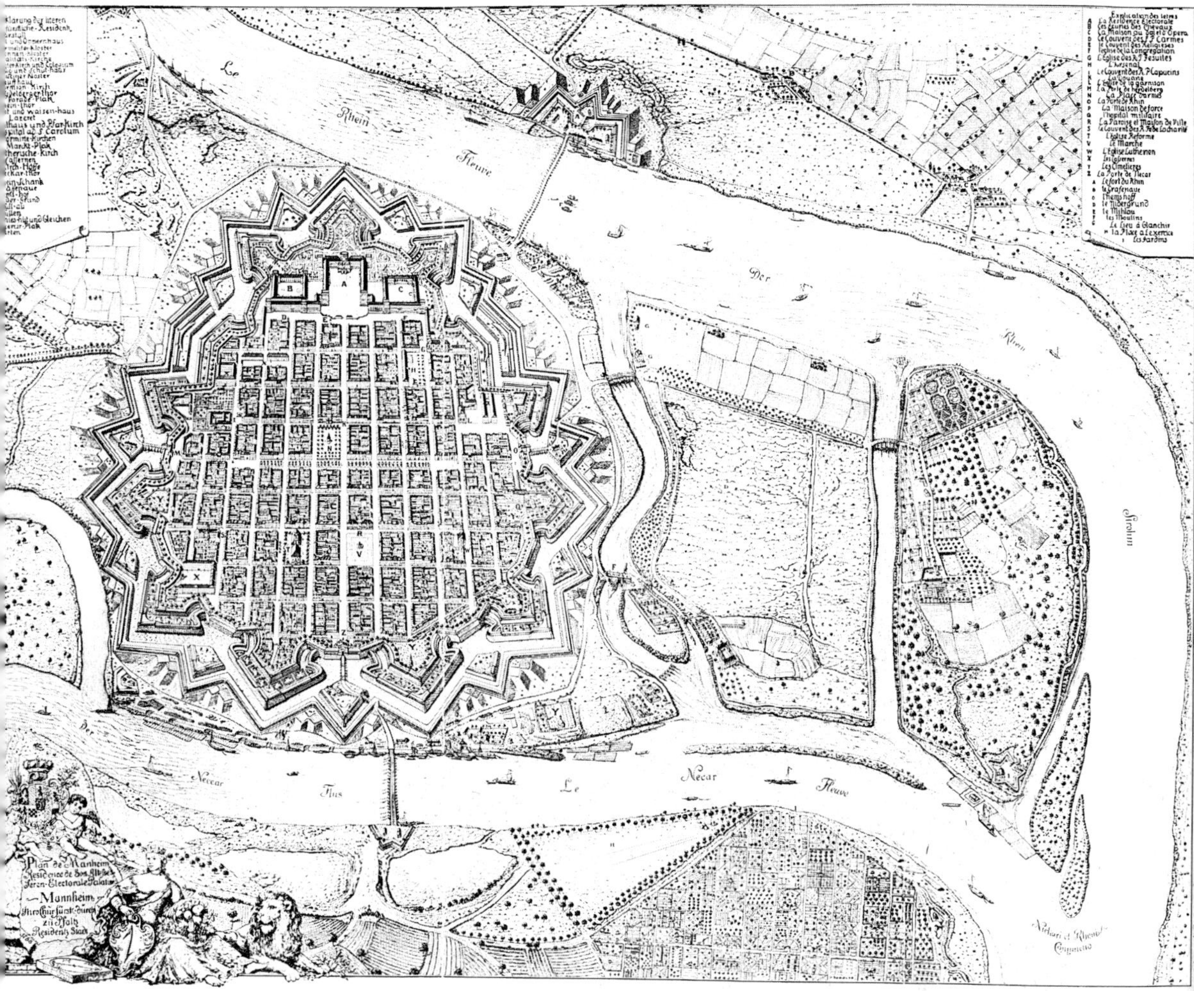

ralen Fürstenhauses, wie sie die Baden-Durlacher Großherzöge im 19. Jahrhundert eingenommen haben, bereits anzuzeigen.

So wurde mit dem barocken Schloßbau in Deutschland nicht nur das Vorbild Versailles kopiert, sondern es gelang auch, neue Absichten, die aus dem despotischen Absolutismus herausführten, zu verwirklichen. Der große Aufwand, den sich die Duodezfürsten der deutschen Vielstaaterei zur eigenen Versicherung leisteten, hat auch zur schöpferischen Erweiterung der Möglichkeiten barocker Baukunst geführt und zur neuzeitlichen Stadtplanung beigetragen. Arolsen aber bleibt das sympathische Fragment eines Fürstenhauses in der Provinz, das sich an Versailles das größte Beispiel nahm und doch nicht gänzlich daran gescheitert ist.

Liberale Gesellschaft – Der ›Royal Crescent‹ in Bath

Der ›Royal Crescent‹, die ›Königliche Sichel‹, ist ein sich in weitem, halbelliptischem Bogen erstreckender, dreigeschossiger Häuserzug, der von John Wood d. J. als einer der ansehnlichsten Teile der Stadterweiterung von Bath (1767 - 1775) errichtet wurde (Abb. 178, 179). Die vor seiner Fassade weit ausgeschwungene Straße verbindet den Crescent mit ›The Circus‹ und dem ›Queen Square‹, den beiden anderen Wohnanlagen, die bereits vor dem Bau des Crescent die nach Süden sich ausdehnende Neustadt als städteplanerische Akzente bereichert haben (Abb. 177).

Wenn auch die einzelnen Platzanlagen als geometrische Formen, der Queen Square als Quadrat (Abb. 181), der Circus als Kreis (Abb. 180) und der Royal Crescent als Segmentbogen angelegt wurden, so ist doch ihre Verbindung über die Gay Street auf bemerkenswert legere Weise in einem stumpfen Winkel erfolgt. Zwar mögen zwei der Platzanlagen, die quadratische und die runde, der barocken Stadtplanung ihr Vorbild verdanken, so wie etwa The Circus an die ›Place des Victoires‹ in Paris (John Summerson) erinnert. Was aber diese englische Anlage des 18. Jahrhunderts von einer barocken französischen unterscheidet, ist der Verzicht auf jene senkrecht die Stadt durchschneidenden Achsen und parallel oder strahlenförmig in die Weite zielenden Straßenfluchten, denen sich, spiegelsymmetrisch ausgeteilt, die Platzanlagen als ein geometrisches Exerzitium einfügen. Das Bath des 18. Jahrhunderts war keine fürstliche oder gar königliche Neuplanung, sondern eine bürgerliche. Die Grundstücke wurden bebaut, wie sie zum Kauf anstanden. Die Gay Street zwischen Queen Square und Circus trägt nicht irgendeinen bedeutungsvollen Namen, sondern den des ehemaligen Grundstückeigentümers Gay. Die Hannoveraner Könige, die vier George's, hatten an der Planung von Bath keinen Anteil, ja sie haben die Stadt nie betreten. Für irgendwelche fürstliche Machtdemonstration, die sich in eindrucksvollen Achsenperspektiven Geltung verschaffte, war also in

177 Bath (England), Luftbild der Stadterweiterung von John Wood d. Ä. und John Wood d. J.: Queen Square (unten rechts), The Circus (Mitte), Royal Crescent (oben links)

178 Bath, Royal Crescent, Modell, Architekt: John Wood d. J., 1754 - 1775

Bath kein Anlaß. Wenn sich auch Queen Anne in den Jahren 1702/03 in der Stadt aufgehalten hatte und einige Straßen die Namen englischer Könige und Königinnen trugen – Charlotte Street, George Street, Queen Square, Queen Street – und wenn auch der Crescent den hochtrabenden Beinamen ›Royal‹ erhielt, so war dies alles nur eine Inszenierung aus dem Blickwinkel der Bürger, den eigentlichen Regenten dieser Stadt. Bath war kein Ort von politischer Bedeutung, es war die renommierteste Bäderstadt Englands, das britische Baden-Baden des 18. Jahrhunderts. Als Heilbad haben dann auch einige englische Königinnen und mit ihnen die britische Aristokratie Bath besucht.

Doch der Adel weilte in Bath nicht so sehr in seiner angestammten Rolle repräsentativer Pflichten, sondern huldigte dem Badevergnügen, dem Müßiggang und dem Spiel. Daran hatten ebenso die Unternehmer und Kaufleute, die aufstrebenden Neureichen, wie auch der sonst zurückgesetzte kleine

180 Bath, The Circus, Architekt: John Wood d. Ä., 1754

181 Bath, Queen Square, Architekt: John Wood d. Ä., 1729

179 Bath, Royal Crescent mit Bowling Green

Landadel teil. Das Publikum wurde zu einem ›gemischten Publikum‹, die Standesgrenzen lockerten sich – eine Freizügigkeit stellte sich ein, die nicht von der Hofetikette eingeschränkt wurde, sondern im ›social life‹ einer Gesellschaft von Sommer- und Wintergästen ihren Ausdruck suchte. Man machte sich die Etikette selbst und stellte dafür einen bürgerlichen ›Hofmarschall‹ an, nach dessen Tanzbein und gutem Geschmack sich auch der Adel orientierte: Beau Nash.

Richard Nash, wie er nach seinem Geburtsnamen hieß, war ein ehemaliger Spieler, als er nach Bath kam. Während der ersten Hälfte des 18. Jahrhunderts war er der geheime Herrscher von Bath. Er regelte das gesellschaftliche Leben, er gab die Verhaltensregeln für den gewissen Grad an Freizügigkeit, er regulierte die Spielleidenschaft und beschränkte sie auf ausgewählte Orte, er verwandelte die Fülle gesellschaftlicher Veranstaltungen in ein Programm, und er war es schließlich, der das pseudoaristokratische Relikt des Duells aus den Stadtgrenzen verbannte. Für eine solche Gesellschaft von Gästen, die morgens zum ›Pump Room‹ gingen, um je drei Gläser Mineralwasser zu trinken, mittags mit dem Glockenschlag in der Abbey den Gottesdienst besuchten und nach dem Tee mit Tanz, Theater und Konzertbesuch, mit Spiel und Abendgesellschaften den Tag in die Nacht verlängerten, wurden die neuen Stadtteile von Bath gebaut. Aus einer mittelalterlichen Stadt wurde die neben London modernste Stadt des englischen 18. Jahrhunderts, die den Zeitgeist aufbrechender Standesgrenzen am deutlichsten zum Ausdruck brachte.

182 Bath, ›Römische Bäder‹

184 Thomas Gainsborough, Robert Andrews und seine Frau Mary, um 1748 (rechts)

Die gelockerte Ordnung dieser aus dem barocken Achsenrigorismus ausbrechenden Stadterweiterung entspricht der gelockerten Haltung einer Gesellschaft, die der Kritik der Aufklärung ausgesetzt war und die den ›common sense‹ mit dem Liberalismus eines Unternehmertums der aufkommenden Industrialisierung verband.

Der 1710 nach Bath gekommene ›entrepreneur‹ Ralph Allen wurde neben Beau Nash zur anderen Symbolfigur der Stadt. Er hatte mit der Einrichtung von Poststationen, die eine Dezentralisierung der bisher über London geleiteten Post möglich machten, ein Vermögen verdient. Mit dem Ankauf großer Steinbrüche in der Nähe von Bath verband sich sein Interesse, die Bäderstadt zu modernisieren. Er selbst ließ sich mit Prior Park eine der schönsten Villenanlagen des Palladianismus errichten und setzte in den Park als Werbung für die Qualität des von ihm vertriebenen Quadersteins ein ›sham-castle‹, eine ›nutzlose‹ Kulissenarchitektur, deren gotische Spitzbogen in auffälligem Kontrast zur Architektur seiner klassizistischen Villa standen. Er war es auch, der zum Transport der Steine eine Schienenbahn (railway) nach Bath anlegte und sie als Demonstration

183 Hyacinthe Rigaud, Bildnis des Marschalls C.A. de Matignon, um 1708

neuester technischer Errungenschaften unmittelbar an der Parkmauer seiner Villa entlangführte. Mit Ralph Allen erscheint der unternehmerische Selfmademan wie eine Inkarnation des aufkeimenden Industriezeitalters auf der Szene, der nicht allein die Stadterweiterung von Bath entscheidend gefördert hat, sondern der zugleich auch, wie zur Selbstbestätigung, die eigenen Wertmaßstäbe in einer vom Liberalismus zunehmend bestimmten, die Standesgrenzen durchbrechenden Gesellschaft verbindlich werden sah.

So wie die Londoner Gesellschaft Bath nicht nur zur Heilkur aufsuchte, sondern an ihrer gelockerten Lebensform teilhaben wollte, so kam nun auch, wer keinen Rang, sondern nur einen Namen hatte, die Intellektuellen. Der Dichter Daniel Defoe schrieb schon im ausgehenden 17. Jahrhundert einige Kommentare über die Stadt. Der Tagebuchschreiber Samuel Pepys ließ sich Bath nicht entgehen und meinte skeptisch, daß es doch nicht gesund sein könne, wenn sich so viele Menschen beiderlei Geschlechts in einem so engen Badebecken drängten (Abb. 182). Henry Fielding, Horace Walpole, Charles Dickens und Richard Sheridan, Oliver Goldsmith und Sir Walter Scott folgten nach; Politiker wie William Pitt, Edmund Burke, Earl Chesterfield, Lord Clive und Admiral Nelson, der Historiker Edward Gibbon, der Gründer der bedeutendsten englischen Keramikmanufaktur Josiah Wedgwood u.v.a. waren in Bath zu Gast oder besaßen hier Häuser. Die bedeutendsten englischen Maler des 18. Jahrhunderts hatten hier einen festen Wohnsitz: Sir Thomas Lawrence, der Präsident der Königlichen Akademie, und Thomas Gainsborough, der das Haus 22 im Circus bewohnte.

Während sich die Schriftsteller als Gäste in Bath aufhielten und ihre Beobachtungen in ihren Romanen festhielten, hatten Gainsborough und Sir Lawrence guten Grund, sich in der Stadt niederzulassen. Sie hatten eine wohlhabende Klientel, die sich in den Mußestunden des Bäderaufenthaltes portraitieren ließ. Ein wesentlicher Teil der englischen Portraitmalerei des 18. Jahrhunderts, mit der die englische Malkunst überhaupt ihren Gipfel erreichte, entstand in Bath. In den Gainsborough- und Sir Lawrence-Darstellungen der englischen Gentry und der neureichen Bürger treffen wir auf jene Gesellschaft, welche die repräsentative Gebärdensprache des

Barock (Abb. 183) abgelegt hatte und sich in gelasseneren Gesten bewegte (Abb. 184). Die legere Haltung des Gentleman, der nicht mehr die große Perücke trug, entsprach dem neuen Verhaltensideal. Aufgeklärtheit bedeutete auch größere ›Natürlichkeit‹, bedeutete Befreiung von der Allüre der ›magnifizenza‹ und ›grandezza‹. Die Pose der Gelassenheit trat an die Stelle monumentaler Erhöhung. Das galt nicht nur für den Bürger, wie in den Niederlanden des 17. Jahrhunderts, sondern auch der Adel nahm am Wandel der Umgangsformen teil.

Der Umbruch der Sitten, der Mode, des Geschmacks und damit des ästhetischen Urteils fand auch in der Gestaltung der Gartenanlagen eine Bestätigung. Alexander Pope und seine englischen Zeitgenossen hatten den Park des französischen Barock als eine Abirrung kritisiert und die geometrisierte Natur der Bousquetten, Bassins und schnurgeraden Wege lächerlich gemacht. Der englische Landschaftsgarten des 18. Jahrhunderts mit seinen locker gestellten Baumgruppen, seinen sich schlängelnden Pfaden und den geschweiften Ufern der Teiche war die Alternative, die künstliche Naturkulisse der Herrensitze nach neuen Vorstellungen zu gestalten. Hier bestätigte sich die Liberalisierung der englischen Gesellschaft auf besonders anschauliche Weise. Auch Ralph Allens Prior Park war ein ›Englischer Garten‹ mit den wie zufällig hineinplazierten ›follies‹ der Brückchen und gotischen Ruinen. Vor dem Royal Crescent liegt heute noch wie schon im 18. Jahrhundert ein glatter Rasenteppich – nicht Blumenbeete und kleinförmig geschnittene Bousquetten, sondern ein schlichtes, gepflegtes Wiesenstück ohne besondere Ansprüche.

Diese Zurücknahme auf Einfachheit enthält die Essenz des neuen Geschmacks (›taste‹), der die gesamte englische Gesellschaft und die Kunst des aufgeklärten Jahrhunderts durchdrungen hat. Das ›Bowling Green‹, das einfache, kultivierte Stück Natur, ist zur Rasenfläche der Stadtparks in aller Welt geworden.

Englischer Palladianismus

Der Crescent ist nicht etwa ein Palast, der eine exzentrische Form erhalten hat, sondern eine im Segmentbogen gebaute Folge von Reihenhäusern (Abb. 178, 179). Hinter der von durchlaufenden Halbsäulen geschmückten Fassade verbergen sich dreißig, verschiedenen Besitzern gehörende Häuser, die alle ihren eigenen Eingang haben und der englischen Tradition des Wohnens im Reihenhaus entsprechen; unter einem Dach und hinter der gemeinsamen Schauwand wohnten Besitzer unterschiedlichster Herkunft nebeneinander, die Aristokratenfamilie neben der begüterten Bürgerfamilie. John Wood d. J. baute das erste Haus der Reihe für seinen bürgerlichen Schwiegervater. Bei dem wenige Schritte entfernten Circus mischte sich die Gesellschaft auf gleiche Weise.

Während jedoch für viele bürgerliche Besitzer – wie für Gainsborough – das Reihenhaus im Circus der alleinige Wohnsitz war, erwarben der Adel und Neureiche hier nur eine Sommer- oder Winterwohnung, um während des Bäderaufenthaltes in den eigenen vier Wänden zu wohnen. So kaufte man sich nebeneinander ein und war bereit, die Standesunterschiede nicht zum Maßstab zu nehmen. Dagegen war das Palais Royal im Paris des 17. Jahrhunderts das Quartier des Hofadels, hier blieb man unter sich.

Der weit im Segmentbogen ausgeschwungene Crescent ist schon in seiner Grundform ein neuartiger Typus. Eine Wohnhauszeile war nie zuvor auf solch phantasievoll freizügige Weise angeordnet worden. Der Bruch mit der Tradition stellte auch ein Abweichen von der gebräuchlichen Geometrie städtischer Platzanlagen dar. Queen Square und The Circus, die Vorgängerplanungen John Woods d. Ä., waren für sich genommen keine Neuerung (Abb. 177). Sie erscheinen heute als der traditionelle Auftakt. Erst mit dem dritten Schritt führte der Sohn, John Wood d. J., die Sequenz aus dem Herkömmlichen heraus und schuf mit dem frei vor eine Wiesenfläche gesetzten Crescent eine Gebäude-

185 Bath, The Circus, Fries und dorische Halbsäulen

form, wie sie kein anderer Architekt zuvor entworfen hatte.

Die Häuser des John Wood d. Ä. hatten dreigeteilte Fassaden, denen drei übereinandergestellte Säulenordnungen – dorisch, ionisch, korinthisch – entsprachen (Abb. 180, 185). Vom Circus konnte Matthew Bramble, eine Figur aus Smoletts ›Humphry Clinker‹, sagen, er werde an Vespasians Amphitheater erinnert, dessen Äußeres nach innen gekehrt worden sei. Solch sarkastische Randbemerkungen der Zeitgenossen setzten immerhin die Kenntnis der klassischen Bauten Roms voraus. Soweit die Säulenordnung gemeint ist, trifft dies auch zu. Doch ist das Amphitheater nicht rund. Treffender wäre gewesen, den Crescent als entzweigeschnittenes Kolosseum zu bezeichnen, dessen eine Seite verlorengegangen sei. Doch die kolossale Ordnung der Crescent-Fassade führt von den superponierten Säulenstellungen des Amphitheaters fort. Die ionischen Halbsäulen, auf einen rustizierten Erdgeschoßsockel gestellt und als Kolossalordnung den ›piano nobile‹ (Hauptgeschoß) und das Mezzanin (Halbgeschoß unter dem Dach) übergreifend, führen auf Palladio zurück. Hundertvierzehn ionische Säulen durchlaufen die gesamte Fassade in gleichem Takt bis zur Mitte, wo durch die Doppelstellung der Säulen ein leichter, kaum merklicher Akzent gesetzt wird. Hier auch wird das Fenster des Hauptgeschosses als Bogenform herausgehoben. Doch bleibt der schnelle Schritt der Säulenintervalle dominierend, als gelte es, den Mittelakzent sogleich wieder in der gleichberechtigten Folge der Hausfassade einzuebnen.

Im Inneren der Häuser haben die einzelnen Besitzer sehr unterschiedlichen Geschmacksrichtungen folgen können. Die mit den feinen Rankenschnörkeln des ›Bristoler Rokoko‹ ausgestuckten Räume unterscheiden sich vom Klassizismus des späteren ›Adam style‹, mehr noch vom englischen ›Gothic style‹, der in der Manier Horace Walpoles einigen der Wohnungen einen romantisch-mittelalterlichen Anstrich verliehen hat. Der Gegensatz zwischen der Innendekoration und der palladianischen Fassade könnte nicht größer sein. Der erwachende Stilpluralismus war auch eine Form der Liberalität, eine Sache des unterschiedlichen Geschmacks.

Anfänge der Industrialisierung – Die Brücke von Coalbrookdale

Mit der im Jahre 1779 errichteten Brücke von Coalbrookdale beginnt die Architektur an den Errungenschaften des aufgehenden Industriezeitalters teilzunehmen (Abb. 187). Ihr Bogenspann ist nicht mehr aus Stein gemauert und vom Ausdruck wuchtiger Schwere bestimmt, sondern aus Eisen gegossen; als eine durchsichtige, grazile Konstruktion scheint sie die gewohnten Gesetze der Statik außer Kraft zu setzen (Abb. 188). Sie wurde zu einem modernen Weltwunder der technischen Möglichkeiten; von den Zeitgenossen bestaunt, wurde sie durch viele Darstellungen sehr schnell in ganz Europa bekannt. Ihre Herkunft war die Gießhütte, und ihre geistigen Nachbarn waren Newcomens und Watts Dampfmaschine, Arkwrights Spinnmaschine, Allens Schienenbahn, bald auch Stephensons Lokomotive und Telfords Hängebrücken.

Die Gießhütte von Coalbrookdale war der Ort, wo es Abraham Darby 1740 gelungen war, das Eisenerz nicht mehr mit Holzkohle, sondern mit Koks zu schmelzen. Die Produkte der Hütte wurden den Severn hinunter mit Barken nach Bristol geschafft. Die neue Eisenbrücke ersetzte eine kleine Fähre, die bis dahin die beiden Ufer des Severn miteinander verband. Die einzelnen Bogenläufe wurden in Darbys Eisengießerei hergestellt; das grazile Liniengerüst der fünf hintereinanderliegenden Bögen, die von steinernen Widerlagern gehalten wurden, wurde als ›Maßwerk‹ ausgebildet, als sei es Bestandteil einer gotischen Architektur. Auf jeder Seite stützt ein senkrecht gestelltes Feld mit einem Kiel-

186 George Robertson, Coalbrookdale, Brücke in idyllischer Landschaft, 1788

187 Coalbrookdale (England), Brücke über den Severn, 1779, Modell

188 Coalbrookdale, Brücke über den Severn, Zeichnung von T. F. Pritchard, 1777

bogen die Konstruktion, eine Kreisform legt sich wie ein leerer Paß in den Winkel des Bogenlaufs. Die Mitte des Brückengeländers bildet eine Maßwerkrosette, die als emblematisches Schmuckstück keinen Zweifel daran läßt, daß die neue Mode der Neogotik, wie sie Walpole propagierte, auch für diese Eisenkonstruktion Geltung haben sollte. Es lag nahe, eine solche Gerüstkonstruktion in eine Maßwerkfigur zu verwandeln und sie damit einzubeziehen in das Dekorum des guten Geschmacks.

Überhaupt stellte sich mit den unförmigen Aufbauten der neuen Maschinen (Abb. 189) die Frage, ob sie als bloße Apparate außerhalb der Sphäre gesellschaftlicher Kultiviertheit bleiben sollten. Vor allem die klobigen Dampfmaschinen waren eine geschmackliche Herausforderung und mußten als die muskulösen Geräte der alles in Bewegung setzenden Antriebskraft durch ein Stilkleid geadelt und ›gesellschaftsfähig‹ gemacht werden. Ein Dekorum bezog diese neuen Apparate in die gesittete Welt des Vertrauten ein und nahm ihnen den Ruch eines ungezügelten Außenseitertums. Die Dampfmaschinen wurden zu dorischen Tempelbauten (Abb. 190), Webstühle erhielten einen ›gotischen‹ Rahmen, die Eisenbahntunnels bekamen romanische Einfahrtsbögen, Telford gestaltete seine Clifton Bridge ›ägyptoid‹, und auch der Brücke von Coalbrookdale wurde ›Stil‹ zugedacht. Die Architekten und Gestalter des 19. Jahrhunderts setzten dann all ihr Bemühen daran, die Geräte, Maschinen, Apparate und Bauten der ›industriellen Revolution‹ zu zähmen und ihnen die Unkultur einer unvermittelt hereingebrochenen Zweckhörigkeit zu nehmen. Es häuften sich bald die theoretischen Auseinandersetzungen darüber, ob gußeiserne Säulen derart schlank sein dürften, ohne das der Steinarchitektur abgewonnene Gefühl statischer Haltbarkeit zu verletzen. Wenn aber schon eine gußeiserne Stütze in eine kannelierte Säule verwandelt würde, meinte die Gegenpartei, so solle man auch ihre eiserne Schlankheit akzeptieren.

189 Mit Dampf getriebene Wasserpumpe von Newcomen, 1717

190 Erste Ventildampfmaschine von Sulzer, 1865, Deutsches Museum München

Es hat fast zweihundert Jahre gedauert, bis man bereit war, den Ausdruck der neuen Materialien sowie ihre Zweckgebundenheit anzuerkennen und sie als solche in eine neue Ästhetik zu verwandeln. Seit dem Bauhaus glauben wir an die Schönheit des Zweckausdrucks und der neuen Werkstoffe. Muthesius und Häring haben dieser Ästhetik die Schlagzeile geliefert, indem sie proklamierten, daß schon die konsequente Berücksichtigung der Zweckbestimmung genüge, um Schönheit zu erzeugen. Der Kampf gegen das Ornament und die historisierenden Stile hat das Design und die Architektur des 20. Jahrhunderts bestimmt und ist bis in die Gegenwart nicht ausgestanden. Wenn wir heute wieder die altmodischen Stilgeräte der Jahrhundertwende zu schätzen beginnen, so reagieren wir nostalgisch auf die Nüchternheit einer Zweckmoderne, die den Schein der Stilverbrämung als Lüge entlarvt.

›Erhabenheit‹ der Industrie

Die ersten Industriebauten in der Landschaft von Shropshire und anderswo erschienen den Zeitgenossen nicht schon als die Ankündigung einer neuen Welt. Wie Francis Klingender dargestellt hat, wurde auch die Brücke von Coalbrookdale zunächst nur als interessant neuartiges Versatzstück in einer idyllischen Landschaft wahrgenommen, als ›beautiful‹ (Abb. 186). Die zugehörigen Feuerschlünde der Schmelzöfen wie auch die flußabwärts gelegene Kanonengießerei John Wilkinsons erschienen allenfalls als malerisch und ›pittoresk‹ (Abb. 191). Darbys Brücke wurde in der Folge auch als eine spielzeughafte Absonderlichkeit kopiert und auf dem Kontinent als dekorativ-malerisches Element in die Schloßgärten von Berlin-Charlottenburg (Abb. 192) und Wörlitz (Abb. 193) gesetzt.

Die Anhalter Fürsten hielten sich bei der Anlage ihres eindrucksvollen Englischen Gartens in Wörlitz streng an das Vorbild: sie

191 George Robertson, Kanonengießerei des John Wilkinson, 1788

übernahmen die gewundenen Parkwege, das palladianische Schloß à la Ralph Allens Prior Park, gotische Ruinen und klassische Rundtempel, Teiche und Inselchen – und mitten hinein setzten sie als eine der ›follies‹ auch die Brücke von Coalbrookdale in Miniaturausgabe. Die ersten Anzeichen des heraufkommenden Industriezeitalters erschienen als spielerische Merkwürdigkeiten.

Auch bei intensiverer Auseinandersetzung hielt man für die neuartigen Erfahrungen mit der Industrie noch immer einen ästhetischen Rahmen bereit, in den die zischenden Dampfmaschinen, die in den Himmel steigenden Pilze aus weißem und schwarzem Rauch, das monotone Gehämmer und die wie aus dem Erdinneren herauskochenden, den Himmel rot beleuchtenden Erzabstiche der Schmelzöfen hineingesetzt wurden. Wie Elementarkräfte der Natur, wie Fels, Abgrund und Gewitter, so erschienen auch die eben erwachten Kräfte der Industrie

192 Berlin-Charlottenburg, Schloßgarten, Eisenbrücke, um 1800

193 Wörlitz, Landschaftspark, Eisenbrücke, um 1790

als ›erhaben‹, als ›sublime‹. Edmund Burkes Philosophie über das Schöne und Erhabene, seit der Mitte des 18. Jahrhunderts zur Lektüre aller Gebildeten geworden, kam gerade recht, um die neu entstehende Industrielandschaft in ein erhabenes Naturgemälde zu verwandeln.

Radikale Folgerungen wurden noch nicht gezogen, so wie auch das ausgehende 18. Jahrhundert – trotz der wachsenden Bedeutung des mechanischen Webstuhls – eine Zeit herausragender Erfolge handwerklicher Produktion gewesen ist. Die Manufaktur wurde aber fast schlagartig mit dem beginnenden 19. Jahrhundert obsolet, als die großen Fabrikunternehmen mit den neuen Maschinen ausgerüstet waren und eine Vielzahl von Arbeitern freigesetzt wurde. Als Lohnarbeiter zogen sie in die Großstädte. Die ersten Dezennien des 19. Jahrhunderts wurden in England zur Epoche der Maschinenstürme, der Arbeitslosigkeit, des Hungers und der Seuchen. Die Industrie war im Begriffe, das Land von Grund auf zu verändern. Aus den sublimen Versatzstücken vereinzelt umherstehender Schmelzhütten und Fabriken wurden Orte einer nie gekannten, alles durchdringenden Produktion, die einen einzigartigen Fortschritt und zugleich unermeßliches Elend des entstandenen Massenproletariats mit sich gebracht hat.

Daß die Maschine nicht durch ein Stilgewand zu bändigen war, sondern daß sie zu einer Herausforderung der Menschheit wurde und deren gesamte soziale Struktur veränderte, wurde zur Grunderfahrung der beiden vergangenen Jahrhunderte. Mit diesen Veränderungen ging einher, daß auch die Architektur zur technischen Konstruktion wurde und daß im 19. Jahrhundert der ehemalige ›homo universalis‹, der umfassend gebildete Baumeister, sich gleichsam in zwei Hälften teilte, den ingenieurmäßig ausgebildeten Statiker und Konstrukteur, und den für die Ästhetik zuständigen Architekten, dem meist nichts anderes mehr blieb, als die Ingenieurkonstruktion dekorativ aufzuputzen und sie mit Ornamentfassaden zu versehen. Auch das Bauen kam in eine Krise.

Ingenieurbau des 19. Jahrhunderts – Der Londoner Kristallpalast

Der Großraum

Unter Königin Viktoria hatte sich England zur führenden Handels-, Industrie- und Wirtschaftsmacht entwickelt und sein Kolonialreich ausgeweitet.

Zu einem Leistungsvergleich der weltweit produzierten Industrieerzeugnisse veranstaltete London im Jahre 1851 die erste ›Weltausstellung‹. Die zu diesem Anlaß von dem Landschaftsgärtner und Erbauer zahlreicher Gewächshäuser Joseph Paxton errichtete Ausstellungshalle wurde zum Fanal einer ›modernen‹ Architektur: sie war mit ihren 564 Metern Länge der größte Innenraum, der je gebaut worden war (Abb. 194-196). Umgerechnet maß sie 1851 Fuß, enthielt also die sinnreich kuriose Anspielung auf das Ausstellungsjahr und nahm trotz ihrer Neuartigkeit auf diese Weise teil an dem immer noch beliebten Symbolismus vergangener Zeiten, mit dem das neureiche Bürgertum seinen Sinnhorizont hinterlegte. Der Kristallpalast war am Scheitelpunkt seiner Querhaustonne über vierzig Meter hoch und stülpte sich wie eine Glocke über die ausgewachsenen Bäume des Hyde-Parks; das Gebäude war so groß, daß die Natur im Maßstab 1:1 hineinpaßte (Abb. 197). Der Kristallpalast wurde nicht wegen der Erfindung eines neuen Formenstils zu einem herausragenden Monument der Architekturgeschichte (Abb. 198): seine Säulen waren, auch wenn sie extrem dünn waren, nichts Neues, die Bögen, das Strahlenmaßwerk und auch die dekorativen Restbestände der Verzierungen waren nichts Neues. Neu und in die Zukunft weisend waren die verwendeten Baumaterialien: der Kristallpalast war aus Gußeisen und Glas.

Zwar hatte Paxton bereits gläserne Gewächshäuser gebaut. Auch gußeiserne Gebäude gab es bereits in Liverpool und

194/195 London, Kristallpalast, Modellausschnitt und Gesamtmodell, Architekt: Joseph Paxton, 1851

196 London, Kristallpalast, Blick in das tonnengewölbte Querhaus und Langhaus, Architekt: Joseph Paxton, 1851 (Holzstich)

197 London, Kristallpalast, Inneres mit Baum

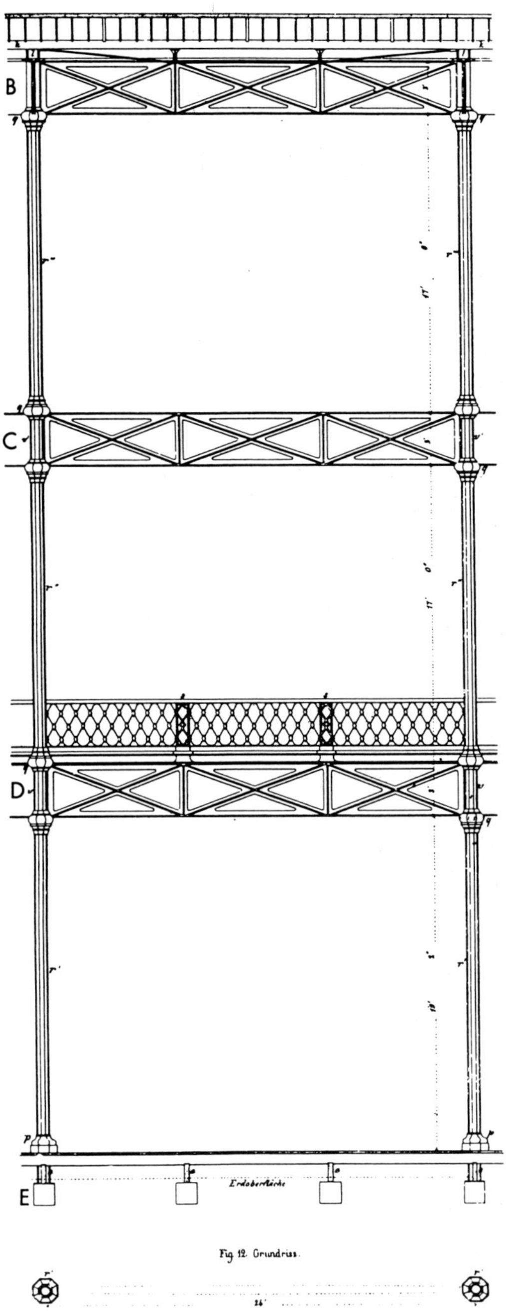

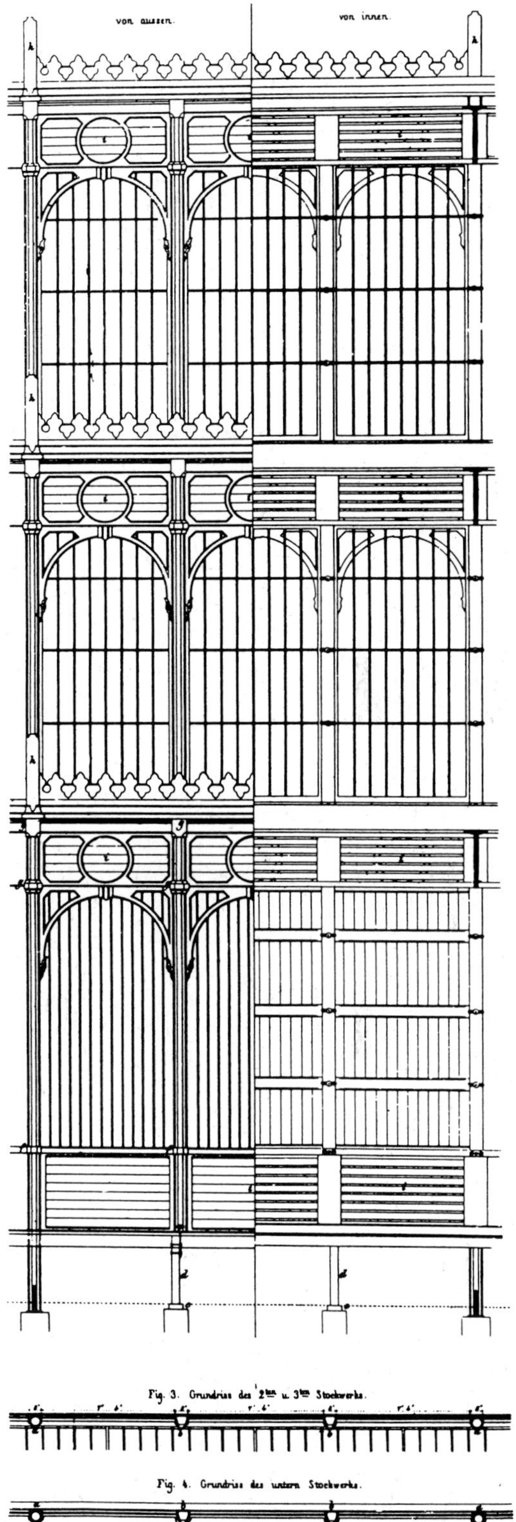

198 London, Kristallpalast, gußeisernes Tragskelett im Stockwerkaufbau (links), Fassadenteile des Langschiffes (rechts)

199 Stuttgart-Hohenheim, eisernes Gewächshaus, 1789 (abgerissen)

anderen englischen Städten; seitdem der Amerikaner James Bogardus im New Yorker Hafenviertel ein Lagerhaus aus gußeisernen Säulen und Architraven errichtet hatte (1848), entstanden die ›eisernen Städte‹ – in New York und auch in New Orleans gab es ganze Straßenzüge aus Gußeisen.

Das erste aus gußeisernen Rahmen konstruierte Gewächshaus aus Glas wurde bereits 1789, zehn Jahre nach Errichtung der Brücke von Coalbrookdale, im Schloßgarten von Stuttgart-Hohenheim errichtet (Abb. 199). Überhaupt hatten die deutschen Kleinfürsten einen besonderen Sinn für Neuheiten entwickelt; die Fürsten von Hessen-Kassel hatten beispielsweise mit dem ›Fridericianum‹ (1769) nicht nur den ersten selbständigen Museumsbau geschaffen, sondern 1822 auch die erste großformatige gußeiserne Orangerie auf dem Kontinent.

Und doch war der Londoner Kristallpalast eine Neuheit; denn was bisher in elitären Randbereichen der Gesellschaft eine gewisse Rolle spielte, wurde nun mit einem Paukenschlag ins allgemeine ›Bewußtsein‹ gerückt. Der Kristallpalast war ein ›öffentlicher Bau‹ und beanspruchte als Weltausstellungsgebäude allgemeine Geltung. Durch seine enorme Größe verdeutlichte er, daß mit dünngezogenen Gußeisenstäben und zerbrechlichem Glas eine Architektur möglich geworden war, die den Begriff des Bauens völlig verändern konnte und eine ganze Welt in eine klimatisierte Hülle einbezog, so, als könne man die Außenwelt zur Innenwelt machen.

Im 19. Jahrhundert wurde der Gedanke des künstlichen Environments weiterentwickelt. Die großen Glaspassagen wie die Galleria Vittorio Emanuele in Mailand und später, im 20. Jahrhundert, die ›Malls‹ der kanadischen und amerikanischen Kaufhäuser haben daran angeknüpft. Buckminster Fuller hat mit seinen Zukunftsprojekten ganze Städte mit künstlichen Klimahüllen umschlossen, und Frei Otto hat mit seinen Zeltdächern (Abb. 200) und Pneukonstruktionen ganze Landstriche Sibiriens oder der afrikanischen Wüste bewohnbar machen wollen. Der Bau wird zur Großhülle, zur Megastruktur, die unwirtliche Welten in eine von Menschen belebte Umwelt verwandelt. (Es könnte sein, obwohl wir es nicht wünschen möchten, daß dieses Architekturkonzept in Zukunft mit zunehmender Umweltverschmutzung noch eine Rolle spielen wird.)

200 Frei Otto, Planungsgemeinschaft Budde, Heinrichs, Schröck, Projekt für die Überdachung des Bremer Hafens, 1961/62

Das Gebäude ist nicht mehr ein in vorwegbestimmte Funktionsräume aufgeteiltes Ganzes, sondern eine allgemeine Großform, in der vielerlei Funktionen je nach Bedürfnis und Absicht Platz finden: es ist in der Tat eine ›gebaute Umwelt‹.

Ein solches ›offenes Raumprogramm‹ war bereits mit dem Londoner Kristallpalast verwirklicht worden. Die einzelnen Aussteller oder Produkte wurden in unterschiedlich großen, herausgeschnittenen ›Raumstücken‹ untergebracht. Genau genommen waren es abteilbare ›Flächen‹, Ab-teilungen (Abb. 201). Während bei späteren Weltausstellungen die einzelnen Länder ihre eigenen Pavillons bauten, war in London für alle ein hallenartiger Großraum zur Verfügung gestellt, in dem sich die Nationen nebeneinander einzurichten hatten.

Vorfabriziertes Bauen

Der 564 Meter lange und vierzig Meter hohe, dreigeschossige Ausstellungspalast entstand in der unglaublich kurzen Bauzeit von nur zehn Monaten. Zeitweilig arbeiteten auf der Baustelle im Hyde-Park über zweitausend Arbeiter. Das bedeutete, daß der Ablauf des Bauvollzugs neu zu organisieren war. Die zeitliche Dimension der Arbeit wurde zu einem neu zu bestimmenden Faktor der Architektur. Bedenkt man, daß viele mittelalterliche Kathedralen ohne ›Zeitdruck‹, ja ohne Zeitbewußtsein im Laufe von Hunderten von Jahren entstanden (Straßburger Münster ca. 1200 bis 1439), so steht der zehnmonatige Zeitaufwand für den Bau des Kristallpalastes in keinem vergleichbaren Verhältnis zu den Großbauten der Vergangenheit. Hier wurde etwas erreicht, was eben noch undenkbar war. Die Zeit wurde zur ›vierten Dimension‹ der Architektur (Sigfried Giedion). Diesen Aspekt hob auch bereits ein zeitgenössischer Bericht hervor: »Die außerordentliche Bedeutung dieses Unternehmens liegt, abgesehen von der kurzen Planungs- und Bauzeit, vor allem in der Verfahrenstechnik, d. h. Arbeitsorganisation, die mit der modernen Fließbandfertigung von Maschinenerzeugnissen zu vergleichen ist.«[18]

Ähnlich den Bewegungsabläufen der Mechanik vollzog sich die Bauabwicklung: »Zur Koordination aller Arbeitsgänge an den verschiedenen z.T. vom Bauplatz entfernten Fabrikationsstätten der Bauteile war eine exakte Ablaufplanung unbedingte Vorausset-

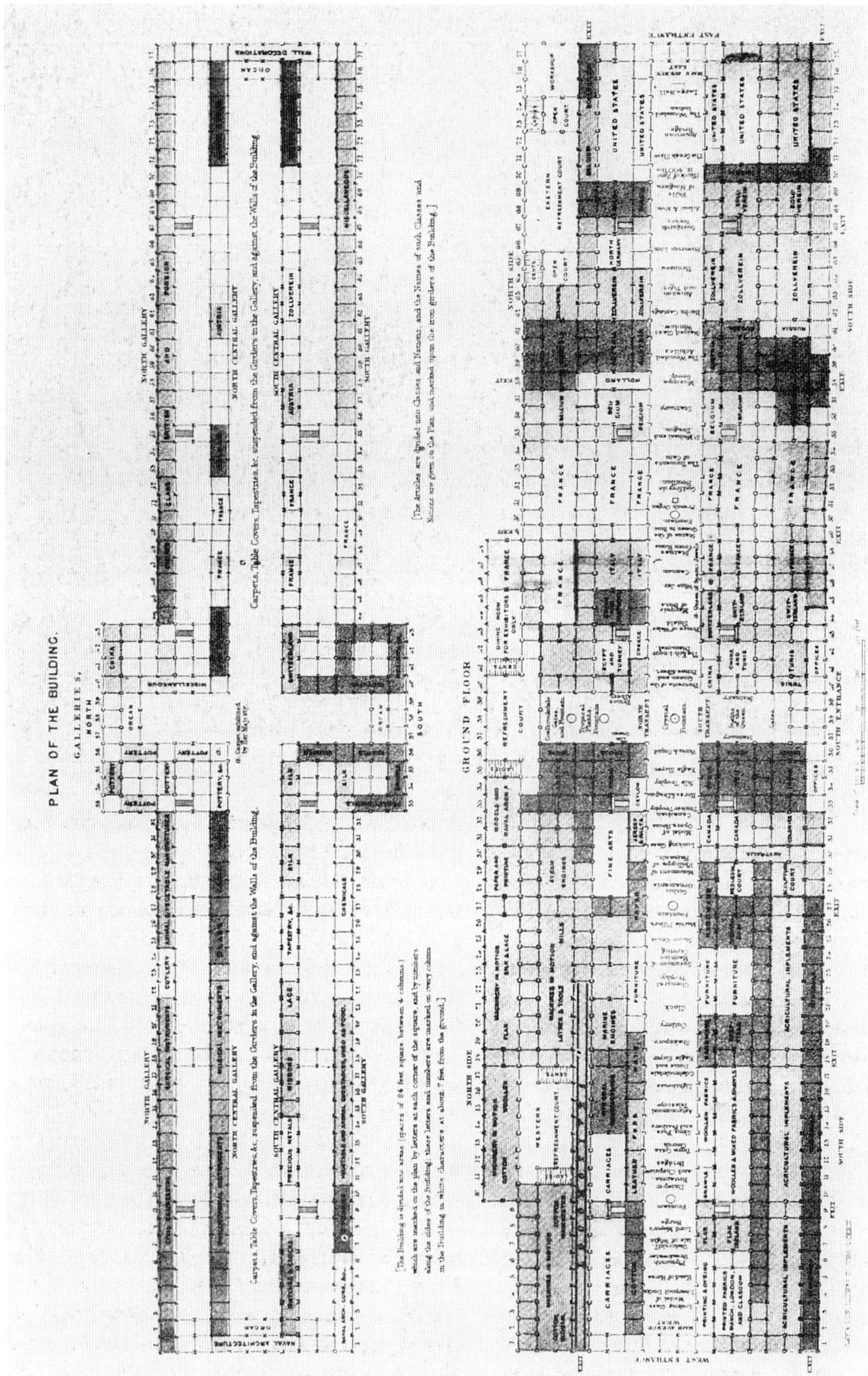

201 London, Kristallpalast, Grundriß, 1851

202 London-Sydenham, vergrößerter und voll eingewölbter Kristallpalast des Joseph Paxton, 1852

zung. Der Fortschritt des Bauprozesses ist das Resultat einer Planung, durch welche das Produzieren und Zusammensetzen der vorgefertigten Teile nach Paxtons eigenen Worten gleichsam wie eine Maschine funktionieren sollte. Am 30. Juli 1850 wurde die Baustelle eröffnet. Zugleich begann die Detailplanung, die ca. vier Monate dauerte. Parallel dazu wurden bereits wesentliche Konstruktionsteile in Produktion genommen. Die erste Säule wurde bereits am 26. September aufgestellt. Ende Januar, nach vier Monaten Bauzeit, stand das Grundgerüst des Ausstellungsbaus. Nach sechs Monaten Bauzeit war das Bauwerk fertiggestellt. Die Eröffnung konnte zum geplanten Termin, am 1. Mai 1851, stattfinden.«[19]

Die Baukommission der Weltausstellung hatte schon bei der Ausschreibung des internationalen Wettbewerbs als wichtige Forderung in das Programm hineingeschrieben, daß die Halle nach Beendigung der Ausstellung leicht demontierbar sein müsse, um sie an anderer Stelle wieder aufstellen zu können (Abb. 202). Dies bedeutete, daß ein Solidbau aus Mauerwerk kaum in Frage kam. Paxton ließ deshalb jedes einzelne Bauteil als Einzelstück bestehen, montierte also alle Stücke durch Verschraubung, was andererseits bedeutete, daß jedes Stück transportabel sein mußte und daß es deshalb auch nicht auf der Baustelle selbst hergestellt werden mußte (Abb. 203). Allein der Betonsockel wurde an Ort und Stelle gegossen.

Nahezu alle anderen Teile wurden in Fabriken vorfabriziert. Die ›maschinelle‹ Herstellungsmethode, von der Paxton selbst sprach, bedeutete, eine Großkonstruktion aus vorgefertigten Einzelteilen in kürzester Zeit zusammenzusetzen, also die Montage

203 London, Kristallpalast, Bauplatz im Hyde-Park, vorfabrizierte Teile, 1851

204 London, Kristallpalast, vorfabriziertes Teil des Tonnengewölbes

durch wenige standardisierte Elemente zu beschleunigen; gleichzeitig brachte die Normung der Bauteile wie in der Maschinenproduktion eine große Kostenersparnis mit sich. So wurden für den gesamten Bau nur zwei Säulenarten als Stützen verwendet: die Erdgeschoßsäulen waren bis zur Oberkante der Träger 6,76 Meter hoch, die Säulen der Obergeschosse bis zur Trägerunterkante 5,18 Meter. Sie hatten identische Durchmesser und waren hohl, um im Inneren das Regenwasser in die Abflußrohre des Fundaments zu leiten. Wo immer größere Lasten auftraten, wurden Säulen eingesetzt, deren Wandung nach innen verdickt wurde, wodurch das gleichmäßige äußere Erscheinungsbild der genormten Stützen gewahrt blieb und die einheitliche Montage im Zusammenhang möglich wurde. Auch die Fachwerkbinder (Träger) behielten bei unterschiedlichen Überbrückungsdistanzen von 24, 48 und 72 Fuß gleichbleibende Höhen, weshalb auch die Zwischenstücke zwischen Säule und Binder, Knotenpunkte zwischen Stütze und Last, eine durchgängige Normhöhe einhalten konnten.

Das verglaste Dach bestand aus vielen nebeneinandergesetzten Satteldächern, zwischen denen – wiederum genormte – hölzerne Rinnen zur Ableitung des Regenwassers verliefen (›ridge‹ und ›furrow‹). Die Fassaden waren als gleichförmige gußeiserne Maßwerkpaneele ausgebildet, die den gesamten Bau in tausendfacher Wiederholung nach außen abschirmten (Abb. 194, 198). Das Gußeisengerüst der halbrunden Tonnengewölbe im Querschiff war ebenfalls vorgefertigt und wurde als sperriges Großteil auf das Hochschiff gehoben (Abb. 204). »Das gesamte Bauwerk war nach einem einzigen Grundmodul aufgebaut. Über dessen Maß bestimmte die Glasindustrie. Sie lieferte damals in England Glasplatten von 49 Zoll Länge und 10 Zoll Breite. Die Länge des Glases – ungefähr 4 Fuß (1,22 m) – wurde das modulare Einheitsmaß, dessen Vielfaches den konstruktiven Aufbau der Struktur bestimmte [...]. Der konsequente Fortschritt war, den 4-Fuß-Modul nicht nur in der Fläche (zweidimensional) anzuwenden, sondern ihn als räumliches Maß (dreidimensional) einzusetzen. Dies ergab einen Konstruktionsraster von 6 x 4 Fuß = 24 Fuß (7,32 m) und zwar der Fläche wie der Höhe nach. Dieser Raster bestimmte den Normalabstand der Stützen und damit die Länge der gußeisernen (bzw. hölzernen) Träger.«[20]

Das Dach des Kristallpalastes hatte eine Glasfläche von fast 84 000 Quadratmetern. »Insgesamt mußten 270 000 [...] Glasplatten produziert werden, immerhin ein Drittel der gesamten englischen Glasproduktion des Jahres 1850. Die Firma Chance Brothers & Co. in Smethwick bei Birmingham fungierte als Generalunternehmer. Diese größte Glasfabrik der Welt beschäftigte 1200 Glasbläser.«[21]

Mit Hilfe eines neu konstruierten Verglasungswagens (Abb. 205), der auf Rädern in den hölzernen Regenrinnen fuhr, konnte eine Vierermannschaft gleichsam im Akkord (die Arbeiter wurden nach Stückzahlen entlohnt) die Glasplatten verlegen. Die Höchstleistung stellte ein Glaser auf, der 108 Platten (ca. 33 Quadratmeter) an einem Tag verlegt haben soll.[22]

Wenn mit dem Taylorismus Henry Fords Jahrzehnte später das Fließbandsystem in

205 London, Kristallpalast, Verglasungswagen, der hölzerne Rinnenbalken diente als Fahrschiene, 1850, Holzstich

die Industrieproduktion eingeführt wurde, so hatte es hier seinen Vorläufer; nur fuhren hier nicht die Produkte auf Bändern an den Arbeitern vorüber, sondern die Arbeiter bewegten sich fort.

Welch enorme Materialquantitäten insgesamt beim Bau des Kristallpalastes verarbeitet wurden, belegen nüchterne Zahlen: Der Bau deckte eine Fläche von etwa 70000 Quadratmetern; 20000 Quadratmeter Galeriefläche kamen hinzu. Man hätte die größte Kirche der Christenheit, den Petersdom in Rom, viermal in die Grundfläche des Kristallpalastes hineinstellen können, den Kölner Dom elfmal. Es wurden 3300 Gußeisensäulen verwendet, »1128 Stützen für die Seitengalerie, 2224 Träger. Insgesamt wurden 550 Tonnen Gußeisen, [...] 34 Meilen (55 km) Abflußrohre, 30 Meilen (48 km) Regenrinnen und 202 Meilen (325 km) Sprossen benötigt.«[23]

Der elementierte Montagebau hat als ›vorfabriziertes Bauen‹ Geschichte gemacht. Einer seiner Apologeten, Konrad Wachsmann, hat den Londoner Kristallpalast als den »Wendepunkt im Bauen« bezeichnet. Die Avantgarde der Moderne hat den Fortschritt der Architektur im standardisierten Wohnungsbau gesucht, Le Corbusier und Gropius haben dafür Modelle geliefert, Ernst May hat beim Bau der Frankfurter Siedlungen vorgefertigte Wandelemente verwendet. Das elementierte Bauen gehört heute, trotz aller Gestaltungsprobleme, zum Grundbestand moderner Baumethoden.

Eisen und Glas

Gleichzeitig haben die neuen Baumaterialien Eisen und Glas die Architektur in ihrem Erscheinungsbild fundamental verändert. Zeitgenössische Berichte sprechen von dem ungewohnten Eindruck, den der Glaspalast hervorrief, in immer neuen Wendungen; ja, das Ausstellungsgebäude selbst war das am meisten bewunderte und am intensivsten kommentierte Objekt der Weltausstellung: »Man sprach in der Welt von nichts anderem, als von der Industrieausstellung in London und von dem wunderbaren Glaspalast mit seinen hunderttausend Säulen, seinem hohen Glasbogendach, unter dem die höchsten Ulmen grünten, und von seinem langen Mittelgange, dessen Ende sich in blaue Ferne verlor...«[24] Die Durchsichtigkeit der filigranen Konstruktion und der gläsernen Außenhaut wie auch die im Dunst verschwimmende Tiefe des Hauptschiffs waren die neuen Erfahrungen, die der Besucher der Architektur abgewann: »Erst an den Seitenwänden orientieren wir uns, in dem wir [...] eine einzelne freie Säule heraussuchen, so schlank, als wäre sie nicht da, um zu tragen, sondern um das Bedürfnis des Auges nach einem Träger zu befriedigen [...].«[25]

Daß Räume mit großen Deckenspannweiten und Wölbungen eine schwere Steinarchitektur sein mußten und daß mit wachsender Höhe auch die Mauerdurchmesser wachsen mußten, war die traditionelle Anschauungserfahrung, die das Publikum mitbrachte. Von diesem Wahrnehmungshintergrund blieb angesichts der schlanken Konstruktion des Kristallpalastes nichts mehr übrig. »Dieser Riesenraum hatte etwas Befreiendes. Man fühlte sich in ihm geborgen und doch ungehemmt. Man verlor das Bewußtsein der Schwere, der eigenen körperlichen Gebundenheit.«[26] Die neuen Materialien hatten eine neue Statik zur Folge, und diese wiederum führte zu einer neuen Seherfahrung.

Seit der Renaissance war der materielle Ausdruck monumentaler Architektur, daß über einem schweren Sockel die sich zunehmend verdünnenden Wände aufsteigen und daß oben als optische Last ein Kranzgesims auf die Mauerkrone gelegt wird. Der Kristallpalast war aber trotz seiner unübersehbaren Größe und seiner Höhe ein schlankes Gerüst, dessen Stützen und Träger überall gleich erschienen, unten wie oben. Der Ausdruck der Schwere, des Tragens und Lastens, war verschwunden. Diese materiellen und statischen Eigenschaften haben die Konstruktion wie auch die Ästhetik der Moderne bestimmt. Die Skelettbauten Mies van der

206 New York, Seagram Building, Architekt: Mies van der Rohe, 1955

Rohes, seine Berliner Hochhausprojekte wie auch die in Chicago und New York (Abb. 206) nach dem Zweiten Weltkrieg realisierten Hochhäuser stellten die letzten Schlußfolgerungen dieser neuen Prinzipien dar. Daß im übrigen die gesamte Architektur der Moderne den Materialausdruck der Schwere gegen den Charakter des Leichten eintauschte, erweist sich auch dort, wo der Skelettbau keine Rolle spielte: die weißen Quader der ersten Häuser Le Corbusiers und – wie wir später sehen werden – die Siedlungsbauten Ernst Mays in Frankfurt (Abb. 219) haben keinen Sockel und kein vorkragendes Kranzgesims: es sind glatte, geometrische Primärkörper, die von der traditionellen Repräsentationsgebärde bedeutungsvoller Schwere befreit worden sind. Die Architektur hatte damit eine jahrtausendealte Tradition hinter sich gelassen.

Die Ausführungen Gottfried Sempers belegen, daß diese neuen und gänzlich ungewohnten Eigenschaften der Eisenarchitektur von den Zeitgenossen erkannt und analysiert worden sind; angesichts des eisernen Dachstuhls der Bibliothèque Ste. Geneviève in Paris stellte er fest: »Das Mißlingen dieser Versuche, der Eisenkonstruktion für die ernste Architektur einen Ausdruck zu geben, sollte es aber wirklich aus unserer Unerfahrenheit in der Benutzung des Stoffes herrühren? Vielleicht! – Doch soviel steht fest, daß das Eisen, überhaupt jedes harte und zähe Metall, als konstruktiver Stoff seiner Natur entsprechend in schwachen Stäben und zum Teil in Drähten angewendet, sich wegen der geringen Oberfläche, welche es in dieser Form darbietet, dem Auge um so mehr entzieht, je vollkommener die Konstruktion ist, und daß daher die Baukunst, welche ihre Wirkung auf das Gemüt durch das Organ des Gesichts bewerkstelligt, mit diesem gleichsam unsichtbaren Stoff sich nicht einlassen darf, wenn es sich um Massenwirkungen und nicht bloß um leichtes Beiwerk handelt.«[27]

So äußerte sich einer der bedeutendsten Architekten des 19. Jahrhunderts, der in vielerlei Hinsicht zu den fortschrittlichsten der Zeit gehörte, jedoch den herkömmlichen Massivausdruck der Architektur angesichts der neuen Materialien retten wollte. Sempers und die Einwände anderer Architekten sind sehr bald ignoriert worden. Die Architektur des 20. Jahrhunderts hat die Errungenschaften des Glaspalastes bestätigt.

Weltausstellung

›Great Exhibition of the Works of Industry of all Nations‹ – in London sollte zum ersten Mal ein Überblick gegeben werden über alles, was die Industrie zu leisten vermochte und was die neuen Maschinen hervorzubringen imstande waren. Zu diesem Zweck wurde der alle bekannten Dimensionen überbietende Kristallpalast errichtet, der mit Waren und nochmals Waren angefüllt wurde. Neben den neuesten Maschinenprodukten und den Maschinen selbst wurden auch Handwerkserzeugnisse ausgestellt und – als Schmuck der Warenwelt – Kunstwerke. Allerdings fand sich unter den Exponaten der schönen Künste nichts, was in irgendeiner Weise neuartig oder gar avantgardistisch gewesen wäre. Die Ausstattungsstücke des bürgerlichen Salons und die Dekorationsattrappen der öffentlichen Institutionen mischten sich mit Gipskopien klassischer Kunstwerke, Kunsthandwerk, Kristallüstern und Arrangements von Skulpturen, Möbeln und Nippes. Was an der Kunst interessierte, war ihr dekorativer, schmückender Appeal. Unter Waren wurde sie selbst zur Ware, multiplizierbarer Ausstattungsgegenstand der Neureichen, die dem entmachteten Adel eilig nachstrebten und ihre Wohlhabenheit zur Schau stellen wollten. Unter den Ausstellungsobjekten fanden sich auch Plastiken aus vulkanisiertem Kautschuk, täuschende Nachahmungen von Bildwerken aus Stein, Metall und Holz.

Was interessierte, war der Nachweis industrieller Leistungsfähigkeit als Konkurrenz der Nationen, – so hatten es die Ausstellungsorganisatoren jedenfalls programmatisch verkündet: »Bringt die Nationen Europas zu einer gemeinsamen Ausstellung ihrer verschiedenen Arbeiten im Hyde-Park oder auf den Champs-Élysées zusammen, und sie werden um so eher ihre alten Abneigungen

207 Vakuumkocher einer Zuckerraffinerie, C. Heckmann, Ausstellungsstück der Weltausstellung 1851

208 Arbeiterwohnhaus für vier Familien, Entwurf von Prinz Albert, Weltausstellung 1851

vergessen. Sie werden sicher über etwas anderes nachdenken, über eine andere Art der Rivalität – über Rivalität auf zivilisierte Art anstelle der alten Rivalität strategischer Fähigkeiten oder brutaler Gewalt.«[28] Die friedliche Handelskonkurrenz sollte an die Stelle der Kriege treten, wie es sinngemäß auch der Prinzgemahl Albert bei der Ausstellungseröffnung formuliert hatte. Von Handelskriegen war hier nicht die Rede. Dabei basierte schon das Zustandekommen der Londoner Weltausstellung auf internationaler Konkurrenz, was zum Teil auch die erstaunliche Schnelligkeit beim Bau des Kristallpalastes erklärt. Als nämlich ruchbar wurde, daß der französische Landwirtschafts- und Handelsminister im Jahr 1849 aus Anlaß einer Pariser Nationalausstellung zur Vorbereitung einer internationalen Industrieausstellung für das Jahr 1851 aufgerufen hatte, kamen ihm die Briten zuvor und organisierten – nun nicht mit staatlicher Machtkompetenz, sondern als privates Konsortium von Unternehmern – gleichsam über Nacht die Londoner Ausstellung. Die Franzosen waren aus dem Feld geschlagen und begnügten sich statt dessen damit, im Kristallpalast einen beträchtlichen Teil der Ausstellungsfläche in Anspruch zu nehmen.

Unter den ausgestellten Produkten fand der Besucher die erstaunlichsten Maschinen und Geräte; neben den schon bekannten Dampfmaschinen, Lokomotiven, Spinnmaschinen etc. gab es nie Gesehenes: eine Zeitungsdruckmaschine, die 20000 Exemplare pro Stunde produzierte, eine Großküche und eine Waschmaschine, einen Vakuum-Kocher für die Zuckerraffinerie (Abb. 207), landwirtschaftliche Maschinen wie eine Harke, Nähmaschinen, Mühlen und Pumpen – aber auch Seltsamkeiten wie eine Kerzenschneidemaschine oder den ersten Tauchanzug zur Erforschung der Ozeane.

Außerhalb des Kristallpalastes stand frei im Gelände des Hyde-Parks ein Ausstellungsstück, das nicht recht zu den übrigen passen wollte: ein Arbeiter-Wohnhaus, das Prinz Albert höchstpersönlich entworfen

209/210 Leo von Klenze, Entwurf für einen Tempel der Revolution, um 1810 – Detail (rechts)

hatte (Abb. 208). Damit war auf eine Realität aufmerksam gemacht, die vom Glanz der Weltausstellung ausgeblendet schien und doch das Leben der übervölkerten Industriestädte bestimmte – das Elend und die Wohnungsnot der Arbeiter. Mit dem fürsorglichen Engagement des Prinzen war auf die Schattenseite der Industrieproduktion hingewiesen. Wie wenig Verständnis für notwendige Reformen bestand, hatte der Berliner Architekten-Verein bewiesen, der noch zehn Jahre zuvor, 1841, abgelehnt hatte, sich an einem Wettbewerb für ein Arbeiterwohnhaus zu beteiligen.[29]

Der ›Tugendtempel‹

Das Bürgertum des 19. Jahrhunderts hat die Industriearbeit zunächst idealisiert und in einen neuen Rang erhoben; es hat sie als eine Kardinaltugend stilisiert und gleichzeitig die Realität der Arbeit als nackte, frei verfügbare Arbeitskraft vom leidenden Menschen abgelöst. Die Arbeit erscheint als einer der Pfeiler, die den Tugendtempel der Französischen Revolution tragen (Abb. 210). Nicht mehr die christlichen Kardinaltugenden Glaube, Liebe, Hoffnung werden in den Personifizierungen der Tempelkolonnade zur Befolgung angerufen, sondern ›Civisme‹ (Staatsbewußtsein) und ›Travail‹ (Arbeit). In der Abgerücktheit der Allegorie wurde die Arbeit als Tugend verklärt.

Bis zum Beginn des 20. Jahrhunderts hat der klassizistische Tempel in Europa und den USA als monumentaler Bautypus seine Gültigkeit bewahrt. Er ist das traditionelle Gegenbild zum Glaspalast. Wo immer ein gehobener und besonderer Anspruch gestellt wurde, hat der Tempel als schnell ergriffene Würdeform gedient.

Der Tempel, den Leo von Klenze während seines Frankreichaufenthaltes 1815 zeichnete, unterscheidet sich von dem üblichen klassizistischen Tempel durch die Form seiner Stützen: an der Stelle von kannelierten Säulen stehen hier harte Vierkantpfeiler, deren obere Enden nicht durch dorische, ionische oder korinthische Kapitelle markiert sind, sondern durch Karyatidenköpfe. Ihre Volutenhaube stützt ein Gebälk, dessen Architrav glatt geblieben ist; eine das Thema des Tempels anzeigende Inschrift zieht sich appellato-

risch über den Architrav: »Die Tugenden des Volkes sind die stärksten Stützen der Gleichheit.« Die Intervalle zwischen den Stützen wirken wie Ausschnitte aus einer Wand. Die ägyptische Strenge des Steinschnitts widerspricht dem Kanon des griechischen Tempels, der häufig genug seit der Mitte des 18. Jahrhunderts mit kopistischer Genauigkeit nachgeahmt worden war; hier jedoch wurde dem klassischen Vorbild eine ganz andere Deutung abgewonnen. Übrig blieben die stereotypen Grundformen: das Podest, die Stützen, Gebälk und Tympanon, verneint aber wurde die bewegte Durchgestaltung des Details: glattflächig und scharfkantig bieten sich die einzelnen Formen dem Auge dar. Eine kristalline Strenge hat sich über den Organismus des antiken Tempels gelegt. Nicht die Kopie des bewunderten Vorbildes war das Ziel und Ende dieses Entwurfs, nicht griechische oder römische, sondern moderne Inhalte gingen in das Bild des Tempels ein, der nur als Schema übriggeblieben ist.

In der durchlichteten Cella des Tempels steht weder ein griechisches noch ein römisches Götterbild, sondern die Personifikation eines neuen und abstrakten Ideals, der ›Félicité Publique‹, der öffentlichen Wohlfahrt. Ihr ist der Tempel geweiht. Diese Göttin des Staatswohls wird von den Pfeilern der neuen Tugenden gestützt: ›Civisme‹ (Staatsbewußtsein), ›Courage‹ (Mut), ›Concorde‹ (Eintracht), ›Travail‹ (Arbeit), ›Économie‹ (Sparsamkeit) und ›Sagesse‹ (Vernunft). Diese sechs Tugenden des Volkes – ›Les Vertus du Peuple‹ – schließen sich in der Inschrift des Architravs zusammen und bilden so den sichersten Garant für die neue und oberste Tugend des Volkes, die Gleichheit, ›Égalité‹. Zur Personifizierung der neuen Tugenden reicht die Säule nicht hin, die geschmeidige, bewegte Entasis des Schaftes ist dem scharfkantigen Statuieren eines revolutionär erkämpften Gesetzes gewichen, das auf den Frontseiten der Pfeiler wie auf hohen Tafeln eingemeißelt steht. In direkter Konfrontation fordern die sechs starren Blicke der Pfeilerköpfe die Befolgung der neuen Tugenden ein. So wie der Pfeiler zur Tafel wird, so verliert auch der Architrav seine Unterteilung und wird zum Inschriftenband, das den Kerninhalt der architektonisch inszenierten Propaganda wiedergibt: »Les vertus du peuple sont les plus fermes soutiens de l'égalité.«

Die Londoner Slums

Großstadt

Eine Dampfwolken ausstoßende Eisenbahn – das populäre Symbol des Maschinenzeitalters – überquert einen Viadukt über den Hütten einer Arbeitersiedlung. Sie läßt die schmutzstarrende Alltagswelt der Hinterhöfe unter sich zurück (Abb. 211): So hat der französische Zeichner und Illustrator Gustave Doré um 1872 die mit dem Beginn des 19. Jahrhunderts entstandenen Londoner Slums wiedergegeben. Unter der verhältnismäßig geringen Zahl überlieferter Bilddokumente aus der Wohn- und Arbeitswelt des Proletariats des 19. Jahrhunderts ragt Dorés Zeichnung durch ihre Drastik heraus (Abb. 212).

Elendsviertel wie dieses hat es seit der Industrialisierung mit dem beginnenden 19. Jahrhundert überall in den englischen Fabrikstädten, in Manchester, Liverpool und London gegeben – bald auch auf dem Kontinent in Frankreich und, im letzten Drittel des 19. Jahrhunderts, in den deutschen Großstädten, im Ruhrgebiet, in Hamburg und Berlin. Die Arbeiterviertel der Großstädte und die Fabriken haben als Umwelt das Leben des Menschen tiefgreifend verändert und die einst von Mauern umgürteten Städte in ein auswucherndes, nach allen Seiten hin

211 Arbeitersiedlung in London, nach Gustave Doré, 1872, Modell

212 Gustave Doré, ›Over London – by Rail‹, Holzstich, 1872

213 Augustus Welby Pugin, ›Contrasts‹ (1836), eine Stadt des Mittelalters um 1440

unkontrolliert fortwachsendes Stadtgewebe verwandelt.

Der englische Architekt Augustus Welby Pugin hat die ›Verhäßlichung‹ der Städte schon in den ersten Jahrzehnten des 19. Jahrhunderts in einer Reihe von aggressiven Traktaten angeprangert und den aufgebrochenen ›Kontrast‹[30] zwischen der überlieferten Stadt des Mittelalters (Abb. 213) und der neuen, die alte Welt zerstörenden Stadt des Industriezeitalters frühzeitig bewußt gemacht (Abb. 214). Will man die städtische Umwelt des 19. Jahrhunderts angemessen darstellen, so genügt es nicht, den einzelnen epochemachenden Monumentalbau – wie die Pariser Oper oder das Dresdener Schauspielhaus – zu erörtern. Vielmehr sind wir allenthalben konfrontiert mit den Elendshütten und Mietskasernen der großen Menschenansammlungen in den Metropolen. Von nun an begann die Stadt zu einem neuen Begriff zu werden: wenn noch im 17. Jahrhundert Städte mit ca. 100000 Einwohnern Großstädte waren, so wuchsen die Industriestädte des 19. Jahrhunderts bald zu Millionenstädten heran. Die überall entstehenden Fabriken saugten förmlich die Bevölkerung des Umlandes auf; die Landflucht wurde zum Pendant der Industrialisierung. Innerhalb von etwa einhundert Jahren hatte sich das Bild Europas und Nordamerikas von Grund auf verändert: die vom Menschen geschaffene Umwelt hatte zu einem großen Teil eines ihrer Wesensmerkmale, die Beständigkeit, verloren; die Architektur wurde zu einer beliebigen Ansammlung von umhergewürfelt Gebautem, das fortwährend sein Aussehen veränderte, das anwuchs und sich überallhin ausdehnte, sich hinausfraß in die Äcker und Felder, wieder abgerissen, eingeebnet und durch Neues und immer Neues ersetzt wurde. Das Bild von der Großstadt als menschenfressende Krake entstand jetzt, die Stadtfeindlichkeit und die Naturverlorenheit des Städters wurden zum Zivilisationssyndrom.

Die moderne Großstadt hat auch die Beziehungen ihrer Bewohner von Grund auf verändert: die traditionelle Nachbarschaft bestimmte nicht länger den Umgang der Menschen, als Neuzugewanderter blieb man in der Menschenmenge auf Distanz. An die Stelle nachbarschaftlichen Kontakts trat die Anonymität. Die Zeitgenossen haben den Wandel großstädtischen Verhaltens am Maßstab vergangener Lebenswelten messen können, wie dies etwa Alexis de Tocqueville im Jahre 1835 während seines London-Aufenthaltes tat (Abb. 215): »Nirgends der Ausdruck von Freude, fröhliche Rufe, der Zu-

214 Augustus Welby Pugin, ›Contrasts‹ (1836), dieselbe Stadt um 1840

sammenklang von Instrumenten, die einen Festtag ankündigen. Nirgends begegnet das Auge der glücklichen Behäbigkeit, die ihre Muße in den Straßen der Stadt spazieren führt oder auf dem nahen Land einfache Freuden sucht. Ständig drängt sich die Menge in dieser Stadt, aber ihre Schritte sind hart, ihre Blicke zerstreut, ihr Ausdruck finster und roh...«[31]

Einige Jahre früher, 1828, hat Heinrich Heine mit ähnlichen Worten London beschrieben: »Aber schickt keine Poeten nach London! Dieser bare Ernst aller Dinge, diese kolossale Einförmigkeit, diese maschinenhafte Bewegung, diese Verdrießlichkeit der Freude selbst, dieses übertriebene London erdrückt die Phantasie und zerreißt das Herz. Und wollt Ihr gar einen deutschen Poeten hinschicken, einen Träumer, der vor jeder Einzelerscheinung stehenbleibt, [...] – oh, dann geht es ihm erst recht schlimm, und er wird von allen Seiten fortgeschoben oder gar mit einem milden ›God damn!‹ niedergestoßen. God damn! Das verdammte Stoßen! Ich merke bald, dieses Volk hat viel zu tun.«[32]

Wohnungsnot

Seit etwa dem 16. Jahrhundert gibt es die Bauspekulation. Wir wissen von einem Antwerpener Kaufmann, der seit den dreißiger Jahren des 16. Jahrhunderts in großem Stil damit begann, an mehreren Orten der Stadt, wo immer der Erwerb eines Grundstücks sich ermöglichen ließ, Mietshäuser zu errichten. Einige dieser architektursoziologisch interessanten Häuser sind bis heute erhalten und auch bewohnt. Leider gehören sie nicht zu den herausragenden Baudenkmälern der Architekturgeschichte, weshalb sie fast unbekannt geblieben sind.

Die Bauspekulation nahm im 19. Jahrhundert enorm zu und wurde mit der gleichen Rigorosität verwirklicht, wie auch das freie Unternehmertum der frühen Industrialisierungsphase ungehemmt seine Interessen durchsetzen konnte. So, wie der Arbeiter dem Unternehmer als bloße Arbeitskraft gegenüberstand, so war der Wohnungsmieter als verarmter Lohnempfänger ungeschützt dem Hauseigentümer ausgeliefert: die Arbeitersiedlungen der ersten Industriestädte waren von Anfang an Slums, billigste Wohnquartiere, die sich in ungefähr zehn, zwanzig Jahren amortisiert haben mußten. Entsprechend billig war die Ausführung, entsprechend rücksichtslos die hygienische Ausstattung. Die Arbeiterviertel der Großstädte veranschaulichten auf drastische Weise die Rechtlosigkeit der hier Wohnenden.

Zwar wurden in England nur selten mehrgeschossige Mietshäuser gebaut, deren schluchtartige Hinterhöfe den Zutritt von Licht und Sonne verhinderten, – sie sollten vor allem in den deutschen und französischen Großstädten eine unrühmliche Rolle spielen. Hier in London baute man, wie zuvor auf dem Lande, dicht nebeneinandergereihte Cottages. Sie erweckten den Eindruck von Einfamilienhäusern und suggerierten Individualität, wenn sie auch als genormte Reihenhäuser kaum eine Unterscheidung zuließen. So weit, so gut. Erfährt man jedoch, daß es kaum je eine Arbeiterfamilie gab, die sich eine einzelne Cottage allein leisten konnte, daß also starke Überbelegung an der Tagesordnung war und ›Untermieter‹ im selben Zimmer wohnten, ja sogar im selben Bett schliefen wie Familienmitglieder, so erweist sich ein solches ›Einfamilienhaus‹ als gebaute Fiktion. Aus den Erhebungen der englischen Parlamentskommission erfahren wir das ganze Ausmaß des Elends, das in diesen Cottages herrschte.

Wenn auch heute das Scheitern des Kommunismus die Urheber des verblassenden Dogmas mehr denn je in Frage stellt, so sind es doch die Berichte des vierundzwanzigjährigen Friedrich Engels, die auf heute noch bestürzende Weise die Lebensverhältnisse der englischen Arbeiterschaft authentisch beschreiben. Sie gehören zu den bewegenden Texten der Menschheitsgeschichte und dekken die Abgründe einer Ökonomie auf, die von keiner sozialen Ethik im Zaume gehalten wurde: »Die neuerbaute Verlängerung der Leedser Eisenbahn, welche hier den Irk überschreitet, hat einen Teil dieser Höfe und Gäßchen weggefegt, dagegen andere wieder erst recht dem Blick offen gelegt. So ist unmittelbar unter der Eisenbahnbrücke ein Hof, der an Schmutz und Scheußlichkeit alles andere weit übertrifft. [...]. Man gelangt über ein holpriges Ufer, zwischen Pfählen und Waschleinen hindurch in dieses Chaos kleiner, einstöckiger und einstubiger Hütten, von denen die meisten ohne allen künstlichen Fußboden sind – Küche, Wohn- und Schlafzimmer, alles vereint. In einem solchen Loche, das kaum sechs Fuß lang und fünf Fuß breit war, sah ich zwei Betten [...], die nebst einer Treppe und einem Herd gerade hinreichten, um das ganze Zimmer zu füllen. In mehreren anderen sah ich gar nichts, obwohl die Tür weit offen stand [...]. In dieser Weise ist die ganze Irkseite bebaut, ein planlos zusammengewürfeltes Chaos von Häusern, die der Unbewohnbarkeit mehr oder weniger nahe stehn und deren unreinliches Innere der unflätigen Umgebung vollkommen entspricht. Wie sollen die Leute auch reinlich sein! Nicht einmal für die Befriedigung der allernatürlichsten und alltäglichsten Bedürfnisse gibt es geeignete Gelegenheit. Die Abtritte sind hier so rar, daß sie entweder alle Tage voll werden oder den meisten zu entlegen sind. Wie sollten sich die Leute waschen, wo sie nur das schmutzige Irkwasser nahebei haben, und Wasserleitungen und Pumpen erst in honetten Stadtteilen vorkommen! Wahrhaftig, man kann es diesen Heloten der modernen Gesellschaft nicht zurechnen, wenn ihre Wohnungen nicht reinlicher sind, als die Schweineställe, die mitten dazwischen stehen!«[33] »Die schlechten Viertel sind in England in allen Städten ziemlich egal eingerichtet – die schlechtesten Häuser in der schlechtesten Gegend der Stadt; meist zweistöckige oder einstöckige Ziegelgebäude in langen Reihen [...]. Diese Häuschen von drei bis vier Zimmern und einer Küche werden Cottages genannt und sind in ganz England [...] die allgemeinen Wohnungen der arbeitenden Klasse. Die Straßen selbst sind gewöhnlich ungepflastert, löchrig, schmutzig, voll vegetabilischen und animalischen Abfalls, ohne Abzugskanäle oder Rinnsteine, dafür aber mit stehenden, stinkenden Pfützen versehn. Dazu wird die Ventilation durch die schlechte, verworrene Bauart des ganzen Stadtviertels erschwert, und da hier viele Menschen auf einem kleinen Raum leben, so kann man sich vorstellen, welche Luft in diesen Arbeiterbezirken herrscht.«[34]

Engels zitiert in seiner Darstellung den Prediger G. Alston, der über den Zustand

215 Gustave Doré, London, Ludgate Hill, 1872

seiner Pfarrei befindet: »Sie enthält 1400 Häuser, die von 2795 Familien oder ungefähr 12 000 Personen bewohnt werden. Der Raum, auf dem diese große Bevölkerung wohnt, ist weniger als 400 Yards im Quadrat, und bei solch einer Zusammendrängung ist es nichts Ungewöhnliches, daß ein Mann, seine Frau, vier bis fünf Kinder und zuweilen noch Großvater und Großmutter in einem einzigen Zimmer von zehn bis zwölf Fuß im Quadrat gefunden werden, worin sie arbeiten, essen und schlafen.«[35]

Als Resultat seiner Darstellung führt Engels eine Sterblichkeitsstatistik aus dem Jahre 1832 auf: In der Grafschaft Rutland, einem gesunden Agrikulturdistrikt, starben von 10 000 Menschen 2865 unter fünf Jahren, 1189 starben im Alter von sechzig bis neunundsechzig Jahren. In der Fabrikstadt Leeds starben von 10 000 Einwohnern 5286 unter fünf Jahren, 593 im Alter von sechzig bis neunundsechzig Jahren.[36]

Neben der prähistorischen Hütte am Strand von Nizza, den Wetterdächern der Yanoama, den Bauernhäusern einer fränkischen Siedlung, den mittelalterlichen Fachwerkhäusern von Büdingen und dem großbürgerlichen Crescent von Bath erscheinen die Cottages von London als Zeugen einer in die Brüche gegangenen Welt, in der das Leben vieler Bewohner europäischer Großstädte sich in ein Vegetieren verwandelte. Die Arbeiterwohnungen des heraufkommenden Industriezeitalters sind nicht zu gehüteten Baudenkmälern geworden, sie sind nur die schnell vergänglichen Alltagsgehäuse eines kaum lebenswerten Lebens gewesen, deren Verfall gewünscht sein mußte. Als Architekturform mußten sie ebenso wie die an sie gefesselte Lebensform überwunden werden. Inmitten der Folge europäischer Baudenkmäler nehmen sich die Cottages deplaziert aus. Doch besteht die gebaute Umwelt nicht nur aus Tempeln, am wenigsten im Zeitalter der Industrialisierung. Die Cottage ist die andere Seite jener Medaille, die auf der Front den Kristallpalast und die Oper als Symbole bürgerlicher Repräsentation trägt; sie ist das Gegenbild des bloßen Überlebens im Angesicht bezwingender Monumentalität.

Sozialer Wohnungsbau im 20. Jahrhundert

Die Moderne

Das 19. Jahrhundert hat eine Fülle neuer Bauaufgaben hervorgebracht, die im 18. Jahrhundert überhaupt noch nicht bekannt waren oder eine untergeordnete Rolle spielten. Allen diesen Bauten, für die aus der Architekturgeschichte keine festgeprägten Typen vorgegeben waren, wurde die Fremdartigkeit genommen, indem sie in die vertraute Formensprache der historischen Architektur einbezogen wurden: auch banale Funktionsbauten wie das Großkaufhaus oder der Bahnhof erhielten ein Säulendekor oder eine neogotische Fassade; die Fabriken wurden zu romanischen Burgen, und die Mietshäuser, hinter deren Vorderfronten sich dunkelste Hinterhöfe verbargen, wurden zu Renaissancepalästen oder Barockschlössern. Noch immer regierte die in der traditionellen Architekturtheorie herrschende Vorstellung, ein Bauwerk müsse geschmückt werden, damit es seine Roheit verliere und sich ›angemessen‹ (›aptum‹) dem Konzert der anderen Bauten einfüge. Zusehends wurde jedoch deutlicher, wie groß die Diskrepanz zwischen dem ostentativen Bauornat und der tatsächlichen Baufunktion geworden war: ein Mietshaus war – und jeder wußte das – kein Palast, und eine Fabrik kein Schloß. Ohnedies war hier und dort das wahre Gesicht der neuen Zweckbauten, entschleiert vom Fassadendekor, bereits sichtbar geworden (Abb. 217). So hatte der deutsche Architekt Friedrich Schinkel auf seiner Englandreise im Jahre 1826 die vom Rauch geschwärzten Ziegelblöcke der Tuchfabriken in Manchester in sein Skizzenbuch aufgenommen und mit aller Nüchternheit in einer Randnotiz vermerkt: »Ohne alle Architektur und nur für das nackteste Bedürfnis allein aus rohem Backstein aufgeführt [...].«[37] Das heißt, Schinkel bestaunte die ungewohnte Direktheit, die allein das Gehäuse übrigließ, ohne daß irgendein Bemühen um ›schöne Architektur‹, also um das Dekorum erkennbar wurde.

Der bewußte Verzicht auf ›Verschönerung‹ ließ den Kern der Sache erkennbar werden: den Bau als pure Zweckerfüllung. In den Niederungen der Arbeit kamen zusehends die bloßen Tatsachen ›ohne alle Architektur‹ zum Vorschein. So etwa verfügte der Bostoner Kaufmann Peter Brooks ausdrücklich, seinem nach dem großen Stadtbrand von Chicago neu zu errichtenden Geschäftshaus keinerlei ornamentale Ausstaffierung zukommen zu lassen: »Ich bevorzuge ein einfaches Gebäude aus Ziegel, acht Geschosse hoch, mit Keller und flachem Dach... Das Gebäude ist für den Gebrauch gedacht, nicht für Ornament. Seine Schönheit wird seine völlige Anpassung an den Gebrauch sein.«[38] Es verwundert deshalb nicht, daß mit dem Beginn des 20. Jahrhunderts der radikale Schritt getan wurde, überhaupt die Architektur vom Ornament zu befreien und die neue Wahrheit des Bauens in funktionaler Zweckmäßigkeit zu suchen.

In seiner Kampfschrift ›Ornament und Verbrechen‹ (1908) stellte der Wiener Archi-

216 Frankfurt a. M., Siedlung Bruchfeldstraße, Haardtwaldplatz,
Architekt: Ernst May u. a., 1926/27

217 Manchester, Tuchfabrik, Unionstreet, Stahlstich von J. Harwood, 1829

218 Wien, Haus Steiner, Architekt: Adolf Loos, 1910

tekt Adolf Loos nüchtern fest, daß alles Ornament vergeudete Arbeitskraft und damit vergeudetes Kapital sei. Sein epochemachendes Wohnhaus Steiner in Wien (1910) war zwar räumlich eine repräsentative Villa, doch mit weißen, leergefegten Fassaden (Abb. 218). Damit war das Zeichen gegeben, wie der Fortschritt in der Architektur auszusehen habe: Ornamentverzicht, Purifikation, reine Geometrie! Das Weiß der Fassade wurde zum Zeichen aufgeklärter Hygiene, die mit den falschen Ansprüchen scheinheiliger Repräsentation Schluß machen wollte: »Herunter mit den Muschelkalkfassaden in Dorisch, Ionisch und Korinthisch!« rief der Berliner Architekt Bruno Taut aus und intonierte damit das neue Pathos der Reinheit, das ›Pathos des Funktionalismus‹.[39]

Mit aller Schärfe richtete sich die Avantgarde der Moderne gegen die Ornamentlügen des 19. Jahrhunderts, gegen die überlieferten Vorstellungen von einer ›geschmückten‹ Architektur – und erledigte damit nicht nur den Historismus und das Stilchaos des 19. Jahrhunderts, sondern die gesamte Architekturtradition seit der Renaissance. Der Bruch mit der Vergangenheit war derart radikal, daß es schwerfällt, in der Geschichte der europäischen Architektur eine Parallele zu finden. Man muß schon die Bauten der Pueblo-Indianer in Neu-Mexiko oder die weiß gekalkten Häuser von Çatal Hüyük aus der Steinzeit als Beispiele anrufen, um überhaupt auf eine äußerlich vergleichbare Architekturhaltung verweisen zu können. In jedem Falle waren die ersten Bauten der Moderne demonstrative Gegenerklärungen zu allen historischen Vorgaben. Einen tieferen revolutionären Einschnitt in den Fluß der Geschichte hat es seit der Frührenaissance nicht mehr gegeben.

Das ›Neue Bauen‹ – Die Siedlung Bruchfeldstraße in Frankfurt am Main

Hat man die Cottages der Arbeitersiedlungen in England oder die Mietskasernen in den deutschen Großstädten des 19. Jahrhunderts als Vergleich vor Augen, so erscheinen

219 Frankfurt a. M., Siedlung Bruchfeldstraße, Architekt: Ernst May u. a., 1926/27, Modell

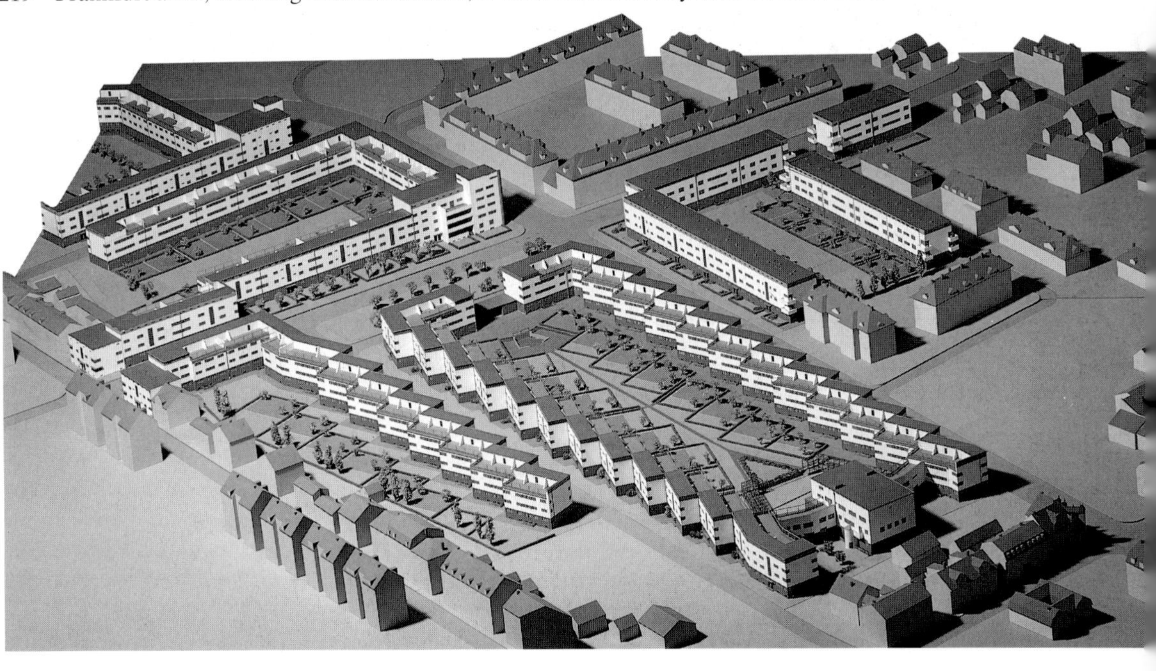

220 Frankfurt a. M., Siedlung Bruchfeldstraße, Modellausschnitt

die während der zwanziger Jahre entstandenen Wohnanlagen der Moderne wie die Ankündigung einer besseren Welt.

Ernst Mays Siedlung Bruchfeldstraße in Frankfurt ist eines der vielen modernen Wohnbauprojekte, die während der zwanziger Jahre als bewußtes Gegenprogramm gegen das Wohnungselend nach dem Ersten Weltkrieg entstanden (Abb. 219, 220); Breslau, Celle, Duisburg, Hamburg, besonders Berlin und Frankfurt haben Schrittmacherdienste geleistet. In den Niederlanden, in Rotterdam und Amsterdam, aber auch in Wien hatten die ersten Reformansätze im Wohnungsbau feste Umrisse angenommen. In Deutschland setzte dann mit der Einführung der Hauszinssteuer 1924, die der Finanzierung des subventionierten Wohnungsbaus diente, ein Siedlungs-Boom ein. Die Städte des 19. Jahrhunderts wurden durch moderne ›Trabanten‹ ergänzt, in den Außenbezirken, wo genügend Raum vorhanden war, wurden die neuen Großsiedlungen errichtet, die soziale Verantwortung erkennen ließen und den Arbeitern und kleinen Angestellten ein menschenwürdiges Dasein versprachen.

Die Siedlung Bruchfeldstraße wies alle jene neuen Qualitäten auf, die für den staatlich subventionierten Wohnungsbau charakteristisch werden sollten: inmitten des Grüns lagen die weit hingestreckten Wohnzeilen, die sich um große Gartenhöfe gruppierten und von allen Seiten durchsonnt waren (Abb. 216). ›Licht, Luft und Grün‹ war das programmatische Schlagwort, mit dem der moderne Siedlungsbau antrat. Den vielgeschossigen Mietshäusern, den engen, schachtartigen Hinterhöfen und den feuchten Kellerwohnungen wurde nun der Kampf angesagt; neue Hygienestandards wurden durchgesetzt und jede einzelne Wohnung mit einem WC ausgestattet. Der erklärte Gegner waren die Krankheiten, war die Tuberkulose,

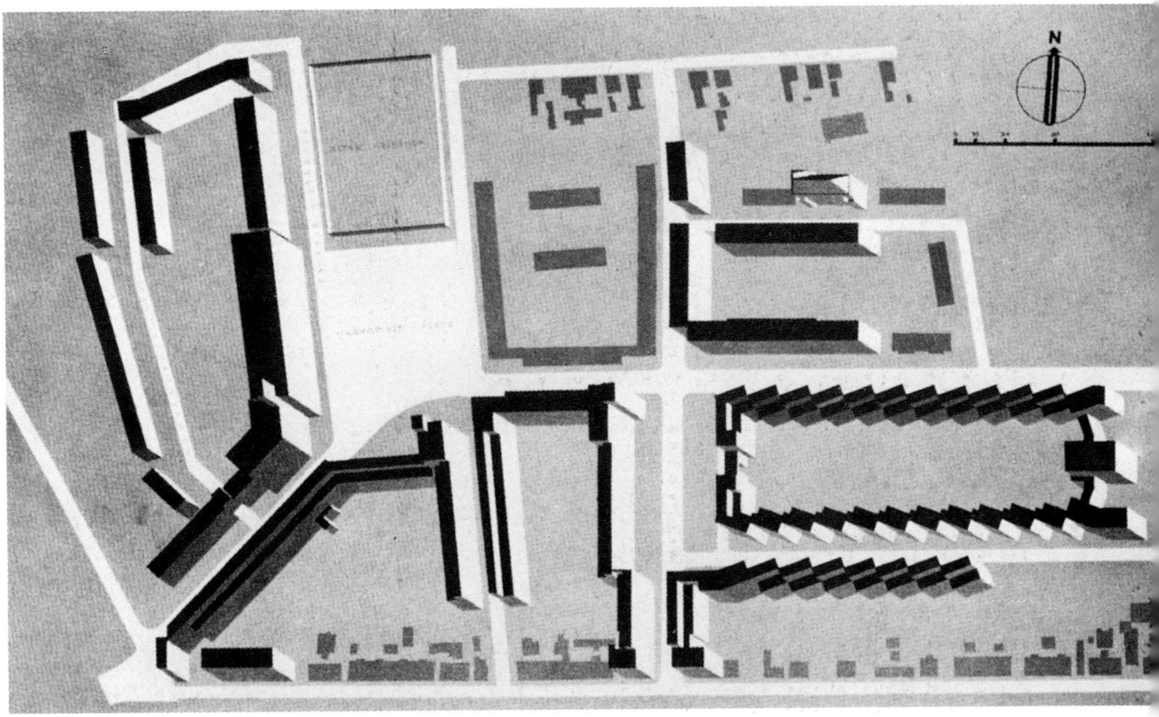

221 Frankfurt a. M., Siedlung Bruchfeldstraße, Plan, Architekt: Ernst May, 1926 (aus: ›Das Neue Frankfurt‹)

die in den Großstadtslums Berlins eine erschreckende Anzahl an Opfern forderte; ›Licht, Luft und Grün‹ war die Antwort auf diese Geißel der ›arbeitenden Klasse‹. Aus sozialem Engagement wandte man sich denen zu, die ›im Dunkeln sind‹ und für die nicht einmal ein ›Wohnen für das Existenzminimum‹ gesichert war.

In Frankfurt wie in anderen deutschen Großstädten waren es die reformerisch eingestellten Parteien, die den genossenschaftlichen und staatlich subventionierten Wohnungsbau förderten, die Sozialdemokraten und das Zentrum, aber auch die Liberalen. Die Extremisten wie die KPD und die Nationalsozialisten waren die erklärten Gegner. Während die Kommunisten in der neuen Wohnbaupolitik allein eine populistische Befriedungstaktik erkennen wollten und in ihr ein Hindernis auf dem Wege zur Revolution sahen, polemisierten die Nationalsozialisten gegen das ungewohnte Erscheinungsbild der Siedlungen. Der Weißenhof in Stuttgart wurde in einer Karikatur als Berbersiedlung dargestellt. Die weißen Fassaden und die Flachdächer wollten nicht recht in die konventionelle Landschaft bürgerlichen Wohnens passen. ›Volksfremdheit‹ und ›Kulturbolschewismus‹ waren die griffigen Vokabeln, mit denen die extreme Rechte die Architektur der Moderne verketzerte. Um die Alternative zwischen Satteldach und Flachdach wurden Meinungskriege geführt. Als gar in Berlin Bruno Taut und in Frankfurt Ernst May genormte Fertigteile in den Siedlungsbau einführten, war für die Nationalsozialisten der Beweis bolschewistischer Gleichmacherei geliefert: der Wohnungsbau der Avantgarde wurde zum bevorzugten Gegenstand eines radikalisierten Kampfstils, der mit dem Begriff der ›Entartung‹ die Moderne aus dem ›völkischen Kulturverständnis‹ hinaustrieb und bald auch die bedeutendsten Architekten der Avantgarde aus Deutsch-

222 Berlin-Staaken, Gartenstadt, Architekt: Paul Schmitthenner, 1914

223 Augsburg, Fuggerei, 1516-1525

land emigrieren ließ: Ernst May, Walter Gropius, Erich Mendelsohn, Mies van der Rohe, Bruno Taut und viele andere.

Nicht so sehr das Einzelbauwerk – Gropius' Faguswerke in Alfeld a. d. Leine oder das Haus Esters in Krefeld von Mies van der Rohe, Mendelsohns Haus Sternheim in Berlin oder das Hochhaus des Stuttgarter Tagblatts – hat die Reaktion herausgefordert, sondern die Siedlungen waren es, welche die Neuerungen der Moderne auf breiter Front vortrugen und unvermittelt ganze Stadtteile in eine ungewohnte Umwelt verwandelten. Hier ragte kein vertrautes Satteldach mehr auf, statt senkrechtstehender Fenster gab es waagrechte Öffnungen, anstelle des gewohnten Fassadendekors dehnten sich weiße Flächen, und das kräftige Rot, Gelb und Blau der Primärfarben hatte das vorsichtige Beige des Putzes und das trauliche Grün der Klappläden ersetzt. Das war nicht mehr die Sache eines einzelnen Bauherrn, der sich von Le Corbusier, Loos oder Mies van der Rohe eine moderne Villa bauen ließ und hinter Gartenhecken seinem individuellen Geschmack nachhing, das war eine Herausforderung an alle, kam der Veränderung der gesamten Umwelt gleich und sollte das Modell einer neuen Lebensweise sein. Erst der Siedlungsbau hat die Moderne ins allgemeine Bewußtsein gerückt – und auf breiter Front Aggressionen geweckt.

Rationalismus und Städtebau

Doch wußten sich die Neuerer mit der Vernunft im Bunde. Sie begründeten rational, was für ihre Gegner Willkür ›entarteter‹ Neuerungssucht war. Fertigteile in Form genormter Wandplatten, wie sie May in

Frankfurt verwendete, waren eben billiger als gemauerte Wände, senkten die Herstellungskosten und damit auch die Mieten. Flachdächer waren ebenfalls kostensparend, gleichzeitig erfüllten sie die ästhetische Vorstellung von einer Geometrie elementarer Körper; kubisch stehen die einzelnen Häuser der Bruchfeldstraße im Zickzack nebeneinander (Abb. 219). Doch die Gesamtform der herausfordernd unorthodox übereck gestellten Häuser hatte nicht nur einen ästhetischen Sinn: das Innere sollte sich nach allen Seiten hin dem Licht und der Luft öffnen.

Wenn schließlich Gemeinschaftseinrichtungen hinzukamen wie eine die gesamte Siedlung versorgende Zentralheizung, eine Großwaschküche oder – wie in der Bruchfeldstraße – ein Kinderhort, Versammlungs- und Festräume, die im herausgehobenen Kopfbau des Zickzackplatzes untergebracht waren, so weckte dies den Verdacht verschwörerischer Gleichmacherei, obwohl die ökonomischen Vorteile offensichtlich waren.

Der genossenschaftliche Siedlungsbau der Jahrhundertwende hatte noch auf eine Typologie zurückgegriffen, die sich als geschichtlich gesicherte ›Heimat‹-Architektur ausgeben ließ: wie ein norddeutsches Städtchen mit Marktplatz, Läden und Gassen nahm sich Schmitthenners Berlin-Staaken aus (Abb. 222). Die geschweiften Giebel und die Erker, die malerischen Winkel und die gewundenen Sträßchen ließen Heimeligkeit aufkommen – draußen, am Rand der Metropole gab man sich kleinstädtisch-bieder. Tessenow orientierte sich an einem prominenten Bescheidenheitsbeispiel, an der Augsburger Fuggerei (Abb. 223), die als ›Siedlung‹ in der Stadt den Armen zur Wohnung hergerichtet war – nicht großartig, aber doch mit der Würde der Einfachheit. Historische Beispiele gaben den Ton an und wurden als Orientierung herangezogen, als es darum ging, in der Fremde der städtischen Außenbezirke Vertrautheit zu schaffen.

Die Siedlungen der Moderne haben solche Fluchtpunkte nicht mehr gesucht, sondern ließen im Neuen die Fremdheit bestehen, akzentuierten darüber hinaus die Außenposition und verlangten den Bewohnern selbstbegründete Identität ab: die Berufungsinstanz war fortgenommen und die Zeichen waren gesetzt, daß Aufgeklärtheit und Vernunft genügend Begründung für das Neue abgaben. Rationalität bedeutete hier, auf alles Stimmungsvolle zu verzichten.

Das aber hieß, vor der Wiederholung einer vernünftigen Norm nicht zurückzuschrecken. Im Extrem bedeutete dies stakkatohaften Ablauf des Immergleichen, ohne Akzente, ohne Höhepunkt. Die Siedlung Westhausen in Frankfurt (Abb. 224) und die um 1930 entstandenen Siedlungen der ›Reichsforschungsgesellschaft für Wirtschaftlichkeit im Wohnungswesen‹ haben diese Konsequenz gezogen und zur Rationalität des Zeilenbaus gefunden. Die radikale Vernunft im modernen Siedlungsbau hieß radikale Standardisierung.

Die ersten Frankfurter Siedlungen der Moderne, Riederwald (1926), Bornheimer Hang (ab 1926), Praunheim (ab 1926), Römerstadt (ab 1927), Niederrad (ab 1926) und Bruchfeldstraße (ab 1926) waren hingegen trotz ihrer Neuheit noch immer bestimmt von einem Städtebau, der sich nicht in das Prokrustesbett einer radikalisierten Rationalität zwingen ließ und nicht auf alle Unterscheidung zugunsten des Standards verzichtete. Der besondere poetische Reiz dieser Siedlungen ist auch heute noch spürbar, denn

224 Frankfurt a. M., Siedlung Westhausen, Architekt: Ernst May u. a., 1929-1931

hier ist es gelungen, die Norm gelten zu lassen und sie gleichzeitig durch Akzentuierung zu erhöhen (Abb. 220).

Während das Grundprinzip der Reihung identischer Baukörper gewahrt blieb, treten doch einzelne Eck- und Torakzente deutlich hervor. Enge Straßenkorridore wechseln ab mit großzügigen Platzanlagen, offenen und geschlossenen Höfen, niederen und höheren Gebäudezügen etc.

May und die anderen im Frankfurter Siedlungsbau tätigen Architekten haben es verstanden, städtebauliche Spannungsbezüge und komplexe Außenräume zu schaffen, im Gleichklang des Ganzen besondere Merkmale der Orientierung und des Wiedererkennens herauszuheben. Damit aber war nicht schon Verrat geübt an der Rationalität der Norm. Die städtische Vorortsituation sollte szenische Merkmale der Stadt behalten. Die ›Neue Sachlichkeit‹ der funktionalen Standardisierung wurde von den Erkenntnissen des traditionellen Städtebaus durchsetzt. So wurde doch eine merkmalgesättigte Umwelt daraus, die individuelle Orte und wechselnde Szenen enthielt. Die Weisheit der frühen Siedlungsplanung der Moderne bestand darin, zugunsten des Erlebnisreichtums auf die radikale Konsequenz bloßer Aufzählung und Wiederholung verzichtet zu haben. Bruno Taut hat in Berlin mit der Siedlung Britz Ähnliches erreicht. Erst am Ende des Jahrzehnts verfiel man mit dem Zeilenbau einem Planungsrigorismus, der in Monotonie endete: Häuserreihe neben Häuserreihe im gleichen Sonneneinfallswinkel, immer gleiche Erschließungswege, immer gleiche Stellung zur Straße.

Hätten wir das ›Neue Bauen‹ auf dem Niveau von Taut und May gehalten, hätten wir es vermocht, die feinfühlige Balance zu halten zwischen Standard und Mannigfaltigkeit, Wiederholung und Akzent, so hätte die Kritik an der Moderne, wie sie in den siebziger Jahren zur Geltung kam, kaum einen Anlaß gehabt.

PAN AM

Die Metropole des 20. Jahrhunderts

Manhattan

Manhattan mit seinen Hochhäusern und Wolkenkratzern ist der Inbegriff einer modernen Metropole; nicht ohne Grund wurde New York die ›Hauptstadt der Welt‹ genannt (Abb. 225, 226). Der Bruch mit der baugeschichtlichen Überlieferung ist hier wie nirgendwo sonst unmittelbar nachvollziehbar; mit Manhattan hat sich die Vorstellung von dem, was eine Stadt sein kann, entscheidend verändert. Der wichtigste Beweggrund für diese Veränderung war die Erfindung eines neuen Bautyps – des Hochhauses. Während die europäischen Metropolen wie Wien, London, Rom, Paris, Berlin, Leningrad, Athen usw. Städte sind, deren Architekturkörper überwiegend aus Häusern bis zu sechs Geschossen besteht, baut sich Manhattan zu einem großen Teil aus Hochhäusern auf, die manchmal bis über hundert Stockwerke anwachsen. Dieser Kontrast macht bis heute den Gegensatz zwischen der Alten und der Neuen Welt aus. Während die amerikanischen Großstädte in den Hochhäusern ihr höchstes Konzentrat erreichten, haben die Europäer die historischen Stadtzentren – mit Ausnahme Frankfurts – von Hochhäusern weitgehend freigehalten.

Das Hochhaus ist jener Bautyp, der für vielerlei Nutzungen brauchbar ist, alle nur denkbaren Funktionen in sich aufgenommen und damit andere, speziellere Bautypen überflüssig gemacht hat. Das Hochhaus ist ein großer Raumbehälter, in dem nicht nur Büros und Wohnungen Platz finden, sondern auch Kaufhäuser, Supermärkte, Restaurants, Hotels, Theater und sogar Kirchen. Die New Yorker Hochhäuser mit ihren großen, häufig einen ganzen Straßenblock umfassenden Unterbauten sind für alles gut und ziehen fast alle städtischen Bauaufgaben in sich hinein. Mit Ausnahme von Großbauten wie Sportarenen und Bahnhofshallen (die in Sonderfällen – wie Helmut Jahns Bahnhof in Chicago beweist – ebenfalls zu Unterbauten von Hochhäusern werden können), hat das Hochhaus eine differenzierte Bautypologie in sich aufgesogen; das Hochhaus ist die große Allgemeinform, die tendenziell die Charakteristik der historischen Bautypen aufgehoben hat.

Mit der Erfindung des Hochhauses hat die Architekturgeschichte insgesamt eine neue Richtung genommen, nicht weil mit den Hochhäusern ein neuer Baustil erfunden war, sondern eine neue Typologie; stilgeschichtlich sind die frühen Chicagoer und New Yorker Hochhäuser nahezu uninteressant. Doch hat der neue Bautypus Hochhaus, der zunächst recht hilflos in historisierende Fassaden eingekleidet wurde, den Begriff des Bauens von Grund auf verändert und der modernen Großstadt ein neues Gesicht verliehen. Manhattan ist das Beispiel einer gebauten Umwelt, wo die grüne Natur nur noch in Relikten vorhanden ist und der Central Park die Bedeutung eines sorglich gehüteten Restes des verlorenen Paradieses einnimmt. Wie schwer es den Europäern fällt, von der

225 New York, Manhattan, Stadtausschnitt mit Grand Central Station (Vordergrund links), PanAm Building (Mittelgrund), Grand Hyatt Hotel und Chrysler Building (rechts), Modell

226 New York, Grand Central Station, PanAm Building

historischen Stadt Abschied zu nehmen, beweisen die Hochhauskonzentrate am Rande ihrer Metropolen, wie La Défense in Paris, beweisen aber auch die Aggressionen gegen das Hochhaus, wie sie in Frankfurt ausgelöst wurden. Und doch werden die modernen Großstädte zunehmend zu Hochhausstädten wie São Paulo, Hongkong, Toronto oder Johannesburg.

Das Hochhaus ist der klassische Bautypus des 20. Jahrhunderts, und es ist jene Erfindung der Neuen Welt, mit der die amerikanische Architektur zu Selbstbewußtsein gefunden hat. Auch die zugehörige und das Hochhaus ermöglichende Technologie wurde in den USA entwickelt oder im Zusammenhang des Bauens neuartig angewendet: das Stahlskelett als Traggerüst, der elektrische Aufzug, das elektrische Licht, die Belüftungssysteme, die Telefonkommunikation. Die Amerikaner waren sich dieser ihrer Erfindung wohl bewußt und zelebrierten den Wolkenkratzer als nationale Errungenschaft, die sie vom Traditionstribut, den sie Europa zollten, befreite. Mit keinem anderen Zivilisationsprodukt ist den Amerikanern der Abnabelungsprozeß von Europa entschiedener gelungen, als mit dem die Lebenswelt prägenden Hochhaus: So etwa schrieb der amerikanische Architekturhistoriker Fiske Kimball im Jahre 1925: »Wenn wir ein Jahrhundert zurückblicken, so wird das Resultat, das wir hier rings um uns sehen und das die amerikanische Architektur repräsentiert, nicht allein als ein Wunder der Kunstgeschichte, sondern als eine der Kronen menschlichen Strebens angesehen werden.«[40]

Und zwei Jahre später, 1927, schrieb Edwin Avery Park über den Wolkenkratzer: »Zumindest hat der Wolkenkratzer unseren Architekten neu zu denken gelehrt. Er hat ein Problem gestellt, dessen Lösung den ersten wirklichen Beitrag Amerikas zur Geschichte der Architektur darstellt (…). Er ist ein Ausdruck unserer sorglosen jugendlichen Vitalität, des Genius von heute. Durch Einfallsreichtum und Mut haben wir den großartigen Maßstab unserer Stärke hingesetzt, und wir haben den Wolkenkratzer passend und schön gemacht. Er ist unser völlig eigenes Ergebnis.«[41]

Diese Selbsteinschätzung fand bei den Europäern zunächst wenig Gegenliebe. Als der deutsche Architekt Erich Mendelsohn im Jahre 1926 sein Buch über Amerika veröffentlichte, fand er im Gegensatz zu vielen seiner europäischen Kollegen außergewöhnlich rühmende Worte für das Hochhaus. Für ihn war schon damals der Wolkenkratzer der

Siegesschrei über Alt-Europa und den Rest der Welt.

Doch gab es bereits frühzeitig erste kritische Stimmen, die das Hochhaus in einem anderen Lichte sahen: »Ein Wolkenkratzer, der sich auf Kosten seiner bescheideneren Nachbarn nach oben durchringt und diesen die Luft und das Licht stiehlt, ist ein groß an den Himmel geschriebenes Symbol des Willens zur Macht eines einzelnen, einer Gruppe von Männern – ein Symbol der rücksichtslosen und unermüdlichen Aggression der Listigen und Starken, ein Symbol, das für unsere Zeit so charakteristisch ist (...)«, schrieb der amerikanische Architekt und Philosoph Claude Bragdon im Jahre 1918.[42]

Auch war man sich darüber einig, daß es keinesfalls der Mangel an Boden war, der den Anlaß dazu gab, auf schmalen Grundstücken den Bau vertikal in die Höhe zu treiben. Der wirkliche Grund war, wie Bragdon sagte, »ein psychologischer«, war die altbekannte Sucht nach Selbstdarstellung. Sich über alle Nachbarn zu erheben und durch Quantität eine Qualität zu erreichen, immer wieder die schon errichteten Wolkenkratzer durch ein paar zusätzliche Stockwerke oder gar, wie beim Chrysler Building, durch eine dünn ausgezogene Antenne zu überbieten, ja, das höchste bis dahin bekannte Bauwerk, den Pariser Eiffelturm, zu übertrumpfen, war der die Gemüter erhitzende Beweggrund dafür, immer höher zu bauen: »Wir haben die Woolworth-, Singer- und Metropolitan-Türme auf extreme Höhe gebracht, um das Prestige jener Unternehmen sich in diesen Türmen reflektieren zu lassen; aber die oberen Geschosse sind nicht dazu geeignet, einen Gewinn aus der Investition zu ziehen (...)«, stellte der New Yorker Architekt Starrett nüchtern fest.[43]

›Kathedrale des Handels‹

Den Bauherren bereitete eine solche Kostenrechnung jedoch keine besonderen Skrupel, vielmehr hatte das unwirtschaftliche Streben nach Höhe einen idealistischen Unterton. Das bloße Ansehen, das eine Firma durch ihren Bau gewann, war nicht unmittelbar in bare Münze umzusetzen, wenn auch der Werbeeffekt den hohen Einsatz letztlich wirtschaftlich rechtfertigte. Was wirklich zählte, war das Beteiligtsein an jenem neuen Geiste, den die Amerikaner ›Commercialism‹ nannten. Es scheint, als habe man mit dem Bau eines aufstrebenden Wolkenkratzers gleichzeitig jenem Ideal gehuldigt, das sich zunehmend von der Tradition des Puritanismus gelöst und – aus diesem heraus – zum reinen Kommerzialismus entwickelt hatte, zur Idealisierung ungehinderten Gewinnstrebens.

Die gotische Maßwerkarchitektur des Woolworth Building, das 1913 fertiggestellt war, hat diesem Ideal auf unmittelbare Weise zum Ausdruck verholfen (Abb. 227). Die Zeitgenossen nannten den Bau die ›Kathedrale des Handels‹ und meinten damit, daß dem Kommerz der bauliche Rahmen einer Kathedrale auch angemessen sei. Der Vertikalisierung des Geschäftshochhauses als Firmensitz diente sich das gotische Maßwerkgerüst wie von selbst an: die dünngliedrigen Formen der Strebepfeiler, Fialen und Pfosten waren wie geschaffen, um einem Gebäude, das den klassischen Proportionen der Säulenordnung nicht mehr gehorchen wollte, einen charakteristischen Ornat zu verleihen. Einem Kathedralenturm ähnlich erhob sich das Woolworth Building über seine Nachbarn. Es war eines der ersten Hochhäuser New Yorks und hatte die horizontalisierenden Proportionen der ersten Chicagoer Hochhäuser in die Vertikale gewendet: ein ›Wolkenkratzer‹.

Im Inneren trifft der Ankommende auf eine Ausstattung, die sich von einem sakralen Ambiente kaum unterscheidet: Foyerräume mit gotischen Kreuzrippen, Emporen und Kapellen, Aufzugtore mit gotischem Maßwerk und Lünettenfresken mit den Allegorien der neuen Tugenden: der Arbeit, der Technik und des Handels. Die als großformatige Skulpturen ausgemeißelten Konsolen unter den Kreuzrippenansätzen zeigen nicht nur den Architekten mit seinen Entwurfs-

227 New York, Manhattan, Woolworth Building, Architekt: Cass Gilbert, 1913

werkzeugen, sondern auch den Herrn und Besitzer des Hauses, den Auftraggeber Woolworth. Er ist mit einem Attribut ausgestattet, das in der Sphäre der christlichen Kirche zu den Zeichen des Lasters gerechnet wurde, mit einem übergroßen Geldbeutel, aus dem heraus die Münzen in die aufgehaltene Hand fallen. Das Bekenntnis zum Geldzählen ist ohne Umschweif ausgesprochen, und mit großer Deutlichkeit erfährt der Besucher, was des Besitzers Tatendrang ist. Solch offenherzige Gebärde wußte den guten Glauben aller hinter sich.

Das Chrysler Building

Vierzehn Jahre nach der Fertigstellung des Woolworth Building, im Jahre 1930, war das Chrysler Building vollendet (Abb. 225, 228). Von gotischem Maßwerk war keine Rede mehr. Mit seinen in hellem Ziegel gemauerten Fassaden übertraf es alle anderen Wolkenkratzer New Yorks an Höhe – eine Auszeichnung, die es wiederum nur ein Jahr lang, bis zur Fertigstellung des Empire State Building 1931, behielt.

Der Architekt des Chrysler Building, William van Alen, hat den Versuch unternommen, einen Wolkenkratzer aus dem Geist der Gegenwart, der ›amerikanischen Moderne‹, zu entwerfen. Der gesamte Baukörper wurde nicht durch aufgelegte Dekorationsformen gegliedert, sondern durch horizontal und vertikal gestaffelte Fenstergruppierungen. Der im Grundriß H-förmige Unterbau nimmt den gesamten Straßenblock ein, nutzt also das Areal voll aus, springt dann jeweils mit dem 17., 24. und 27. Geschoß vier Stufen zurück, bis schließlich der Schaft des Turmes frei wird und schlank aufwärts steigt. Die Abtreppungen entsprechen den Vorgaben des 1916 eingeführten Zonierungsgesetzes, das fortan verhinderte, den Baukörper von der

228 New York, Manhattan, Chrysler Building, Architekt: William van Alen, 1929/30

Grundstücksgrenze aus senkrecht nach oben zu führen. Die Rücksprünge sicherten die Luftzufuhr für die engen Canyons der Straßen und die Nachbarbauten. So entstand das für New York charakteristische Stadtbild von eng zusammengerückten, blockartigen Unterbauten und frei darüber aufsteigenden, in größeren Abständen gebauten Türmen. Für Straßenpassanten ist deshalb nur der untere Fassadenteil ansichtig. Mit der gesamten Baumasse ist er nicht unmittelbar konfrontiert; weit hinten in der Straßenflucht erblickt er die auf Distanz gehaltenen silhouettenhaften Umrisse der Wolkenkratzer.

Die Spitze des Chrysler Building trägt die Stilmerkmale der von van Alen apostrophierten ›amerikanischen Moderne‹ (Abb. 228). Die sechsfach übereinandergestellten Kreisformen, die sich schließlich in stalaktitenhafte Türmungen verwandeln und von strahlenförmig nach außen stoßenden Dreiecksfenstern gegliedert werden, bilden einen eigenwillig dynamisch aufgeteilten Turmgipfel, der mit gleißendem Edelstahl ummantelt wurde. Form und Material haben die Architektur so sehr in Frage gestellt, daß die zeitgenössischen Kritiker sich damit kaum abfinden konnten. Die technoid expressive Spitze des Chrysler Building hat bis heute ihre Individualität behalten und bleibt im lauten Konzert der Wolkenkratzer von Manhattan ein exotisches Art-Deco-Fanal. Van Alen hatte sich mit futuristischem Pathos von der Stiltradition abgewendet und ausgerufen: »Keinen alten Kram für mich! Kein viehisches Kopieren von Bögen, Säulen und Gesimsen. Ich, ich bin neu! Avanti«.[44] Wohl mit Zustimmung seines Bauherrn Walter P. Chrysler war er sogar darauf verfallen, anstelle von klassischen Friesen eine Reihe von überdimensionalen Radkappen und Kühlergrills zu verwenden, womit die Ikonographie des Pkw-Zeitalters in die Architektur eingeführt war. Immerhin hatte van Alens ›amerikanische Moderne‹ noch immer den Sinn für inhaltlich treffende Dekorationsformen behalten, die Symbolisierung war noch nicht der geometrischen Abstraktion gewichen. So hatte auch das Chrysler Building eine traditionelle Gestalt behalten, die anthropomorphe Assoziationen erlaubte: wie die Gestalt des Menschen gliedert sich der Bau in Fuß, Körper und Haupt. Erst mit Mies van der Rohes Seagram Building (1955; Abb. 206) und dem Lever House (1952) von Gordon Bunshaft in der Park Avenue wurde das Hochhaus zu einer geometrischen Primärform, einem senkrecht gestellten Rechtkant. Walter Gropius hat mit dem Bau des PanAm Building unmittelbar neben dem Chrysler Building die neuen Absichten weiterverfolgt und dem schnittigen Rationalismus der Moderne zur Geltung verholfen. Die Ausdrucksstärke einer individuellen Gesamtform des Wolkenkratzers, wie van Alen sie mit dem Chrysler Building gefunden hat, wurde jedoch von Gropius nicht mehr erreicht.

Ursprünge des Hochhauses

Das herkömmliche Wohn- und Geschäftshaus ging über die Maximalhöhe von sechs bis sieben Geschossen nicht hinaus, da das Treppensteigen die Geschoßzahl einschränkte. Erst mit der Erfindung des Aufzugs wurde es möglich, die Geschoßzahlen zu erhöhen. Aus heutiger Sicht will es wie ein Hintergedanke der Geschichte erscheinen, daß ein Amerikaner den elektrischen Aufzug erfand. Es war Elisha Otis, der auf der Industrieausstellung von 1853 in New York seine epochemachende Erfindung der Öffentlichkeit vorführte. Im selben Jahr, als die Deutschen in München die Londoner Weltausstellung mit einem Glaspalast nachholten, haben sich auch die Amerikaner mit einer ähnlichen Ausstellung in den Chor der Nationen eingemischt, um den technisch industriellen Leistungswettbewerb aufzunehmen.

Otis nutzte die Gelegenheit, seine Erfindung mit einer spektakulären Demonstration vorzuführen. Er ließ sich mit seinem Aufzug auf halsbrecherische Höhe heben und kappte dann das Seil, das die Aufzugsplattform hielt. Es gab einen leichten Ruck, und die Plattform rastete in die Sicherheitshalterung ein. Von nun an war ein effizientes Transportmit-

229 Chicago, Fair Store,
Architekt: William Le Baron Jenney,
1890/91

tel für die Vertikalbewegung von Menschen und Lasten gefunden. Damit war auch die Haustechnik zu einer neuen Bauaufgabe geworden. Ein Hochhaus wurde nicht nur zu einem großen Behälter von Räumen, sondern zugleich auch von Leitungssystemen und Versorgungsschächten: neben der Aufzugstechnik kamen die gebündelten Rohrleitungen für Wasser und Abwasser, Elektrizität, Telephon, Ventilation hinzu. Das Haus wurde, wie später Le Corbusier sagte, zu einer ›Wohnmaschine‹. Im Vergleich zur modernen Haustechnik waren die alten Versorgungsleitungen mit ihren häufig an den Außenwänden angebrachten Bleirohren für das Zu- und Abwasser auf dem Stand der alten Römer stehengeblieben.

Doch war die unmittelbare Folge von Otis' Aufzug nicht sogleich der Wolkenkratzer; man wagte zunächst nur drei, vier Geschosse den üblichen sechs aufzusetzen. Ergebnis war das Chicagoer Hochhaus, das als Warenhaus und Bürogebäude Verwendung fand. Als die Stadt nach dem großen Brand von 1871 wieder aufgebaut wurde, griffen die Architekten nach der Stahlkonstruktion und ummantelten das stählerne Pfostengerüst feuersicher mit – klassischen Fassaden! Noch immer erfüllte der Renaissance-Palazzo das Vorstellungsbild eines repräsentativen Gebäudes; die klassische Säulen- und Pilasterordnung mußte also herhalten, um einen auf zwölf oder vierzehn Geschosse angewachsenen Palazzo manierlich erscheinen zu lassen. Doch paßte das neue Stahlskeletthochhaus kaum noch in den Säulenornat hinein. Die fünf Ordnungen reichten gerade hin, um auf einem Sockelgeschoß fünf Hochgeschosse mit einer Zier zu versehen. Wie sollten aber zehn, fünfzehn Geschosse an die vorgegebene Ordnung traditioneller Stilbaukunst angeschlossen werden? Bald stellte sich heraus, daß auch die über mehrere Geschosse hindurchlaufende Kolossalordnung nicht hinreichte, innerhalb der vorgegebenen Proportionen der Säulenordnungen auf geziemende Weise nach oben zu kommen. So also suchten die Architekten nach einer unorthodoxen

230 St. Louis, Wainwright Building, Architekt: Adler & Sullivan, 1890-1891

Lösung. Le Baron Jenney fand den Ausweg, das Fair Store (Abb. 229) kurzerhand in einen doppelten Palazzo zu verwandeln. Er setzte mit einem rustikalen Sockel an, stellte wohlproportionierte Pilaster als Kolossalordnung darauf, brach in der Mitte des Gebäudes ab, fügte ein Zwischengeschoß als Sockelersatz ein und ließ darüber erneut eine Kolossalordnung bis zum majestätischen Kranzgesims aufsteigen.

Erst Louis Sullivan löste das Problem, indem er mit dem Wainwright Building in

St. Louis (Abb. 230) nicht länger auf die vorgeschriebenen Proportionen der Säulen (1:8, 1:9) Rücksicht nahm; er streckte die Pilaster überlang in die Höhe; ähnlich wie schon die Architekten des Speyerer Doms und der Gotik auf die klassischen Maßverhältnisse der Säule reagiert hatten (Abb. 101). Jetzt erst, mit dem Wainwright Building, hatte das Hochhaus seine schlüssige Form gewonnen.

Die ersten Hochhäuser Chicagos behalten deshalb unsere Sympathie, weil sie häufig auf geradezu halbsbrecherische Weise den Versuch darstellen, angesichts einer neuen Bautechnologie noch immer an der traditionellen Gestalt des Palazzo festhalten zu wollen. Tatsächlich waren alle diese Chicagoer ›Renaissancepaläste‹ bereits großmaßstäbliche Behälterkonstruktionen, die den Straßenraster der Stadt prall ausfüllten.

Das Palazzo-Hochhaus Chicagos war der willkommene Typus, einen in rigorose Rechteckparzellen aufgeteilten Stadtgrundriß auf nützlichste Weise zu füllen (Abb. 231). Unmittelbar an der Grundstücksgrenze stiegen die Fassaden dieser Hochhäuser auf, ohne den geringsten Freiraum um sich zu lassen. Die höchstmögliche Ausnutzung des Bodens bestand darin, die Parzelle bis an den Bürgersteig zu überbauen. Der Rechteckform des Grundstücks entsprach der Rechtkantblock des Gebäudes. Damit aber war außerhalb des von Baufluchten begrenzten Straßenrasters kein Umraum übriggeblieben. Chicago wurde zu einer Stadt rechtkantiger Hochhausblöcke, die zur Differenzierung un-

terschiedlicher Bautypen keinen Raum mehr ließen. Chicago war die erste Stadt, in der die Formenvielfalt verschiedenster Bautypen im Umriß des Hochhausblocks aufging. Zwar ist das Rathaus, die Rookery, durch eindrucksvoll rote Granitsäulen geadelt, doch steht es nicht als herausragendes Monument der Stadtregierung an bevorzugtem Ort, sondern ist wie alle anderen Hochhäuser hineingepreßt in den Rechteckraster der Stadt, selbst nur wieder ein Rechtkant (Abb. 232). Auch die Oper, die Börse, das Theater und das Großauditorium wiederholen nur die gleiche Form und werden eins in der einschnürenden Rüstung von Raster und Block. Die Aufhebung differenzierender Typologie hat in Chicago dazu geführt, den Fassaden eine besondere Bedeutung zu verleihen. Wenn Chicago nicht monoton geworden ist, so deshalb, weil das Dekorum der Fassaden eine visuelle Mannigfaltigkeit hervorgebracht hat. Noch heute profitiert Chicago vom Historismus des 19. Jahrhunderts und beginnenden 20. Jahrhunderts.

Urbanität

Während Chicago die Stadt der Hochhauspalazzi war, wurde New York zur Stadt der Wolkenkratzer. In Manhattan griffen die Bauherren auf das Exemplum des Turms zurück, nahmen Maß am Campanile der Piazza Ducale in Venedig oder an niederländischen Kirchtürmen der Gotik. Der horizontal von Rechtkantblöcken bestimmte Stadtkörper Chicagos verwandelte sich in

231 Chicago, Vogelperspektive, Rand McNally & Co., 1898

232 Chicago, Rookery (Rathaus), Architekten: Burnham & Root, 1886-1888

233 New York, Manhattan, Singer Building, Architekt: Ernest Flagg, 1906-1908

234 New York, Singer Building, während des Baus, 1906-1908

Manhattan sehr bald zu einer vertikalisierten Ansammlung von Hochhaustürmen (Abb. 233, 234), die in einen ebensolchen Rechteckraster des Stadtgrundrisses hineingestellt wurden. Der ›Commissioners' Plan‹ von 1811 hat den Straßenraster und die Parzellenstruktur Manhattans bis heute festgelegt (Abb. 235).

Einen Ausschnitt aus dem Stadtgrundriß Manhattans bildet die Umgebung des Chrysler Building, die Grand Central Station, der wichtigste Bahnhof Manhattans, das über dem Gleisuntergrund aufsteigende PanAm Building und schließlich die spiegelnd schwarzen Glasflächen des jüngsten Gebäudes dieser Nachbarschaft, das Grand Hyatt Hotel.

Die Konzentration unterschiedlichster Funktionen innerhalb dieses Stadtausschnitts ist unvergleichlich. Im Untergrund

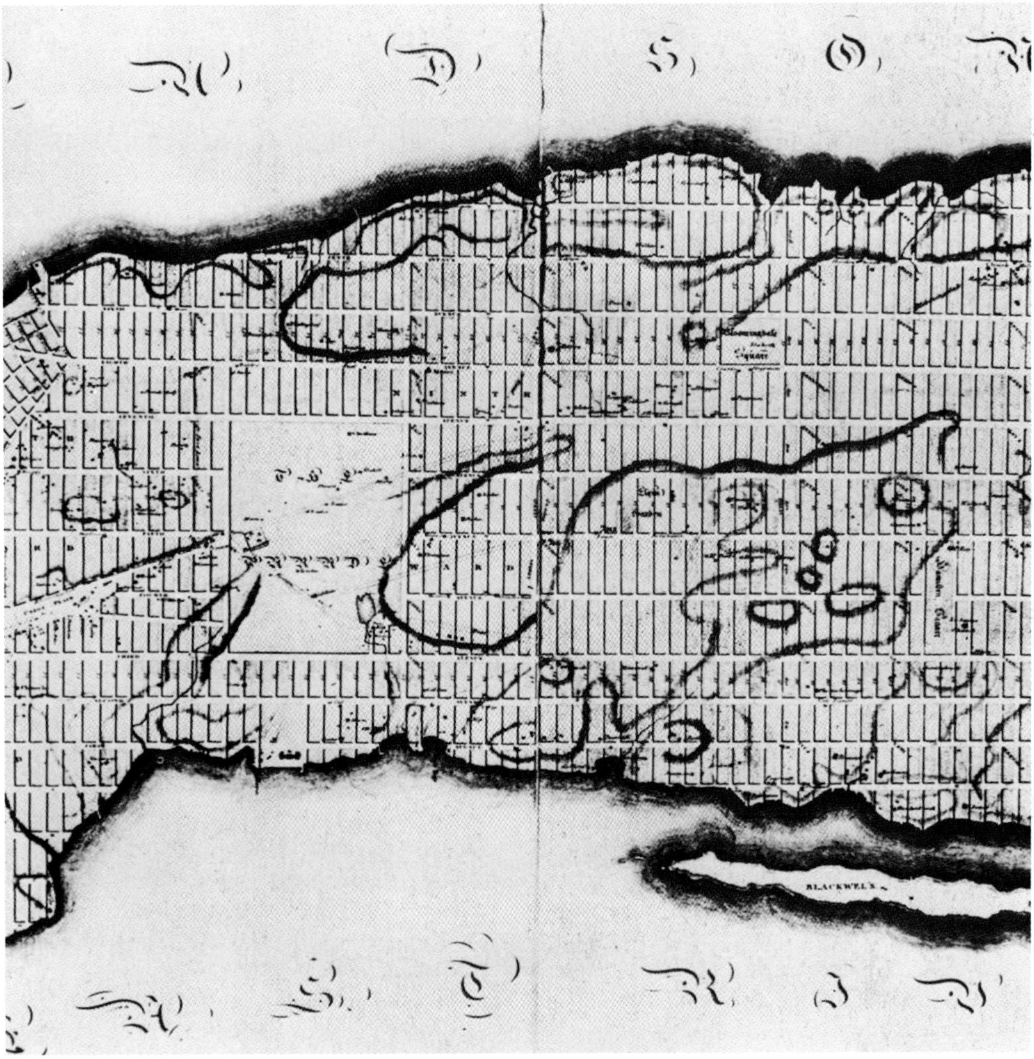

235 New York, Stadtplan (›Commissioners' Plan‹), Ausschnitt, 1811

liegen die Gleisanlagen der Grand Central Station mit den ständig ein- und ausfahrenden Zügen, darüber eine der größten Bahnhofshallen mit dem Gedränge abertausender Passagiere und Passanten, die statistisch die höchste Verkehrsziffer aller Orte der Welt ausmachen.

Unmittelbar daneben befindet sich der Omnibusbahnhof, die in mehreren Ebenen auch durch das Gebäude der Grand Central Station hindurchgeführten Straßen, dann die über allem aufsteigenden Bürogeschosse der Wolkenkratzer, das PanAm Building mit dem unmittelbar dahinterliegenden Park Avenue Tower und dem Chrysler Building, in denen nicht nur die Namensträger der Gebäude ihren Firmensitz haben, sondern auch zahlreiche andere Unternehmen, deren Firmenembleme vor den Aufzügen als Schilderwald erscheinen.

236 New York, Straßenszene, um 1930

Kaum anderswo treffen wir wie hier auf eine derartige Verdichtung von Menschen und Tätigkeiten, die tagsüber das Leben in der Stadt bestimmen (Abb. 236); kaum anderswo ist eine gleiche Vielfalt von Funktionen und damit auch von Bauten anzutreffen wie hier.

Zudem hat das Geschäftsleben das Wohnen in den Obergeschossen der kleineren Hochhäuser ringsum nicht verdrängt, wenn auch die Mieten beinahe unbezahlbar geworden sind. Das Viertel um die Grand Central Station von Manhattan ist nichts als gebaute Umwelt, eine Welt extremer Künstlichkeit, in der die Natur keine Rolle mehr spielt. Bäume gibt es keine, nur ein paar Pflanzkästen auf den Dächern. Allein Regen und Wind, die Wolken am Himmel erinnern daran, daß es anderswo eine Welt gibt, die nicht vom Menschen gemacht ist.

Anmerkungen

1 E. Biocca, *Mondo Yanoama,* Bari 1989, S. 36-39; zit. nach Enrico Guidoni, *Architektur der primitiven Kulturen,* Stuttgart 1976, S. 52
2 Henri Frankfort, The *Art and Architecture of the Ancient Orient,* Harmondsworth 1954 (1970), S. 44; Übers. d. Verf.
3 Henri Frankfort (wie Anm. 2), S. 22
4 Dieter Arnold, *Der Tempel des Königs Mentuhotep von Dêr-el-Bahari,* Mainz 1974
5 Ludwig Curtius, *Die antike Kunst – Die klassische Kunst Griechenlands,* Konstanz 1938, S. 12
6 Ernst Schefold, *Propyläen-Kunstgeschichte,* Berlin 1967, S. 48
7 Ernst Schefold (wie Anm. 6), S. 50
8 E. F. T. Marinetti, *Futuristisches Manifest,* 1909
9 Gottfried Gruben, *Die Tempel der Griechen,* München 1976, S. 345
10 Ludwig Curtius (wie Anm. 5)
11 Wilhelm Winkelmann, ›Die Ausgrabungen in der frühmittelalterlichen Siedlung bei Warendorf (Westfalen)‹, in: *Neue Ausgrabungen in Deutschland,* Berlin 1958, S. 512
12 Hans Eiden, *Die spätrömische Kaiserresidenz Trier im Lichte neuer Ausgrabungen.* Rheinischer Verein für Denkmalpflege und Heimatschutz, 1952, S. 7
13 Erich Herzog, *Die ottonische Stadt,* Berlin 1964, S. 132
14 Erich Herzog (wie Anm. 13)
15 Werner Bandmann, *Die mittelalterliche Architektur als Bedeutungsträger,* Berlin 1951, S. 230-233
16 Hans Christ, ›Das Mittelschiff des Domes zu Speyer‹, in: *900 Jahre Speyerer Dom,* hg. v. Ludwig Stamer, Speyer 1961, S. 110 f.
17 *Denkmäler des Landes Hessen,* Büdingen, S. 95
18 *Deutsches Magazin für Garten und Blumenkunde,* 1872, Jg. 25, S. 197
19 Georg Kohlmaier und Barna von Sartory, *Das Glashaus – Ein Bautypus des 19. Jahrhunderts,* München 1981 (1988), S. 415
20 Kohlmaier, Sartory (wie Anm. 19), S. 417
21 Chup Friemert, *Die gläserne Arche, Kristallpalast London 1851 und 1854,* München 1984, S. 34 f.
22 Chup Friemert (wie Anm. 21)
23 Kohlmaier, Sartory (wie Anm. 19), S. 416
24 *Die Gartenlaube,* 1853, Jg. 1, S. 292
25 Lothar Bucher, *Kulturhistorische Skizzen aus der Industrieausstellung aller Völker,* London 1851, zit. nach Kohlmaier, Sartory (wie Anm. 19), S. 424
26 A. G. Meyer, *Eisenbauten, ihre Geschichte und Ästhetik,* Eßlingen 1907, S. 69
27 Gottfried Semper, ›Der Wintergarten in Paris‹, in: *Zeitschrift für praktische Baukunst,* 1849, Jg. 9, S. 516 ff.
28 *The Times,* 20. 10. 1849
29 Christian Beutler und Günther Metken, *Weltausstellungen im 19. Jahrhundert,* München 1973, S. 25
30 Augustus Welby Pugin, *Contrasts: Or a Parallel between the Architecture of the 15th and the 19th Century,* London 1836
31 Alexis de Tocqueville, *Das Zeitalter der Gleichheit,* eine Auswahl a. d. Gesamtwerk, hg. v. Siegfried Landshut, Stuttgart 1954, S. 248
32 Heinrich Heine, ›Englische Fragmente‹ (1828), in: *Reisebilder,* hg. v. Walther Vontin, Hamburg 1966, S. 232
33 Friedrich Engels, *Die Lage der arbeitenden Klasse in England* (1845), Nürnberg 1913, S. 52
34 Friedrich Engels (wie Anm. 33), S. 26f.
35 Friedrich Engels (wie Anm. 33), S. 29
36 Friedrich Engels (wie Anm. 33), S. 111
37 *Aus Schinkels Nachlaß,* hg. v. Freiherr von Wolzogen, Berlin 1863, S. 114
38 zit. nach Carl W. Condit, *The Chicago School of Architecture; A History of Commercial and Public Building in the Chicago Area, 1875-1925,* Chicago 1964, S. 52; Übers. d. Verf.
39 Vgl. *Werk-Archithese,* März 1977
40 Fiske Kimball, ›Three Centuries of American Architecture‹, in: *Architectural Record* 57, 1925, S. 560-564
41 Zit. nach Robert A. M. Stern, *New York 1930, Architecture and Urbanism between the two World Wars,* New York 1987, S. 589; Übers. d. Verf.
42 Zit. nach Robert A. M. Stern (wie Anm. 41), S. 815; Übers. d. Verf.
43 Zit. nach Robert A. M. Stern (wie Anm. 41), S. 589; Übers. d. Verf.
44 Zit. nach Robert A. M. Stern (wie Anm. 41), S. 606; Übers. d. Verf.

Anhang

Glossar

Abri altsteinzeitliche Wohnstätte unter Felsvorsprüngen oder in Felsnischen
›Adam style‹ eleganter klassizistisch-neugotischer Baustil, benannt nach dem englischen Architekten Robert Adam (1728 - 1792)
Aedicula lat. ›Häuschen‹; Nische zur Aufstellung einer Skulptur
›Aithousa‹ in den homerischen Epen eine mit Säulen versehene Torhalle. Die dem → Megaron zugehörige Aithousa ist identisch mit dem Prodomos (→ Domos)
Allegorie bildliche Verkörperung abstrakter Begriffe
Ambulatorium Wandelgang
Antentempel einfachster Bautypus des archaischen griechischen Tempels, den nur zwei Säulen vor der Eingangsfassade schmücken
Apsis Chorabschluß der christlichen Kirche mit halbrundem oder polygonalem Grundriß
›Aptum‹ Angemessenheit des künstlerischen Ausdrucks im gesamtästhetischen Zusammenhang
Architrav von den → Kapitellen gestützter waagrechter Hauptbalken des Tempels
Arkade auf Säulen oder Pfeilern ruhender Bogen
Atrium von Säulenhallen umgebener Wohnhof und Repräsentationsraum des römischen Privathauses
Attika niedriger geschlossener Mauerstreifen über dem Hauptgesims eines Bauwerkes
Basilika Versammlungs- und Gerichtshalle in der Antike; mehrschiffige Kirche mit überhöhtem Mittelschiff in der christl. Baukunst
Biforien Fenstergliederung durch doppelte Rundbögen
Binder Tragwerk des Dachstuhls; im Mauerverband der mit seiner Längsseite in die Mauer hineinragende Stein
Blendbogen der Wand aufgelegte Bogenfolge
Bogen auf Pfeiler, Säulen oder Mauern sich stützende, rundförmige Überdeckung aus Stein, Beton u. a.
Boskette Gebüschpflanzung mit einzelnen hohen Bäumen
Bossenquader Werkstein mit nur roh bearbeiteter, buckliger Vorderseite
bossieren einen Werkstein roh bearbeiten
Buckelquader → Bossenquader
Bündelpfeiler Pfeiler der Gotik, um dessen Kern mehrere Halb- oder Dreiviertelsäulen angeordnet sind
Campanile freistehender Glockenturm bes. bei italienischen Kirchen, wo der Turm nicht Teil der Fassadengliederung ist
Cella Kernraum des antiken Tempels, oft mit einem Götterbild ausgestattet
Chor Raum für den Hauptaltar der christlichen Kirche, mit der → Apsis östlicher Abschluß des Kirchenbaues
Dachreiter Vierungstürmchen des christlichen Kirchenbaues
Deckplatte vermittelndes oder auch akzentuierendes Bauteil zum Aufsetzen der → Arkaden auf → Pfeiler
Dienst überlängte, vertikal aus den Proportionen geratene Säule (erstmals im Mittelalter)
Dipteros klassischer Bautypus des griechischen Tempels, umgeben von einer ringsumlaufenden doppelten Säulenhalle
Domos Haupthalle des → Megaron
dorische Ordnung → Säule(nordnung)
Eierstab Ornament aus aneinandergereihten, eiförmigen Gebilden
Emblem Zeichen als bildlicher Sinnträger
Empore galerie- oder tribünenartiger Einbau in einen Innenraum, in den er sich auch öffnet
Entasis Schwellung des Säulenschaftes
Environment plastische Szene, die als künstlerisches Raumgefüge den Betrachter umgibt
Exedra halbrunder oder rechteckiger Raum mit Sitzen in antiken Bauten; Erweiterung eines Raumes oder Säulenganges
Faszien drei leicht übereinander vorkragende Bänder, die den → Architrav horizontal gliedern und dadurch die Schwere des Steinblocks überspielen
Feston Girlande aus Blättern, Blumen und Früchten
Fiale schlankes Türmchen auf einem Strebepfeiler oder als Flankierung eines → Wimpergs in der gotischen Baukunst
Filigranwerk Zierwerk aus feinen, verschiedentlich gebogenem und zusammengeführtem Material, im Kunsthandwerk aus Gold- und Silberdraht, im übertragenen Sinn auch auf das gotische → Maßwerk angewendet
›folly‹ engl. Narretei, Unsinn; spielerisch pittoreskes Architekturelement in Schloßgärten wie z. B. gotische Ruinen, Brücken und klassische Tempelchen
Forum Versammlungs- und Marktplatz der römischen Stadt
Fresko Wandmalerei; Auftrag von Wasserfarben auf feuchten Putz
Fries waagrechter Schmuckstreifen des antiken Tempels oberhalb des → Architravs
Funktionalismus Stilrichtung der modernen Architektur, die die Erscheinungsform ganz aus der Funktion eines Bauwerkes abzuleiten versucht oder diese besonders betont
›furrow‹ engl. Furche, Rille, Rinne; genormter Teil des Leitungssystems des Londoner Kristallpalastes
Gebälk im Tempelbau die auf den Säulen ruhende, schwere horizontale Konstruktion als Träger und Verteiler der Dachlast
›gebundenes System‹ Bindung der → Joche von Mittel- und Seitenschiff im Verhältnis 1:2 (je ein Mittelschiffjoch verbindet sich mit zwei Seitenschiffjochen, d. h. zwei → Kreuzgratgewölbe der Seitenschiffe entsprechen einem Gewölbe des Hauptschiffs
Gesims waagrechter Mauerstreifen, der aus der Wand hervortritt und die horizontalen Abschnitte eines Baues bezeichnet (Fuß- oder Sockelgesims, Gurtgesims zwischen den einzelnen Geschossen, Kranzgesims am Dachansatz)
Graffito in die Wand eingekratzte Inschrift bzw. zweifarbige Dekoration durch Ritzung
Halbsäulen Säulen, deren Schaft nur zur Hälfte aus der Wand oder einem Pfeiler hervortritt
Heroon von griechisch ›heros‹ Held, Halbgott; Heiligtum eines Halbgottes
›Insulae‹ aus dem geometrischen Planungskonzept der römischen Stadtplanung entstandene, exakt herausgegrenzte Straßenblöcke
Interkolumnium Abstand zweier Säulen voneinander

Joch in der Gewölbebasilika der durch einen selbständigen Teil einer Gewölbefolge bestimmte Raumabschnitt
Kämpferplatte Auflageplatte zwischen → Kapitell und Bogen, Unterstreichung des Stütze-und-Last-Systems
Kannelüren rillenartige Vertikalgliederung des Säulenschaftes
Kapitell der plastisch ausladende Kopf einer Säule oder eines Pfeilers mit ornamentaler, pflanzlicher oder figürlicher Ausformung, zugleich das Verbindungsglied zwischen Stütze und Last
Karyatiden vollplastische, langgewandete weibliche Figuren, die statt Säulen das Gebälk des griechischen Tempels tragen
Kelim mit Nadeln gewirkter orientalischer Teppich oder Wandbehang mit gleichem Muster auf beiden Seiten
Kollonade Säulengang mit geradem Gebälk
Kolossalordnung Säulenordnung, die mehrere Geschosse einer Fassade übergreift
Kompartiment Raumabschnitt, → Joch
Konsole ein aus der Mauer hervortretender Tragstein als Basis für → Blendbögen, → Gesimse, → Dienste, Skulpturen
Krater altgriechischer Krug, in dem Wasser mit Wein vermischt wurde
Kreuzgang Kloster-Hof (Gärtchen) mit Brunnen und einem überdeckten Umgang
Kreuzgratgewölbe aus der Durchdringung zweier Tonnengewölbe entstandenes Gewölbe; die Schnittlinien heißen Grate, die Flächen Kappen
Krypta unterirdischer Raum, meist unter dem Ostabschluß einer Kirche, in der seit dem frühen Mittelalter Reliquien aufbewahrt bzw. Märtyrer und Heilige, später auch weltliche Würdenträger bestattet wurden
Kuros Jünglingsfigur der archaischen griechischen Kunst
Langhaus langgestreckter Bauteil einer Kirche zwischen Fassade und → Vierung oder → Chor; → Seitenschiff, → Mittelschiff
Lararium kleiner Kultraum oder Nische zur Verehrung der römischen Schutzgottheiten des Hauses und der Familie
›laufender Hund‹ antiker Ornamentfries; abgewandelter Mäander, dessen Linien als wellenförmiges Spiralband verlaufen
Limes ehem. römische Grenzbefestigung (Wall) zwischen Rhein und Donau, 258/59 aufgegeben
Lugal sumerisches Stadtoberhaupt
Lünette halbkreisförmiges Bogenfeld über Tür, Fenster u. a.
›Malls‹ von engl. ›mall‹, schattiger Weg; kanadische und amerikanische Kaufhauspassagen
›Maloca‹ freistehende Häuptlingshütte im → Sciapuno
›maniera‹ Stilhaltung
Maßwerk Bauornament der Gotik zur Ausgestaltung des Bogenzwickels eines Fensters
Mastaba ägyptische Grabform, Vorläufer der Pyramide
Megaron älteste Form des altgriechischen Hauses, rechteckiger Einraum mit Vorhalle
Metopen quadratische Reliefs am griechischen Tempel oberhalb des → Architravs, durch → Triglyphen voneinander getrennt
minoische Kultur nach dem König Minos benannte Kultur Kretas 2600 - 1200 v. Chr.; vegetabilische Ornamentik in bunten Farben auf schwarzer Glasurfarbe
Mittelschiff der mittlere, von → Seitenschiffen flankierte Raum eines mehrschiffigen → Langhauses
Monolith aus einem einzigen Stein gehauenes Monument, z. B. → Obelisk
Obelisk hoher rechteckiger Steinpfeiler, der sich nach oben verjüngt
Obergaden auch Lichtgaden, Fenstergaden, Gaden; der über der Bogenstellung des → Mittelschiffs sich erhebende Wandabschnitt mit den Hochschiffenstern
›Oikos‹ griech. Haus, Haushalt
Palestra ursprünglich Ringerschule in Griechenland, Haus der Gladiatoren
Palmette antikes Schmuckmotiv, abstrakt vegetabilisches Ornament mit Anklängen an Palmblätter
Papyrusbündelsäule ägyptische Pflanzensäule, benannt nach ihrem vegetabilischen Vorbild
Paß Kreisbogen des gotischen → Maßwerks
Peripteros klassischer Bautypus des großen griechischen Tempels, ringsum mit einfacher Säulenreihe umgeben
Peristasis gleichmäßig umlaufende Säulenhalle beim griechischen Tempel
Peristyl von Säulen umstandener Hof im Inneren des griechischen und römischen Hauses; auch Säulenumgang am griechischen Tempel
Perlstab Reihung perlenähnlicher Kugeln zu einer Schmuckleiste
Pfalz im Mittelalter seit der Zeit der Karolinger Bezeichnung für die königlichen Wohnburgen; Tagungsort der Hofgerichte
Pfeiler Stütze auf quadratischem oder rechteckigem Grundriß; zylindrische Pfeiler weisen einen runden Grundriß auf; Pfeiler lösen im romanischen Mauerwerksbau als Standardform der Stützen die → Säule ab
Pilaster der Wand vorgelagerter Pfeiler mit → Basis und → Kapitell, der nur flach hervortritt
Plinthe quadratische oder rechteckige Platte, auf der die Basis von Säule, Pfeiler oder Statue ruht
Polygon Vieleckbau
›Pronaos‹ Vorhalle des → Megaron
Relief plastische Darstellung auf flachem Grund
›ridge‹ engl. Grat, Furche, Dachfirst; genormte Holzrinnen zur Ableitung des Regenwassers; Leitungselement des Londoner Kristallpalastes
Riefelung Längsrillen am Schaft einer Säule oder eines Pfeilers
Risalit ein aus der Fluchtlinie des Bauwerkes hervortretender Bauteil, der die volle Höhe des Hauptbaues erreicht
Rhyton Spendengefäß ähnlich einem Trinkhorn mit zwei Öffnungen, der Ausguß oft in Form eines Tierkopfes
Rondell rund angelegter Schmuckplatz oder Beet
Rosette rosenähnliche Schmuckform
Rosettenfries → Fries mit dekorativ reduzierter Blütenform
Rustika Mauerwerkstruktur aus oberflächlich roh behauenen → Buckelquadersteinen
Säule senkrecht stehendes, im Querschnitt kreisförmiges Stützelement
- **dorische Säule** Stilgewand der seit dem 7. Jh. v. Chr. nachweisbaren griechischen Säule; Schaft mit → Kannelüren, keine Basis, Wulstkapitell
- **ionische Säule** im 6. Jh. v. Chr. in Kleinasien entstandene Stilform; die Basis besteht in der Folge Wulst-Kehle-Wulst, Schaft mit → Kannelüren, Kapitell mit zwei → Voluten, dazwischen → Eierstab und → Palmetten
- **korinthische Säule** um 400 v. Chr. entstandene Stilform; Basis und Schaft wie bei der → ionischen Säule, das Kapitell in Kelchform mit zwei Reihen Akanthusblättern, über denen nach außen → Voluten aufsteigen, nach innen spiralig geschwungene Stengel

- **Säulenbasis** Fuß der Säule, der den Übergang zwischen Schaft und der → Plinthe ästhetisch vermittelt
- **Säulenordnung** antikes Architektursystem, bei dem Säulen, Kapitelle, Architrave und Gesimse aufeinander abgestimmt sind. Schlankheitsgrad und Achsenabstand bestimmen den plastischen Charakter der Architektur

Scheinarchitektur illusionistische Architekturmalerei an Wänden und Decken, bes. in der altägyptischen Baukunst, der pompejanischen Wandmalerei und im Barock

›Sciapuno‹ Mehrfamiliensiedlung der Yanoama-Indianer aus kreisförmig angeordneten Pultdächern

Seitenschiff Raumteil einer Kirche parallel zur Längsachse, vom → Mittelschiff durch Säulen oder Pfeiler abgetrennt

›sham-castle‹ engl. ›Schein-Schloß‹; rein dekorative Kulissenarchitektur für englische Gärten

Skelettbau Bauweise, bei der Stützen aus Beton, Eisen o. ä. den Bau tragen, die Zwischenräume können mit nichttragenden Wänden ausgefüllt werden

Spitzbogen eines der formalen Hauptelemente der gotischen Baukunst; macht die Gewölbehöhe unabhängig von der Breite des Raumes

Stabwerk in der gotischen Baukunst die profilierten Pfosten der Maßwerkfenster, auch das frei vor der Wand stehende Gitterwerk der Triforien (Laufgänge) und Fassaden

Stele in der griechischen Kunst aufragende rechteckige Grabplatte aus Stein, oft mit Inschriften oder Darstellungen

Strebe schräg verlaufende Stütze von Bauteilen

Strebewerk Anordnung von Strebepfeilern, die den Seitenschub des Gewölbes auffangen; v. a. bei gotischen Kirchenbauten, dort steht der Strebepfeiler frei, der Gewölbeschub überträgt sich auf ihn durch einen Strebebogen

Stylobat oberste Stufe des Unterbaus eines griechischen Tempels

Tapiri schräg gestellte Schirme als provisorische Unterstände der Yanoama-Indianer während der Zeit ihrer Wanderung

Tholos Rundtempel mit → Cella und Säulenumgang

Tondo Rundbild in Malerei oder Reliefkunst

Träger freiliegender, meist an zwei Punkten unterstützter Balken aus Holz, Stein oder Stahl

Trecento Bezeichnung für das 14. Jh. in der italienischen Kunst

Triglyphen ›Dreischlitze‹; dreifach geschlitzte Zierplatte oberhalb des → Architravs des dorischen Tempels, alternierend mit → Metopen

tuskische Ordnung nimmt Elemente der dorischen Architektur auf, ohne deren monumentale Klarheit zu erzielen. Die unkannelierten tuskischen Säulen stehen auf einer Basis aus → Plinthe und Wulst, schmuckhafter Charakter

Tympanon beim Portal Fläche zwischen Türsturz und Bogenlauf; in der mittelalterlichen Baukunst für Reliefdarstellungen benutzt

Vierung der durch die Durchdringung von → Langhaus und Querschiff entstehende Mittelbau der christlichen Kirche

Vierungsturm Turm über dem Schnittpunkt von → Langhaus und Querschiff

›villeggiatura‹ ital. ›Sommerfrische‹; Aufenthalt und Lebensart italienischer Adeliger des 16. Jhs. auf ihrem Landgut

Volute Ornament in Form einer spiralartigen Einrollung

Vorlage Verstärkung oder Gliederung einer Mauer durch → Pfeiler, → Pilaster, → Dienste u. a.

›wanax‹ Herrschertitel des Königs von Mykene

Wiek Kaufmannssiedlung im frühen Mittelalter

Wimperg gotischer Ziergiebel über einem Bogen, meist an Portalen

Würfelkapitell Kapitellform der romanischen Baukunst; Würfel mit abgerundeten unteren Ecken, ohne Ornament

Zahnfries Folge von rechteckigen Stegen

Zikkurat ›Himmelshügel‹; Tempelform der mesopotamischen Baukunst, Hochtempel auf künstlicher Terrasse, zu dem eine mehrteilige Freitreppe hinaufführte

Zitadelle Stadtbefestigung

Zyklopen einäugige Riesen der griechischen Mythologie, die für Zeus Blitze und Donnerkeile schmieden; sie sollen die Erbauer der Burgmauern von Tiryns und Mykene gewesen sein

Ausgewählte Literatur

Anfänge der Architektur

H. de Lumley, ›Les fouilles de Terra Amata à Nice: Premiers résultats‹, in: *Bulletin du Musée d'Anthropologie Préhistorique de Monaco,* 1966

Architektur der Naturvölker

Otto Zerries, *Waika – Die kulturgeschichtliche Stellung der Waika-Indianer am Oberen Orinoko im Rahmen der Völkerkunde Südamerikas,* Bd. 1, München 1964

Otto Zerries und Meinhard Schuster, *Mahekodotedi – Monographie eines Dorfes der Waika-Indianer (Yanoama) am Oberen Orinoko (Venezuela),* Bd. 2, München 1974

Enrico Guidoni, *Architektur der primitiven Kulturen,* Stuttgart 1976

E. Biocca, *Mondo Yanoama,* Bari 1989

Steinzeitliche Siedlungen

P. Dikaios, *Khirokitia, Final Report on the Excavation of a Neolithic Settlement in Ciprus, 1936-46,* Oxford 1953

Eine Stadt der Mittelsteinzeit – Çatal Hüyük

James Mellaart, *Earliest Civilisations of the Near East,* London 1965

ders., *Çatal Hüyük,* Bergisch Gladbach 1967

Seton Lloyd und Hans Wolfgang Müller, *Ägypten und Vorderasien,* Stuttgart 1987

Sumerische Städte

P. Delougaz, *The Temple Oval at Khafaje,* Chicago 1940

Henri Frankfort, *The Art and Architecture of the Ancient Orient* (The Pelican History of Art), Harmondsworth 1970

Ägypten

E. Naville, *The XIth Dynasty Temple at Dêr el-Bahari,* London 1907-13

Dieter Arnold, *Der Tempel des Königs Mentuhotep von Dêr el-Bahari,* Mainz 1974

Anfänge der europäischen Kultur? – Mykene

Heinrich Schliemann, *Mykenae, Bericht über meine Forschungen und Entdeckungen in Mykenae und Tiryns,* Leipzig 1878

Ludwig Curtius, *Die antike Kunst – Die klassische Kunst Griechenlands,* Konstanz 1938

Friedrich Matz, *Kreta, Mykene, Troja,* Stuttgart 1956

Gerhard Hiesel, *Späthelladische Hausarchitektur – Studien zur Architekturgeschichte des griechischen Festlandes in der Bronzezeit,* Mainz 1990

Der griechische Tempel

Walter Voigtländer, *Der jüngste Apollon-Tempel von Didyma – Geschichte seines Baudekors,* Tübingen 1975

ders., *Antike aktuell – Didyma und Milet im Modell.* Mit einem Beitrag von Lothar Haselberger, Ausstellungskatalog Deutsches Architekturmuseum, Frankfurt 1986

Gottfried Gruben, *Die Tempel der Griechen,* München 1976

Eine Stadt der Römer – Pompeji

Armin von Gerkan, *Von antiker Architektur und Topographie,* hg. v. E. Boehringer, Stuttgart 1959

Hans Eschebach, ›Die städtebauliche Entwicklung des antiken Pompeji‹, in: *Mitteilungen des Deutschen Archäologischen Instituts,* Römische Abt., 17. Ergänzungsheft, Heidelberg 1970

Robert Etienne, *Pompeji – Das Leben in einer antiken Stadt,* Stuttgart 1974

Theodor Kraus und Leonart von Matt, *Lebendiges Pompeji,* Köln 1977

Alexander G. McKay, *Römische Häuser, Villen und Paläste,* Luzern 1980

Der römisch-germanische Kulturbruch

Hans Eiden, *Die spätrömische Kaiserresidenz Trier im Lichte neuer Ausgrabungen,* Rheinischer Verein für Denkmalpflege und Heimatschutz, 1952

Erich Herzog, *Die ottonische Stadt,* Berlin 1964

Wilhelm Winkelmann, ›Eine westfälische Siedlung des 8. Jahrhunderts bei Warendorf‹, in: *Germania,* Bd. 32, 1954

ders., ›Die Ausgrabungen in der frühmittelalterlichen Siedlung bei Warendorf (Westfalen)‹, in: *Neue Ausgrabungen in Deutschland,* Berlin 1958

Mittelalterlicher Kirchenbau

Franz Klimm, *Der Kaiserdom zu Speyer,* Speyer 1953

900 Jahre Speyerer Dom – Festschrift zum Jahrestag der Domweihe 1061-1961, hg. v. Ludwig Stamer, Speyer 1961

Hans Christ, ›Das Mittelschiff des Domes zu Speyer – Das Werk Kaiser Heinrichs IV. und seines Hofkaplans Otto‹, in: *900 Jahre Speyerer Dom,* hg. v. Ludwig Stamer, Speyer 1961

Hans Erich Kubach und Walter Haas, *Der Dom zu Speyer* (Die Kunstdenkmäler von Rheinland-Pfalz, 5), München 1972

Heinrich Klotz, ›Anmerkungen zur architekturgeschichtlichen Bedeutung des Domes von Speyer‹, in: *Marburger Jahrbuch für Kunstwissenschaft,* Bd. 22, 1989

Das mittelalterliche Kloster

Eduard Paulus, *Die Cisterzienser-Abtei Bebenhausen,* Stuttgart 1886

Adolf Mettler, *Kloster Bebenhausen,* Augsburg 1927

Eine Stadt des Mittelalters – Büdingen

P. Niess und K. Heusohn, *Büdingen – Seine Geschichte und Denkmäler,* Büdingen 1927

Karl Winter, *Büdingen,* München und Berlin 1966

Heinrich Klotz, ›Der Florentiner Stadtpalast – Zum Verständnis einer Repräsentationsform‹, in: *Architektur des Mittelalters, Funktion und Gestalt,* Weimar 1983

Die geplante Stadt der Renaissance – Pienza

Enzo Carli, ›Pienza – Die Umgestaltung Corsignanos durch den Bauherrn Pius II.‹, in: *Vorträge der Aeneas-Silvius-Stiftung an der Universität Basel,* Basel und Stuttgart 1965

Ludwig H. Heydenreich, ›Pius II. als Bauherr von Pienza‹, in: *Zeitschrift für Kunstgeschichte* 6, 1937, S. 105-146
Heinrich Klotz, ›Formen der Anonymität und des Individualismus in der Kunst des Mittelalters und der Renaissance‹, in: *Gesta,* XV, 1 u. 2, 1976
M. Eugène Muntz, *Les Arts à la Cour des Papes,* Paris 1978
Jan Pieper, ›Die Idealstadt Pienza – Fünf Körper im Spiel der Geometrie‹, in: *Planstädte der Neuzeit,* Ausstellungskatalog, Karlsruhe 1990

Leben auf dem Lande –
Die Villa Badoer des Andrea Palladio

Lionello Puppi, *Andrea Palladio – Das Gesamtwerk,* Stuttgart 1977
James S. Ackerman, *Palladio,* Stuttgart 1980
Renato Cevese, *Mostra del Palladio,* o. J.

Schlösser des Barock – Versailles und Arolsen

Adolf Gabert, *Arolsen, eine fürstliche Residenz des 18. Jahrhunderts,* Mengeringhausen 1909
Helmut Nicolai, *Arolsen. Lebensbild einer deutschen Residenzstadt,* Glücksburg 1954
Helen Rosenau, *The Ideal City – it's Architectural Evolution,* London 1974
Volker Himmelein, *Planstädte der Neuzeit vom 16.-18. Jahrhundert,* Ausstellungskatalog, Karlsruhe 1990

Liberale Gesellschaft – Der ›Royal Crescent‹ in Bath

John Wood, *Description of Bath,* London 1765
A. E. Brinckmann, *Stadtbaukunst – Geschichtliche Querschnitte und neuzeitliche Ziele,* Berlin 1920
Walter Ison, *The Georgean Buildings of Bath from 1700 to 1830,* London o. J.

Anfänge der Industrialisierung –
Die Brücke von Coalbrookdale

Elizabeth Mock, *The Architecture of Bridges,* New York 1949
F. D. Klingender, *Art and the Industrial Revolution,* London 1947 (1968)
Carl Culmann, *Der Bau der eisernen Brücken in England und Amerika,* Düsseldorf 1975
Julius Posener, ›Eisenkonstruktion: von der Coalbrookdale-Brücke zum Crystal Palace‹, in: *Arch plus* 69/70, Aug. 1983

Ingenieurbau des 19. Jahrhunderts –
Der Londoner Kristallpalast

Christian Beutler und Günther Metken, *Weltausstellungen im 19. Jahrhundert,* Ausstellungskatalog, München 1973
Wolfgang Friebe, *Architektur der Weltausstellungen 1851-1970,* Stuttgart 1983
Chup Friemert, *Die gläserne Arche, Kristallpalast London 1851 und 1854,* München 1984
Georg Kohlmaier und Barna von Sartory, *Das Glashaus – Ein Bautypus des 19. Jahrhunderts,* München 1981 (1988)

Die Londoner Slums

Augustus Welby Pugin, *Contrasts: Or a Parallel between the Architecture of the 15th and the 19th Century,* London 1836
Friedrich Engels, *Die Lage der arbeitenden Klasse in England* (1845), Nürnberg 1913
Kenneth Clark, *The Gothic Revival,* London 1962
Francis Haskell, ›Doré's London‹, in: *Architectural Design,* 1968
Gabriele Forberg, *Gustave Doré – Das graphische Werk,* Bd. 2, München 1975

Sozialer Wohnungsbau im 20. Jahrhundert

Hermann Sturm, *Fabrikarchitektur – Villa – Arbeitersiedlung,* München 1977
Ernst May und das Neue Frankfurt 1925-1930, Ausstellungskatalog Deutsches Architekturmuseum, Frankfurt 1986
D.W. Dreysse, *May-Siedlungen – Architekturführer durch acht Siedlungen des Neuen Frankfurt 1926-1930,* Frankfurt 1987

Die Metropole des 20. Jahrhunderts

Robert A. M. Stern, Gregory Gilmartin und Thomas Mellins, *New York 1930, Architecture and Urbanism between the two World Wars,* New York 1987
Heinrich Klotz, ›Das Chicagoer Hochhaus als Entwurfsproblem‹, in: *Chicago Architektur 1872-1922,* hg. v. John Zukowsky, München 1988

Personenregister

Kursive Zahlen verweisen auf Seiten mit Abbildungen

Orts- und Sachregister

Photonachweis

Wenn nicht unten aufgeführt, stammen die Abbildungsvorlagen aus dem Archiv des Autors; genannt sind die Abbildungs-Nrn.

Karl Alber, Freiburg 129 – Archiv Udo Kultermann 200 – Stadt Arolsen 163 – Badisches Landesmuseum Karlsruhe, Bildarchiv 169, 170, 175 – Leonardo Benevolo, *Geschichte der Stadt,* Frankfurt a. M. 1982: 3 – Bildarchiv Foto Marburg 34, 38, 41, 42, 43, 45, 46, 47, 49, 50, 52, 58, 59, 60, 69, 78, 79, 80, 83, 88, 94, 96, 97, 98, 101, 102, 103, 105, 106, 109, 110, 117, 120, 121, 122, 123, 128, 131, 133, 135, 136, 139, 145, 146, 147, 149, 162, 165, 167, 168, 171, 172, 173, 179, 180, 181, 190, 202, 217 – R. Bertoncello Brutto 160 – Deutsches Architekturmuseum, Frankfurt a. M. 2, 4, 15, 20, 21, 28, 35, 36, 48, 51, 64, 73, 74, 84, 93, 95, 118, 130, 132, 140, 143, 154, 155, 166, 178, 187, 194, 195, 211, 216, 219, 220, 225 – W. B. Dinsmoor, *The Architecture of the Ancient Greece,* 1950: 63 – Robert Etienne, *Pompeji – Das Leben in einer antiken Stadt,* Stuttgart 1974: 76 – Gottfried Gruben, *Die Tempel der Griechen,* München 1976: 66 – Enrico Guidoni, *Architektur der primitiven Kulturen,* Stuttgart 1976: 6, 7, 8, 9, 10, 11 – Erich Herzog, *Die ottonische Stadt,* Berlin 1964: 91, 92, 107 – A. van der Heyden und P. Lavedan, *Atlas de l'Antiquité Classique,* 1961: 82 – Ludger Hünnekens 57, 65, 70 – Irak-Museum, Bagdad 27 – Dame K. M. Kenyon, London 19 – Kölner Dombauverwaltung 116 – F. Krischen, *Weltwunder der Baukunst,* Tübigen 1956: 71 – Franz J. Klimm, *Der Kaiserdom zu Speyer,* Speyer 1953: 111 – Heinrich Klotz Fig. I, II, III, 37, 39, 40, 61, 86, 119, 124, 125, 137, 138, 142, 148, 150, 158, 159, 161, 182, 185, 192, 206, 226, 227, 228 – Georg Kohlmaier und Barna von Sartory, *Das Glashaus,* München 1981 (1988): 199, 205 – Kunsthalle Karlsruhe 183 – Lichtbildstelle Deutsches Museum München 189 – P. Mau und A. Mau, *Pompeji in Leben und Kunst,* Leipzig 1908: 77 – James Mellaart, *Çatal Hüyük,* Bergisch Gladbach 1967: 23, 24 – National Gallery London 184 – Franz L. Pelgen, Speyer 104 – Dr. J. Perrot, La-Celle-St. Cloud 14 – Princeton University Press 56 – *Propyläen Kunstgeschichte* 29, 30, 31, 75, 141 – Staatliche Bildstelle Berlin 87 – Staatliche Graphische Sammlung München 210 – Time-Life-Bücher: *Die ersten Städte,*o. O. 1973: 17, 18, 22 – Wilhelm Winkelmann, ›Ausgrabungen in der frühmittelalterlichen Siedlung bei Warendorf‹. In: *Neue Ausgrabungen in Deutschland,* 1958: 85, 89, 90 – John Zukowsky (Hrsg.), *Chicago-Architektur 1870-1922,* München 1988: 229, 231, 232

Die Karte Abb. 13 zeichnete Astrid Fischer, München